存有・意識與實踐 目次

——熊十力體用哲學之詮釋與重建

第二章　邁向體用哲學之建立

第三章　體用哲學的思考支點

第四章　從對象的兩重性之釐清到存有的根源之穩立

代序——全書提要

本書共分十一章：

第一章〈導論〉：旨在闡明本書之研究動機、目的、方法與途徑，並對本書之主題作一概括之展開。筆者極爲強調「研究中國哲學的文獻途徑」這樣的方法學，並作出分析，指出其重在生命存在的呼應、概念的提出、問題之掌握，並籠統而概括之以「問題——答案」的邏輯思考方式。如此說來，此書便在一「我與您」（I and Thou）主體互動之下開顯其自己。筆者並且以爲這方式與熊十力的體用哲學之展開方式，若合符節。

第二章〈邁向體用哲學之建立〉：旨在揭示熊氏的體用哲學乃是環繞著「活生生的實存而有」所開啟的，正因如此，熊氏義下的哲學乃是一「思修交盡之學」，是經由一實存的體驗或存在的遭逢，而上遂於道的哲學。筆者即此而深掘熊氏哲學的核心，指出他所謂的「新唯識論」乃是一「殊特義下的本心論」，而非「一般義下的唯識論」。這是一道德本體實存義下的「活生生實存而有的體用哲學」。這樣的體用哲學是本體、現象相即不二的，是與人之實存證驗相即爲一的。換言之，其所謂的「存有」不是可以經由客觀的認知與描述，以及概念性思考來把握的，而是我人這「活生生的實存而有」之參與和證會。參與和證會乃是一縱貫與融通的實踐活動，不是一橫攝執取的認知活動。體用相涵相攝，如衆漚與大海水相卽不二，這是預取了個人與宇宙的內在同一性原則而辯證展開的。

第三章〈體用哲學的思考支點〉：旨在揭示熊氏的「活生生的實存而有的體用哲學」乃是一現象學式的本體學。這是以「見乃謂之象」，本體之顯現爲現象，是人之爲一活生生的實存而有之進到此生活世界而一體開顯的存有學。此存有學亦是人的生活學，是那「生者，健動不息，活者，源泉滾滾」這樣的生活學。卽此可知所謂的「現象」乃是本體顯現爲現象的現象，這樣的現象是由本體走出來，顯現出來者。它是先於概念性決定的，在吾人凝之爲一概念性、執著性的對象前，我們已參與了這個周浹流行的整體。現象不是已然擘分，已參入了個人意識作用的經驗，現象乃是意識前的經驗，故可以稱之爲純粹經驗。之後，筆者卽順此更進一步釐清了識心之執的作用及其造成的限制，指出熊氏與唯識學最大不同處在於他以爲妄執的心，根本上是空無的。因爲妄執的心是後起的，只有本來的心才是絕對的、眞實的。或者，我們可以說他擺脫了意識的染執與障蔽，眞見到了意識本然的透明與明覺，並從而安頓了意識之執與無執兩層。無執爲先、爲本，執爲次、爲末，故一般所謂之「心卽理」，卽是本心的自識與朗現，而這本心是作爲整個活生生實存而有之世界之觸動點的，其著重在活動義則說是「心」，著重在存有義則說是「理」，而「心卽理」，卽活動卽存有，心與理有一辯證的同一性。

第四章〈從對象的兩重性之釐清到存有的根源之穩立〉：旨在釐清存有對象的兩重性，指出第一義的存有是無執著性的，第二義的存有是因執著而起的，但這兩者又通而爲一，卽如熊氏所謂「會物歸己，得入無待」、「攝所歸能，得入實智」，而所謂的「無待」與「實智」卽是啟動那活生生實存而有的動源，明覺感應是也。境識俱泯，原無分別，就此筆者置定其爲「存有的根源」，此根源是一可能性之根源，亦是一創造性之根源。熊氏之探索此「存有的根源」可見其眞見到了認識機能總體只是依因待緣而生的權體（暫時之體），而不是一恆常之體。熊氏卽此而對於佛家的緣生義有所批判與改造，他揚棄了佛家緣生義及其由緣生義所引致的存有論化的構造論傾向，而改建成一道德創生義。

第五章〈存有根源的開顯〉：旨在豁顯存有的三態：⑴「存有的根源」——「X」，⑵無執著性、未對象化前的存有，⑶執著性、對象化了的存有；並指出所謂存有的根源探索必須越過執著性的、對象化的存有，才可能進到一無執著性、未對象化的存有的境域，如此才能進一步觸及到存有的根源。所謂存有的根源的開顯，其展開的動勢乃是一全副生命的參與而不是知識的掌握。他所謂「翕闢成變」，翕假說爲物，闢假說爲心，翕、闢不是異體，而只是勢用有分殊而已，這只是暫時性的區分，只是作用上的區分，而不是實體上的區分，它們二者構成一不可分的整體，而又以闢爲首出。由翕闢成變，存有因之而開顯，而其實況則爲刹那生滅，然此刹那刹那、生滅滅生，依熊氏之理解非是歸本於寂，而是開顯於覺，顯然的，他將之轉為一道德創生義下的刹那刹那、生滅滅生。之後，筆者繼續闡述熊氏義下「存有的根源之究竟理解——『變之三義』」。他指出「變」是大用流行，不是一般的動移；「變」是活生生實存而有的開顯，而只遮頑空，不表有物；「變」不是在執著性、對象化的存有這個階層，它是不可思議，非言說可及的。值得注意的是，熊氏之所以能如此去論存有的根源之開顯而能免於戲論者，乃因為他所謂的存有並不是一夐然絕待的超絕之物，而是人這個活生生的實存而有之進到這個世界中，而開啟一活生生的生活世界，就此實踐的開啟而說其為翕闢成變，說其為刹那生滅滅生也。

第六章〈從平鋪的眞如到縱貫的創生〉：旨在處理熊氏對於空宗的批評與融攝，首先指出兩者就「體用一如」上有何異同。空宗乃是就平鋪而橫面立說的體用一如，此不同於儒家之為縱貫的創生。大體說來，熊氏以為空宗是「破相顯性」，這便越過了一「執著性、對象化的存有」這樣的階層，進到一「無執著性、未對象化的存有」這個階層，不過空宗沒有眞正視此「執著性、對象化的存有」這個階層，他以為此階層的存有咸屬空無，這麼一來便會有「無世界論」的傾向，造成了所謂的「談體而遺用」。依熊氏看來，儘管他破相顯性，但終未得正視「相」之為相的正面意義；他企及了眞如，以之為本體，但這樣的本體是一無體之體，是一體態之體，因而它沒有生發、創造的作用，故熊氏對於空宗的存有論觀點不以為然。從「破相顯性」的理解中，我們可以發現熊氏一直有一個本體的要求，因此，他無法欣賞空宗之為空宗當是一「蕩相遣執」的工夫，不必涉及於本體也。熊氏的體用哲學融攝了空宗的思想，代之以「攝相歸性」，一方面越出了那「執著性、對象化的存有」，但另方面又承認此「執著性、對象化的存有」實不異於「無執著性的、未對象化的存有」，它們都是存有的根源自如其如的開顯而已。「攝相歸性」如此一來便將空宗的存有論觀點遮撥掉了，而將空宗的方法論觀點接引了進來，融攝到自家的體系中來，《新唯識論》之過於以前宋明新儒學者正在於此。

第七章〈從橫面的執取到縱貫的創生〉：旨在對於佛家有宗展開批評與融攝。熊氏以爲有宗從原來的三性說轉爲唯識說，這是由緣生說轉爲構造論，這是阿賴耶識緣起的存有論化，這種存有論化的唯識說又陷入了「種現二分」的格局。再者，熊氏認爲以阿賴耶爲中心的構造說，它仍停留在識心之執的層次，仍停留在概念機能總體的層次，於實踐哲學無所安立，因而它仍保留原先的眞如之說以爲實踐的歸依之所。這麼一來便將實踐理念與概念機能總體打成兩橛，造成雙重本體之過。當然熊氏之論不免以偏概全，但筆者著重的是：熊氏之以破爲立的是什麼，而指出熊氏他吸收了佛家空宗的方法論，對於此有所開抉。他破解了意識的染執性與權體性，而呈現了意識之本然的透明性與空無性，更且指出意識之本然亦隱含著明覺性與自由性，此明覺性與自由性即是存有的根源開顯之動力。這麼一來便由橫面的執取轉而爲縱貫的創生，就此縱貫的創生而說其爲「功能」，功能是不同於習氣的。「功能」是就存有的根源說，而「習氣」是就存有的開展與執定說，「功能」之說著重在其超越性、根源性，而「習氣」之說著重在其歷史性與社會性。

熊氏固然著重一實踐的根源性與超越性，但彼亦深切的重視此歷史性與社會性。存有的根源之能自如其如的開顯乃是由於有此歷史社會之場得以落實也。

第八章〈存有對象的執定——存有的轉折與概念的執取〉：本章旨在闡明熊氏他一方面注意到「存有的根源——『X』」自如其如的開展其自己，而另方面則又注意到相應存有的開展，有其不同的意識層面，一是本心，一是習心。本心乃是相應於存有之本然的、自如其如的開顯其自己，本心與宇宙本體是有其內在的同一性的，本心乃是人之作爲一活生生的實存而有這樣的一個存在，他之進入到這個世界中，去敲扣存有的根源之門，去啟動存有的動源，這樣的動源是邁越了執著性的、對象性的存有階層，而進到一無執著性的、未對象化的存有這樣的階層，才得去啟動的，這是將那「存有的根源——『X』」這樣的實踐理念，內化於吾人心身之中，而成的一個心源動力。習心則不然，習心所指是經由吾人實用之要求而慢慢形成的一個慣習，這樣的慣習指的是由存有的開展、轉折，終而存有有所執定，由那「無執著性的、未對象化的存有」轉折、執定成一「執著性的、對象化的存有」，這是經由人們的感識功能，進而意識功能，終而使得概念機能總體通過範疇，而對於事物有所裁制，形成一概念性的決定，成爲一被決定的定象。由存有的開顯到存有的轉折及其執定的可能，繼而由概念機能總體的執取決定，終而穩立了存有的執定所成的對象。這裏處處可見，熊氏匠心獨運，他破斥了傳統的知識論上的符應說，相應於他所建立的這套活生生的實存而有這樣的存有學及本體現象學，他又建立了一主客互融，範疇裁制一起完就的知識論。這樣的論點，明顯的成就了兩層存有的論點：一是「無執著性的、未對象化的存有」，另一是「執著性的、對象化的存有」，前者是就「存有的根源——『X』」自如其如的開展而說的，後者則就存有的開展因之導生的存有的轉折，及因之而有的存有的執定之可能，加上概念機能總體的執取決定而成的。

第九章〈存有的根源與根源性的實踐方法論之穩立〉：旨在闡明「根源性的實踐方法論」，是以「任持本心」爲主的，是以當下的返本一幾爲切入點的，而這樣的當下切入，爲的是證會本體，而所謂的「證會本體」並不是離現實存在事物之外又去尋個超絕敻然的本體，以爲追求的鵠的，而是卽本體卽工夫的，卽用卽體的。它著重的是正視「存有的執定」所可能帶來的限制與遮蔽，乃至扭曲與異化，因爲存有的執定是由於那存有的轉折、以及人們概念機能總體的執取而成的，在存有的轉折與概念機能總體的執取過程中，由於人的根身之發用，乘權以起，造成一種反控與限制、遮蔽，乃至扭曲與異化；但是並不是就停留在這個「執著性的、對象化的存有」階層裏去對治，而是要邁越這個階段，進至一「無執著性、未對象化的存有」這個階層，終而才得去開啟存有的根源之門，由此存有之根源而有根源性之實踐動力也，開發此根源性的實踐動力終而撥除了存有的遮蔽，化解了其扭曲與異化。換言之，道德實踐之事乃是如何疏通存有根源之事，非僅一般之道德規範、守規矩而已，對於那宰制性的道德規條、那會以理殺人的條目，更當有一超邁，而不爲所限也。須知：我人之作爲一活生生的實存而有這樣的一個具有主體能動性的人，他之進到這個世界之中，作爲存有根源的啟動者所內在具有的一種能力，這樣的能力與大化流行之能力是合而爲一的，因爲我們說那大化流行其實便是人們的參與進入，因而得以開啟的，它本來與人便是一個整體。再者，筆者指出熊氏所謂的「執」可有兩層，一是「染執」、一是「淨執」。他強調的是破染不破執，因爲有執才能成就一客觀的俗諦世界，即此客觀的俗諦世界，而有一生活世界，此世界亦不外於那活生生的、實存而有的，不斷的由存有的根源所開顯而出的世界。

第十章〈根源性的實踐方法論之展開〉：順著上章，更進一步指出其根源性的實踐方法論是不分覺前與覺後的，一是皆以本心作爲其實踐的動力，而本心即是天理，本心即是道體，道體與本心是二而一、一而二的。究極而言，這樣的實踐方法論本可一言而道盡，但落實於生活世界則必須對於心行意識展開進一步的分析並指出它與根源性實踐動力的關聯。從他對於「恆行數、別境數、染數、善數」的諸多分析中，我們發現它一方面極爲注重如何去疏通存有的根源，另方面，他亦注意到眞正的工夫是落在具體的生活世界展開的。他不只注意到如何由存有的根源自如其如的開展其自己，另方面他亦重視到存有的開顯必以存有之執定所成的生活世界作爲基底。功能與習氣、性習之分，都可見他是如何的注意到所謂的實踐工夫，是不能只是「澄心默坐，體認天理」就可得的。因爲光只澄心默坐、體認天理，這樣的道德實踐工夫論雖亦可名之爲根源性的實踐工夫論，但它卻可能只停留在一心靈境界中，自我受用而已，它可以跨過「執著性的、對象化的存有」這個階層，而限在那「無執著性的、未對象化的存有」之中，而形成一「存有的迷思」。熊氏對於此嚴予破斥，他提出的「返本一幾」、「當下切入，證會本體」、「任持本心」，強調的是注意到整個生活世界，由此生活世界做起。關聯著以上的脈絡，在本章中，他所提出的「性修不二」，更清楚的呈現出這樣的實踐工夫論是不外於我們這個具體的生活世界的。

第十一章〈結論：熊十力體用哲學的釐定〉：首先，指出熊氏的體用哲學，若究極而言，道體、心體與物體這三個面向是通而爲一的。道體指的是存有的根源，心體指的是人這個活生生的實存而有之進到這個世界的動源點，這動源點與存有的根源是不二的。物體指的是就那存有的開顯與轉折及由之而有的概念的執定所成的客觀俗諦世界，它究極而言亦是通極於道體的。筆者以爲熊氏疏通了存有的根源，見到了意識的透明性，肯定了執著性的、對象化的存在之爲一客觀的存在；他疏通了道體、穩立了心體、正視了物體。再者，筆者再以「意識」、「存有」、「實踐」三者作爲本篇論文的總括，指出意識之本然是空無而透明的，此是境識俱泯之境，而此即隱含一明覺性與自由性，即此而存有因之啟動而開展也。存有之開顯初時是境識俱起而未分的狀態，這是一無執著性、未對象化的存有階層。再者，境、識既涉，相執而立，此時之「存有」爲一執著性、對象化的存有，此時之「意識」染執而執成一暫時之體（權體）。如此之染執性、權體性所成之概念機能總體必含質礙性與障蔽性，此與前所謂之意識的本然狀態形成一對比的張力，有此對比的張力而有現實的道德實踐也，而此又不外於存有的根源性實踐動力。最後筆者指出，熊氏的體用哲學所開啟的存有學有一嶄新的可能，並前瞻其所可能牽涉到的諸多面向以爲總結。

第一章　導論：本書研究之動機、目的與方法、途徑及主題之展開

一、前言

哲學（philosophy）的古義，就其字面而言，是「愛智之學」，是追求眞理與智慧的學問。在中國文化傳統中，所謂的「智慧」、「眞理」，著重的是全副生命的參與和實踐，而咸少著重於一客觀對象的認知❶。但這並不意味中國文化傳統中所誕生的哲學及作爲文化引導的哲學就缺乏思辯的理路，只是強調所謂的「實踐」與「修養」而已。其實，東方的哲學（包括印度與中

❶ 牟先生於所著《中國哲學十九講》中曾對眞理有所檢別，一是內容的眞理、另是外延的眞理，見該書第二講〈兩種眞理以及其普遍性之不同〉，頁一九～四三。又關於「哲學」一詞，牟先生取康德（I. Kant）之說，認爲哲學卽是「實踐的智慧論」或者說爲「最高善論」，並進一步說「如依中國傳統，這樣的哲學卽所謂的『教』」，見牟宗三《圓善論》之〈序言〉，頁 iv、v，學生書局印行，民國七十四年七月，臺灣。

國）大體上走的都是一條「思修交盡」的學問途徑❷，思而修之，其修才不致於顢頇儱侗，修而思之，其思才不會是掛空的戲論。思而修之，修而思之，以是而有體證也。體證也者，套用熊十力體用哲學的句法，我們可以說是「以體證之，證在體，證之以體，體在證」也❸。

思而修之，修而思之，進而有所體證也。這是筆者追求哲學這門學問近二十餘年的指針，但這並不意味哲學只是作爲一個人獨我的內在追求，而不涉及於廣大的歷史社會總體與豐富的生活世界，相反的，作爲一「活生生的實存而有」這樣的一個人❹，他必然的要在歷史社會總體與豐

❷ 思修交盡之學，熊先生最所強調，在《明心篇》中，他通過老子的「爲學日益、爲道日損」來說明哲學與科學的異同，他說：「古時爲道之學，今亦稱哲學，道者，宇宙之大原，人生之本性，學者志乎體道而實現之，則修爲之力，唯以損去私意私見私欲，爲迫不容已之事。」（頁二三），又說：「科學肯定物質爲實在（物質有無本原，科學所決不過問，唯肯定物質宇宙是實在的而已），其研究的對象是大自然，唯用純客觀的方法，即以主觀從屬於客觀，此與日損之學，信任內心炯然大明，感物斯通者，乃極相反。」（頁二六），從熊先生「思修交盡」的諸多闡述中，我們可以發現他對於新儒學的內聖外王兩面都隱含了新的發展之可能，此可能後來爲牟、唐、徐諸位先生所繼承。

❸ 關於「證之以體，以體證之」這樣的方法論，筆者明之曰：「本體詮釋學的循環」，請參看林安梧〈象山心學義理規模下的本體詮釋學〉，《東方宗教研究》創刊號，七十六年九月，頁一七四。

❹ 關於本文常用到「活生生的實存而有」一詞，其義涵屬儒家哲學中特有的本體詮釋學意義者，非取生命哲學意義，蓋「活者，健動不息，生者，源泉滾滾」，實存者，眞實之存在也，是以其當下的生活感知，即此生活感知而上遂於道也，故此感知經驗非一般認識之經驗，而是一上遂於道的本體經驗，就此「活生生的實存」而說的任何一個「有」（存在）（being），我們說其爲「活生生的實存而有」。其詳見本章第四節，又請見本書第二章。

富的生活世界中開顯其自己，他是無所逃於天地之間的。哲學也者，以其「活生生的實存而有」進到這個世界之中，這個世界迎向你，而你亦迎向這個世界，世界與你合成一個生機洋溢的開顯之場，存有於焉開顯。在存有的開顯、轉折、執定之中，亦因之而有扭曲與異化，經由人們這個「活生生的實存而有」與整個生活世界的互動與調適、創造，克服了異化，除去了扭曲，撥去了存有的遮蔽，開啟了存有的根源之門，終而使得存有自如其如的開顯其自己。

如此說來，哲學之為「思修交盡之學」、「體證之學」，它是不離生活世界的，不離歷史社會總體的，存有、知識、價值，咸在其中，一體開顯，萬殊一本，一本萬殊。人之為人，作為一活生生的實存而有，他是整個存有的動源點，存有因之而開顯，但由於人的根身習氣乘權作勢，因之而有所謂的遮蔽與異化，如何去克服遮蔽與異化，進而有所成全，這是哲學的要務。投身其中，思而修之，修而思之，於茲二十年矣！或不能云於本體有何證穫，然深知存有開顯與遮蔽的詭譎，生命昇降起伏、波濤洶湧，煩惱在焉！菩提在焉！化煩惱、證菩提，是所難也。

走過這樣的一段路子，哲學也者，對我來說已成為生命不可自已的、終極的要求，我之作為人這樣的活生生的實存而有，我之於哲學與哲學之於我，乃是一事，它只是企求存有的開顯而已。作為一個哲學的研究者，所謂的研究與其說是作為客觀對象的分析，毋寧說是主體的投入、理解、詮釋與闡發，冀望存有的開顯而已。

二、動機與目的之闡明

如上所言，我們要說本書研究的動機，就不是一般意義下的動機，不是那投向外，以為有一客觀的對象可以執定，為了要奔赴這個客觀的對象而起的動機。動機也者，因其機而動也，因其動而起其機也。這是由於人這個活生生的實存而有之進到整個生活世界中，任持存有之開顯，因存有開顯之機而動也，並因之而參與存有，贊而成之，使存有之為存有如如開顯、生生不已。

筆者選定「熊十力體用哲學之詮釋與重建」作為研究的主題時，乃是在個人之為一活生生的實存而有，進到熊氏的著作之中，加上現在所處之情境而形成的生活世界，在「境識不二」、「境識俱起」下❺，如此形成了一個存有之場，由此存有之場而開顯其自己，在這開顯之機下，我因機而動，亦因動而參其機，是所謂動機也。換言之，在筆者看來，與其說是我去選定了這樣的一個主題來探討，毋寧說是在彼此的互動過程中，因機而動，因動而參其機，互選了這樣的主題

❺「境識不二」、「境識俱起」是熊先生的哲學基本立場，這樣的哲學基本立場，一方面破解了「主觀唯心論」(subjective idealism)，另方面則破解了「實在論」(realism)，但值得注意的是熊先生亦非泛泛的心物合一論者，筆者以為他開展的是一本體詮釋學意義下的體用哲學，筆者以為這樣的一套哲學不只是在存有論上有所創獲，在方法論上亦有嶄新的創獲，本書的展開，正嘗試著這樣的方法。

來探索。更具體的來說，若不是近二十年來的哲學薰習，尤其儒學的薰習，便不足以構成這樣的一個存有的開顯之場，亦無法因機而動，因動而參其機，此研究將不可能。再更切近的來說，若不是長年來一直在思考儒學，尤其當代新儒學的前景問題，將不會選定這樣的題目。

就理論的構造而言，熊十力先生（一八八五～一九六八）❻是當代新儒學系統建構的開山祖，他的《新唯識論》儘管仍然在儒佛論爭的過程中有所擺盪，未得妥貼，但他所開啟的存有論、知識論、及實踐方法論都成為當代新儒家的重大資產，它標示出一條承接宋明儒學，而又超克宋明儒學的新儒學之路❼。從熊十力《新唯識論》到牟宗三《現象與物自身》，可以說在理論

❻ 關於熊先生出生年紀有主一八八三年者，有主一八八四年者，有主一八八五年者，現依郭齊勇《熊十力與中國傳統文化》，第一章〈熊十力先生傳略〉（頁七），蔡仁厚先生《熊十力先生學行年表》（頁五）訂為一八八五年，為清光緒乙酉年，民國前二十七年。又島田虔次《新儒家哲學について熊十力哲學》，第三章〈熊十力生涯〉亦同意此說（頁二三）。

❼ 關於「當代新儒家」特別指的是熊十力、梁漱溟、張君勱、徐復觀、唐君毅、牟宗三諸先生，筆者以為就此而言有三個不同的典型。見林安梧〈梁漱溟及其文化三期重現說〉，《鵝湖》月刊七七期，頁二三～二四，一九八一年一一月。又梁漱溟其思想是佛家或儒家，迭有爭議，見王宗昱〈是儒家，還是佛家——訪梁漱溟先生〉，（見《中國文化與中國哲學》，頁五六〇～五六五，北京：東方出版社，一九八六年），又王煜於〈梁漱溟是新佛家而非新儒家〉一文（「當代新儒學國際會議」，一九九〇年，臺北）中則力主彼為新佛家。筆者以為若就梁漱溟晚年出版的《勉仁齋讀書錄》中〈憶熊十力先生〉一文對熊氏的批駁，似乎彼所行非熊十力義下的儒學，此可確定，但若就晚年出版之《人心與人生》及汪東林所作《梁漱溟問答錄》之思想來說，梁仍宜視為儒家，而且是「當代新儒家」。又關於「當代新儒家」一

（注文轉下頁）

建構上，有了一個完整的成就。但這並不意味牟先生的《現象與物自身》就在熊先生《新唯識論》的籠罩下，無所創獲。相反的，牟先生並未全繼承其師熊先生的論點，而是掘發了其中一部分，並因其自家的學問資源，另有所創獲，完成了一經由康德哲學與儒、釋、道三家融合而成的完整體系。當然這樣的體系也是牟先生在其生活世界與歷史社會總體中，接上中國整個智慧傳統與西方哲學傳統，而創造的體系。換言之，並不因爲牟先生對於熊先生的繼承與發展就使得熊先生的學問沒有發展空間，相反的，經由牟先生的進一步發展，讓我們可能重新去理解、詮釋與闡發熊先生的學問。筆者以爲從熊先生的《新唯識論》到牟先生的《現象與物自身》固然標示著當代新儒學的發展，但我們亦未始不能由牟先生的《現象與物自身》回到熊先生的《新唯識論》，再說，這亦不是一種回溯而已，而可能開啟一種新的發展。在筆者看來，由牟宗三回到熊十力，再由熊十力回到王夫之，這將是整個中國當代儒學發展的必經之路⑧。正因如此，筆者在撰寫

（注文接上頁）

詞如何楷定，見林安梧〈當代新儒家述評〉、〈當代新儒家在中國思想史上意義之理解與檢討〉等文，收入《現代儒學論衡》一書，第一章、第二章。又大陸方面則稱之爲「現代新儒家」（見李宗桂〈「現代新儒家思潮研究」的由來和宣州會議的爭鳴〉，收入方克立、李錦全主編《現代新儒學研究論集》（一），中國社會科學出版社），此論法較爲鬆泛，所列除上所舉六人外再加馮友蘭、賀麟、錢穆、方東美等人，顯然的這不是就學派上的立論方式，而是就其思想史廣的範圍而作的立論方式，並帶有意識形態的意味，故筆者不取。

⑧ 請參見林安梧〈實踐的異化及其復歸之可能——環繞臺灣當前處境對新儒家實踐問題的理解與檢討〉，《儒釋道與現代社會學術研討會論文集》，頁一七三，東海大學哲學研究所，中華民國，臺中市，民國七十九年十二月。

《王船山人性史哲學之研究》之後，選定了《熊十力體用哲學之詮釋與重建》作爲進一步的探索。順著以上筆者自己的計畫，當再寫一部專著來闡明牟宗三先生的哲學，然後才可能對於近現代儒學的體系有一新的闡發之可能。當然，這些工作不僅限於王夫之、熊十力、牟宗三等，它必然的要旁涉其它，只是說以此三者爲主而已。

上面所述，著重的是落實在筆者個人研究的主觀選定上，而若落實在當代中國思想史看來，對於熊十力的研究更是必要而且是迫切的。大體說來，許多思想史家都認爲當代新儒學之作爲一新傳統主義者，他們爲的是要去克服中國民族其存在的意義危機，他們要重新穩立整個民族的精神象徵，重心掘發中國民族存在的源頭活水❾。

但無可懷疑的，思想史的研究所著重的是思想觀念與時代風潮、社會情境的彼此互動關聯

❾ 劉述先、蔡仁厚、成中英、張灝、杜維明、王邦雄諸先生於此有極爲清楚的理解與論定，見劉述先《當代新儒家思想批評的回顧與檢討》，收入《大陸與海外——傳統的反省與轉化》，頁二三七～二五七，允晨叢刊二五，臺北，民國七十八年八月；蔡仁厚《新儒家的精神方向》，頁一五～二九，學生書局，臺北，民國七十一年三月；成中英《綜論現代中國新儒家哲學的界定與評價問題》，收入蕭萐父、郭齊勇編《玄圃論學集——熊十力生平與學術》，頁一七二～一九一，北京，三聯書店，一九九〇年二月；張灝《新儒家與當代中國的思想危機》（林鎮國譯），收入周陽山編《保守主義》，頁三六七～三九八；杜維明《儒學第三期發展的前景問題》，頁七五～一四四，臺灣，聯經，民國七十八年五月出版；王邦雄《從中國現代化過程中看當代新儒家的精神開展》，收入《儒道之間》，見頁九～三一，漢光文化，民國七十四年八月出版。

之探討，這不同於哲學的研究所著重的是思想觀念體系本身的理解與詮釋、批判與重建。筆者以爲當代新儒學之作爲思想史的研究對象已漸多，但作爲一哲學的理解與詮釋對象則嫌少，甚至絕無僅有。縱或有之，大體也都停留在輪廓式的報導階段，尋章摘句，看似完整，其實是削足適履，自成一說而已，深入其中，恰當而妥貼的理解與系統性的詮釋者，爲數極少⑩。筆者以爲在諸多思想史家對於當代新儒學作了恰當的輪廓式、概略性的理解之後，實有必要經由哲學的探究，深入其中，一方面回應思想史家所作的研究，哲學的深化之、驗察之，並進而開發之；另方面，則在深化的過程中，可以對於中國哲學的特質有一深切的理解，並從而期待一新的中國哲學

⑩ 大體說來，截至目前爲止，大陸學者雖極力的展開對於當代新儒學的研究，但囿於意識形態的限制，使得他們常有非常可怪之論，如郭齊勇之研究已頗爲全面，素質亦頗佳，但他說熊氏哲學是「軟弱的資產階級的代表」，是爲「已經逝去的革命進行補課」（見氏著《熊十力與中國傳統文化》，頁九一～九二，香港，天地圖書有限公司，一九八八年）。呂希晨、王育民則以爲熊十力哲學「在現代中國哲學的勢力最小、地位最低，而知道他的人亦最少」（見氏著《中國現代哲學史》，頁四五七，吉林人民出版社，一九八四年，長春）。又李澤厚亦以爲熊十力哲學是晚產，與時代進程脫節，「這晚熟的產品只能以博物館奇珍的展覽品的意義，存留在中國現代思想的歷史上」(見氏著《中國現代思想史論》，頁三三五，臺灣影印版）。惟港臺及海外諸學者於此的論點較一致且恰當，見同⑨諸氏之論。又日本方面，截至目前爲止，如島田虔次則頗能通過日本的整個現代化的進程作爲對比的資源來理解中國當代思想，故亦稱恰當（見氏著《新儒家哲學について熊十力の哲學》，第一章〈五四新文化運動新儒家的出現〉頁一三～二二。日本同朋舍，一九八七年，京都），另外坂元ひろ子《熊十力「新唯識論」の哲學形成》，第二章〈枠組の組成——「新唯識論」以前〉，有清楚的理解（見《東洋文化研究所紀要》第一〇四冊，頁一一七～一二三，東京大學東洋文化研究所，昭和六十二年十一月）。

開發的可能。基於如此，筆者以爲對於當代新儒學的哲學研究是必要的，尤其對於當代新儒學的開山大師熊十力的研究更是必要的。

三、方法與途徑的釐清

順著上面所說，可見筆者此書的目的並不是作爲一思想史的檢討，而是作爲一哲學的理解、詮釋與闡發及重建的。筆者以爲這樣的一個步驟是極爲基本而必要的，它可以作爲其他相關探討的對比之用。換言之，筆者以爲對於哲學的研究是必須建立在客觀的理解之上的，但所謂的客觀理解並不是一死屍的解剖，並不是對象化的認知，而是全副生命的進入與經過，這是將作品與我人的生活世界渾成一體而作爲吾人存在的基底（horizon of existence），此存在的基底同時即是吾人理解的基底（horizon of understanding）。或者，我們亦可以說這是由活生生的實存而有這樣具有主體能動性的人進到一世界中，而開啟了一活生生實存而有的生活世界，即此生活世界作爲吾人理解的基底。

更具體的說，筆者以爲眞正思想或哲學的理解力及詮釋力，並不只是操作所謂的概念去建構體系而已。因爲概念不只是個工具，它是一個由我們生命之反思而得的東西，這個反思是用來說明其自己的，在說明的過程中，才眞正進行了所謂的理解與詮釋。當然，這裏所說的「由我們生命之反思而得的東西」這「生命」一詞並不只是生命哲學家所說的「生命」之意義而已，它不只是說一具有生機力（vitality）的存在而已，而是如熊氏所說「宇宙的大生命」，這是就其本體之顯現流行而說之生命也，這是落在一本體的詮釋學下而說的生命，筆者以爲關聯著這個大生命而對於經典文獻才能有恰當而妥貼的詮釋，而這正是牟先生所強調「研究中國哲學的文獻途徑」。依牟先生之說，所謂的「文獻途徑」並不是訓詁考據，而是要有生命的存在呼應，對於作者所發出這智慧的背境、氣氛及脈絡要有所瞭解，然後對於文句有所把握，形成一恰當的概念，由恰當的概念再進一步，看是那一方面的問題⑪。

我們可以發現牟先生這裏所謂的「文獻途徑」含有三個步驟：一是生命存在的呼應，二是概念的提出，三則是問題的掌握；值得注意的是，這三者是關聯爲一體的，又以生命存在的呼應最爲基本。這是說：以我人之爲一活生生的實存而有之進到此世界中來，你之迎向這世界，此世界同時又迎向你，就在這樣的「我與您」的主體互動中，一體開顯，主客無分⑫。就在這一體開顯、主客無分的當下，我人這活生生的實存而有便從吾人內在生命深處湧現一理解之可能，此即

---

⑪ 請參見牟宗三著《研究中國哲學的文獻途徑》，原刊《鵝湖》，七十四年七月。收入《知識與民主》一書，頁一九~四五。幼獅文化事業，民國七十五年一月，臺北。

⑫ 依 Martin Buber 所說存在有兩個不同的樣式，一是「我與您」（I and Thou），另一則是「我與它」（I and It），前者強調的是主體的互動，而後者則強調對象化的思考方式。請參見 Martin Buber, *I and Thou*, translated by Ronald Gregor Smith, part 1, pp. 1~34, the Scribner Library, 1957, New York.

前所謂「存在的基底」，而此「存在的基底」同時就是「理解的基底」，概念的間架亦因之而起，換言之，概念之爲概念是不離吾人的生命之實存的體會與理解的，它並不只是一工具而已，而且是與理解、詮釋關聯成一體的。其實，這裏所謂「概念的提出」並不只是以一概念去指稱某一事物或替代某一古典文句而已，而是從生命所湧現可以作爲理解、詮釋文獻句子的工具，這樣的概念不是由經驗的理解與綜合中得來的，而是從整體的感知中所喚醒的、作爲理解經驗的先驗之工具，他是先於經驗，而且又是作用於經驗之上的；値得注意的是，它又不是如康德義下的純粹概念，因爲它又來自於感知與經驗，但這裏所說的來自於感知與經驗，只是就發生學上來說，因爲我們一說經驗與感知便已將人這個活生生的實存而有帶進去了，因爲若沒有活生生的實存而有，則無所謂的經驗，無所謂的感知。當然概念已不同於感知，不同於生命之實存的呼應，而是經由一主體的對象化活動所推出去而形成的，但這並不是與吾人生命不相干的⑬。認爲它與我們

---

⑬ 或許我們可以通過 Max Weber 所謂的「理想類型」（或譯爲觀念類型）（ideal type）來理解這裏所說的概念的提出，如字面上所示，理想類型一辭便含有兩層意思，一層指的是類型（type），一層指的是理想（ideal）。就前者而言，它是許多分散的、個別的、存在的具體之個別現象的綜合體，由於這些具體的個別現象圍繞著那個從單方面所強調的觀點而形成一個統整的分析架構。就後者而言，它是一個純粹概念，在經驗的實在界裏找不到這種心智建構物，它是一個烏托邦（utopia）。以上所論請參見 Max Weber《社會科學方法論》（*The Methodology of the Social Sciences*），E. A. Shils & H. A. Finch所譯，p. 90，臺灣雙葉影印發行。又關於Max Weber 的方法論請參看林安梧〈方法與理解——對韋伯方法論的初步認識〉，《鵝湖》月刊一一〇期，頁三八～四六，一九八四年八月，臺北。

的生命毫不相干，此是知識的自我疏離與異化所致，值得我們注意。進入到概念層次的理解，則明顯的已不再是一體開顯、主客不分的渾然狀態，它已是經由主體的活動而給出的對象化活動，經由此對象化活動所行的理解之建構活動；就此來說，「問題——答案」(question and answer)的邏輯於焉而生。「問題——答案」的邏輯強調「除非你了解命題是要回答什麼問題，否則你不能確定該命題意指什麼；而且你搞錯了問題，你將誤解命題的原意。誤解命題的癥候之一，就是認爲這個命題和另一命題矛盾，而事實上並不矛盾。」、「除非兩命題是同一問題的答案，否則它們不會彼此矛盾」⑭。其實，我們更直接了當的指出，若沒有恰當的問題，則無恰當的答案。比如：只陷溺在唯心、唯物的框框中，去問熊十力哲學是唯心的或是唯物的，當然就無恰當的答案，相同的，去問熊氏的哲學是反動的、還是革命的，這亦是不恰當的；再者，去問熊十力哲學是以天道論爲中心，還是以心性論爲中心，這雖已可說較切近問題，但仍然不恰當。須知：單面而錯誤的問題，可能讓人覺得有趣而新鮮，並且充滿所謂的批判性，其實是枝蔓葛藤，處處滯礙，沒有理解，那來批判，今之所謂批判者能免於誤解之病者幾希，其於誤解而批判之，此之謂「知識的強暴」，如此殘民以逞，妄稱批判，以取令名，是所羞也。當然，「問題——答案」這樣的邏

⑭ 關於此「問題——答案」(question and answer)的邏輯，R. G. Collingwood 於其自傳中做了極詳盡的分析。據其所言，這樣的方法論用來反對傳統的眞理認識方式(尤其是對於眞理的符應說)，上所引述，請參見氏著《柯靈烏自傳》，陳明福中譯，第五章：〈問題與答案〉，頁四七，故鄉出版社，民國七十四年三月。

輯之呼籲不只是一種學問倫理的要求而已，而是它本身就足以作為一種方法學。大體說來，它之強調一概念之為一概念，並不是從這個概念所包括涵蓋的各物所具有的性質抽繹出來，相反的，它往往是緊扣著人這個活生生的實存而有對於各物的存在之探問而來。換句話來說，概念間架之所以成立，它是不脫離主體對於研究對象的探問，並不是研究對象具有什麼性質，而是經由你的探問才使得它的意義為之顯現，我們並不是去模寫研究對象，而是去探問研究對象，這樣的探問必然的是以整個生活世界作為其存在的基底，並以此作為其理解的基底，因之而開顯的。筆者以為牟先生所謂的「文獻途徑」可以作出如上的闡釋。

經由以上有關方法的疏釋之後，我們可以說這篇論文主要採取的是一「文獻的途徑」，這樣的途徑並不是一般義下的訓詁或考據，而是以人這個活生生的實存而有之進到一生活世界之中，文獻之閱讀與理解、詮釋便在這樣的生活世界中展開，或者說文獻、作者與讀者三者之間澆灌而成一生活世界，即此生活世界之生活，自有存在的呼應，因之進而有概念的理解，終而有問題的提出與掌握⑮。再者，須得指出的是，筆者除了遵行這種文獻的途徑與「問題——答案」的邏輯外，在寫作的風格與義理顯示的方式上則頗有取於熊十力先生體用哲學的方式。

值得一提的是：熊十力體用哲學的方法與一般論證（arguement）的方式並不相同，他毋寧

⑮ 關於經典文獻、作者、讀者的關係，筆者在這裏大體是延續著六年前對於王夫之哲學的闡發而來，請參見筆者所著《王船山人性史哲學之研究》，第四章〈人性史哲學的方法論〉、第二節「經典的詮釋方式」，頁七二～七八，又見此書，頁一三六～一三九，東大圖書公司印行，民國七十六年九月，臺北。

說是一種顯示（manifestation）的方式。他掃除了一切的預設，企圖建立一無所預設，而是直接由生命自身顯現的哲學⑯。這樣的一套哲學的開展方式頗異於近代自笛卡兒以來的基礎論式的方式，他不再要求把一切知識都還原到一個最終的基礎，甚至指出了這種方法的限制，他要求的是找尋一無預設的基礎，或者說是以反基礎論的方式展開其思維的。大體說來，基礎論的思維方式是先確立作為開端的預先設定的前題所具有的公認的眞實性，再從這個大家所公認的眞實性的預設前提，通過嚴格的論證以建立整個系統，這樣的認識方式亦可以名之曰知性的單線式思考方式。熊氏的思維方式可說迥異於此，他採取的不是直線式思考方式，而是一種圓圈式的思考方式，他並不先確立作為開端的預先設定的前提所具有的公認的眞實性，也不依所謂的嚴格論證方式去建立其系統，他讓開端的眞實性之證明置放於整個體系的開展中而去說明其自己，或者，我們可以用個比喻說：全部的理論並不需要基礎，就像地球不需要一個手柄去附著一種力量，並因之而帶領著地球去環繞太陽旋轉，地球之繞行太陽及其自轉是其自身的能力所成的。熊十力的體用哲學的方法便是這種非基礎論式的、圓圈型的思維方式，他最常引用的「即體而言，用在體；

⑯ 最為大家所熟知的是熊先生曾與馮友蘭論辯「良知」之為呈現或假設的問題，如牟先生所述「……最後（熊先生）又提到『你說良知是個假定，這怎麼可以說是假定。良知是眞眞實實的，而且是個呈現，這需要直下自覺，直下肯定』，馮氏木然，不置可否，這表示：你只講你的，我還是自有一套。良知是眞實，是呈現，這在當時，是從所未聞的。這霹靂一聲，直是振聾發聵，把人的覺悟提昇到宋明儒者的層次。」見牟宗三〈我與熊十力先生〉，收入《生命的學問》，見頁一三六，三民書局印行，民國六十七年六月三版，臺北。

即用而言，體在用」，說的正是這個道理。體不是一超絕的、敻然絕對之體，體是一大用流行所成之體，是整體之體，是全體之體；用不是一般所說的習用之用，而是關聯著整體、全體而開顯的功用，此功用是本體之顯現之用，是通極於道之用，而不是知識技藝之用。體、用不二，兩者關聯爲一體，其爲一體乃是一辯證的關聯爲一體，值得注意的是這裏所說辯證的關聯成一體不只是一辯證的銷融，重要的是辯證的開展，銷融與開展是不二的，即銷融、即開展，即開展、即銷融。體用一源、顯微無間，這裏隱含著詮釋學上的循環與實踐上的循環，這樣的循環正說明其爲非基礎論式的思維方式以及圓圈型的思維方式⑰。

如上所說，顯然的，本論文是關聯著所謂的「文獻的途徑」以及「問題——答案」的邏輯，加上熊十力體用哲學所隱含的非基礎論式的圓圈型的思維方式，以筆者之作爲一活生生的實存而有之進到熊氏哲學的生活世界中，在迎向熊十力的體用哲學過程中，使得那體用哲學因之而開顯，其開顯與筆者之詮釋是不二的，而筆者之詮釋與筆者自身生命的理解亦是不異的，它們彼此澆灌周浹而爲一體。

⑰ 這裏所謂「銷融的辯證方式」指的是「銷兩而歸中」，當體即如，歸寂於體，而「開展的辯證方式」指的是「執兩而用中」，翕闢成變、生滅滅生，永不止息。又關於本體詮釋的圓環與本體實踐的圓環，請參見林安梧著〈陸象山心學義理規模下的本體詮釋學〉，《東方宗教研究》創刊號，頁一七八～一八四，民國七十六年九月，臺灣臺北。又本體詮釋學（Onto-Hermeneutics）一詞係成中英先生所創用，請參見成中英著〈方法概念與本體詮釋學〉（見《中國論壇》第十九卷第一期，民國七十三年十月）。

四、本書主題之展開

本書之寫作便是依這樣的方法而展開的，他著重在熊十力體用哲學的理解、詮釋與重建，但這並不意味熊十力哲學無可批判，而是因爲若未建立在恰當的理解與詮釋上，則批判根本爲不可能。再者，熊十力的體用哲學是以其所著《新唯識論》爲中心展開的，而《新唯識論》在其未成書及成書之後迭有變遷⑱。在本書中，筆者並不著意於變遷的討論，若有及於此，僅在註中稍微

⑱ 熊十力於入北京大學任教的那年（一九二二年）卽出版了《唯識學概論1》，此爲第一種講義本，此書分「唯識、諸識、能變、四分、功能、四緣、境識、轉識」等八章，都九萬言，這本書如熊氏所說大體上是根據舊說，也就是根據他從一九二〇年秋至南京支那內學院從遊於歐陽竟無，所習的唯識學，而於一九二二年所結集而成的作品，他在《唯識學概論2》（一九二六年）裏，一方面不滿意原先他對舊師「故訓是式」的作法，而開始另標新猷，章節也大有更動，全書分爲「唯識、轉變、功能、境色」四章，這已經清楚的標出了其哲學的規模，而在《唯識論3》（一九三〇年）裏，則更清楚的說出其哲學的梗概，此書分爲「辯術、唯識、轉變、功能、色法」等章，以後所述這兩部書來說可以視爲《新唯識論文言本》（一九三二年）的濫觴。從熊氏就學於南京支那內學院，乃至授課於北大，至《新唯識論文言本》的完成，至少達十一年之久，至若稽考其源，則我們可以發現熊十力的思想在早年實已奠定，此卽其最早之《熊子眞心書》（一九一八年）。換言之，筆者並不同意一般人所以爲的熊十力是由佛轉儒，而以爲熊氏一直是站立在儒家的立場，他到南京支那內學院從學，實只是一個緣，這個緣對於其學問有一關鍵性的影響，但並未到決定性的影響。如果從哲學的角度來說，我們可以說，支那內學院給了

（註文轉下頁）

提及而已，這並不是說這些問題不重要，而是說這些問題當在得一恰當的理解、詮釋與重建之後，才可能恰當而如分的去釐清，而且這樣的釐清亦較屬於歷史研究或者說學術史、思想史研究的範疇，筆者這裏所在意的是哲學的研究方式，而且試圖在對熊十力哲學的理論與詮釋過程中，去開發出一可能進到當前哲學世界中活的思想。

在全書的構造上筆者極強調熊十力的哲學乃是一「活生生的實存而有」的體用哲學。這「活生生的實存而有」一詞指的是就人這個存在來說，他是不同於其他一切存在的，因爲他不只是一被拋擲到人世間來的存在，他更是去迎向世間，並在此世間開顯其自己，當然其開顯其自己並同時開顯這個世界一切的存有。或者，我們可以說：人是以整個生活世界作爲其實存的基底，同時這樣的實存的基底也就是其理解與詮釋的基底，而且所調實存的基底與理解、詮釋的基底並不是

（註文接上頁）

熊氏的並不是人生觀或者宇宙觀方面的東西，而是方法論方面的訓練。當然，我們必然要承認由於熊十力到了支那內學院從學，才進到了所謂的學問之門，也才被帶入一個嶄新的問題意識之中。縱使熊氏以前亦曾有問題感在胸中，但經由支那內學院唯識之學的薰陶之後，他的問題意識逐漸成熟，《新唯識論》的體系於焉構成。再者，關於熊十力一九四九年之後，又於一九五二年刪節《新唯識論語體文本》，一九五七年著《體用論》、一九五八年著《明心篇》、一九六一年著《乾坤衍》，甚至於《體用論》的書前贅語說「今成此小册，故新論宜廢」，其思想是否有所變化，頗值檢討。翟志成力主有所轉變，見氏著〈論熊十力思想在一九四九年後的轉變〉，《哲學與文化》第十五卷第三期，民國七十七年三月，臺北。筆者以爲熊氏之學只是小轉變，而未有大更革，林家民同意此論，另著〈熊十力內聖學後期轉變說之商榷〉以質翟志成，見《哲學與文化》第十五卷第十二期，民國七十七年十二月，臺北。

一靜態而客觀擺置於彼這樣的基底，而是人迎向世界，世界同時迎向人，人與世界一體開顯而成的基底。再者，所謂的「生活世界」的「生活」一詞，更不只是一般所謂的生活而已，活者，健動不息，生者，源泉滾滾，我們在這裏所取的「生活」二字的意義，一方面指的是我們生活周遭所謂的生活，而另方面則是強調它必通極於道，歸本於體而說的生活，生活世界指的是那有本有源、通極於道體，流行充周於上下四方、古往今來而成者，用司馬遷的話來說，它是「通古今之變，究天人之際」的。換言之，人之作爲一個存活者（實存者）（existence），他之爲存活（實存）是以其當下的生活感知，即此生活感知而上遂於道也，故此感知經驗非一般認識之經驗，而是一上遂於道的本體經驗，就此「活生生的實存」而說的任何一個「有」（存在）（being），我們說其爲「活生生的實存而有」⑲。

我們一旦這樣來理解所謂「活生生的實存而有」，便把人與整個生活世界關聯爲一體，再就

---

⑲ Martin Heidegger 在 *Being and Time* 中強調人這樣的一個「此有」(Dasein)，其本質即在於其存活 (existence)，這樣的一個「存活」與中世紀所謂的「存在」(existentia) 是不同的，前者涉及於「誰」(who) 的問題，而後者則涉及於「什麼」(what) 的問題。（見氏著，translated by John Macquarrie and Edward Robinson, p.p. 67~71. 臺灣雙葉版，民國七十一年。）又後來海德格又另鑄「Ek-sistenz」一詞來說明所謂的「存活」乃是「站出來」的意思，這指的是「朝自己以外踰出」，他強調的是作爲一個存活者是有其意向性的，是要進到這個世界之中的。又關於「存活」一詞的譯法，及相關解說亦請參看關子尹〈海德格論「別人的專政」與「存活的獨我」——從現象學看世界（之二）〉一文，當代新儒學國際會議，一九九〇年十二月，臺北。

此而去探索所謂的「存有學」，這時的存有學便不是一將存有推向外而以一「執著性、對象化的存有」這樣的方式視之的存有學，存有學之爲存有學乃是以人這個活生生的實存而有之進到世間因之而與之一體開顯，就此開顯之爲一活生生的實存而有，因之而成的存有學。換言之，存有學乃是一實存學，或說是一存活學，它是一上遂於本體、通極於道；而所謂「道」者無他，乃一活生生的實存而有，這樣的存有學⑳。再者，熊十力這套活生生的實存而有的存有學是以本體宇宙論的方式展開的，甚至隱含著宇宙本體論的意味㉑。但筆者想指出的是，說熊先生的哲學是以天道論爲中心，或者說其爲心性論爲中心都不能盡其全，尤其以爲他是由天道論而引申爲心性論，是由存有而決定價值，這更是不應理的。其爲不應理是因爲未能檢別出熊先生義下的「存有」與一般所謂的「存有」是不同的，一般所謂的「存有」是一客觀的存有，是一「執著性、對象化的存有」，而不是如熊先生之所謂的「存有」，它之爲一活生生實存而有，是一「無執著性、未對象化的存有」，這是邁越了概念機能總體所成的認識主體之所對的知識境界，而須得進到一道德

---

⑳ 用牟先生的話來說，我們可以說這樣的存有學不是一靜態的內在的存有學，而是一動態的超越的存有學，見牟宗三〈「存有論」一詞之附注〉，收入《圓善論》之「附錄」，見該書頁三三八，學生書局印行，民國七十四年七月初版，臺北。

㉑ 此採自王財貴先生之說。本體宇宙論是以道德本心爲基點構造成的，而宇宙本體論則有宇宙論中心的傾向，此兩者雖不同，但著實而言，中國並無一徹底的宇宙論中心之哲學，熊十力哲學更不能以宇宙論中心哲學視之。

實踐理念之所要求的實存世界。

對於存有的兩重劃分，一方面指出了一般知識所行境界之爲一「執著性、對象化的存有」所成的世界，而另方面則指出了在此之上有一更爲根源性的世界，他是由「無執著性、未對象化的存有」所成的世界。「執著性、對象化的存有」是由人的概念機能總體所執定的世界，是一決定的定象所成的世界；相對而言，那「無執著性、未對象化的存有」則是由具有道德的實踐理念這樣活生生的人去開顯的世界；而且這兩重世界是通極爲一的，道德的實踐理念所成的世界是優先的，或者說，熊十力在這裏強調了道德實踐的優先性。再者，我們可進一步說，那「無執著性、未對象化的存有」既是由具有道德的實踐理念這樣活生生的人去開顯的世界，那麼對於存有之探討便不只是停留在由「執著性、對象化的存有」之往上翻而說「無執著性、未對象化的存有」這種當體即如的方式，而是要有本有源，尋求一存有的根源。在熊先生來說，那存有的根源是與道德實踐理念通而爲一的，存有的根源亦即所謂的「道體」，它縱貫的創生一切存有。

如此而言，我們可說存有有三態，一是「存有的根源——『X』」，這是就其歸本於寂的「寂然不動」之體而說的，它具有無限可能性；二是「無執著性、未對象化的存有」，這是就其本體自如其如的開顯其自己而說的，它是一「感而遂通」所成的世界；三是「執著性、對象化的存有」，這是經由人心靈意識之執取作用所成的世界。從「存有的根源——『X』」自如其如的開顯而成一「無執著性、未對象化的存有」，這意指的是一縱貫的道德之創生；由「無執著性、未對象化的存有」轉而爲一「執著性、對象化的存有」，這意指的是一橫面的概念之執定。在熊先生的體用哲學裏，顯然的兼含了「縱貫的道德之創生」與「橫面的概念之執定」，筆者以爲這是當代新儒學所開啟的基本模型。關聯著這樣的基本模型，熊先生當然對於佛家空、有二宗有所不滿，他對於空有二宗予以批判的改造與融攝。他之指出空宗乃是一「平鋪的眞如世界」，而不能說一縱貫的創生，只能說「眞如即是諸法實性」，而不能說「眞如顯現一切法」，道德實踐義無法在開物成務中完成。再者，他指出有宗以概念總體的執定來說明萬有一切的存在，這是不究竟的，他陷入了構造論的謬誤之中，再者，由於誤以爲概念機能總體是一個體，而此體是染汚之體，只好又置一眞如本體，以爲歸趣，這便陷入了所謂雙重本體之過。

當然，純就學究立場來看，熊先生對於佛家空、有二宗的批評或有不當不公之處，但問題的重點不在熊先生的批評恰當與否，而是熊先生他到底針對的問題爲何，其所回答的又是什麼㉒。在熊先生對於空有二宗的批評與改造中，我們可以發現熊先生一方面疏決了佛家有宗的概念機能總體，認爲彼仍只是一依因待緣而起的暫時之體（或說爲權體），這樣的權體之體是有其染執性的，它不足以作爲存有之根底。或者，我們可以說熊先生瓦解了意識的權體性與染執性，終而見到了意識的透明性與空無性，並以此透明性與空無性爲意識之本然狀態。熊先生之能見及此透明

㉒ 李澤厚亦以爲：「熊的要點本不在批判，不過藉批判以樹起自己的儒學體系而已。」（李澤厚《中國現代思想史論》，頁三三四，臺灣版。）

性與空無性可以說是得力於佛家空宗的般若法門。但是，值得我們進一步去注意的是，熊先生並不以一平鋪式的理解方式來瞭解此透明性與空無性，他更而指出此透明性與空無性所隱含的明覺性與自由性，以其爲明覺的、自由的，故可以爲一切開顯之根源也，而道德實踐亦由是成爲一具有根源性的實踐動力也。

值得我們注意的是，根源性的實踐動力之爲根源性的實踐動力是那「意識的透明性與空無性」之與「意識的權體性與染執性」之相對待而喚起的，此喚起卽前所謂之「明覺性」與「自由性」，若無意識的權體性與染執性之對待則明覺性與自由性仍只歸本於寂而已，仍只是透明性與空無性而已。換言之，根源性的實踐動力是要落實在這個生活世界之中的，是要落在執著性、對象化的存有所成的世界之上才得開顯的，或者直接用以前的古話來說，這是「開物成務」、這是「曲成萬物而不遺」。又由於根源性的實踐動力必然落實在一生活世界之中，因而其必與染執性與權體性所成的世界有密切的關係，不過它畢竟不是一染習之心，故熊氏極力的區分功能與習氣的不同，指出本心與習心的差異，強調用功夫處便在當下之切入，由當下之切入而證會本體，由證會本體而任持本心，因之而成己成物也。

五、結　語

本書指出熊十力體用哲學是以「活生生的實存而有」作爲詮釋起點的，而「活生生的實存而有」一詞，一方面指的是人這個特殊性的存活者是一「活生生的」、是一「實存而有」，能以其明覺性與自由性而進到此生活世界。從而開顯此生活世界。再者，因爲如此，所以我們說此世界乃是一活生生的實存而有的世界，換言之，活生生的實存而有除指人以外，更而指整個生活世界之一切。如此說來，活生生的實存而有所成的體用哲學所謂的「即體而言，用在體，即用而言，體在用」，即用顯體、稱體起用，其所指之體，既是道體，亦是心體，亦是物體，三者通而爲一。道體是就存有的根源義上說，而心體則是就人這個活生生的實存而有之進到這個世界中的觸動點而說，物體則是就此道體之流行，經由心體之轉折與執定的定象性存有而說；其所指的用，則既是道用，亦是心用，亦是物用，道用是就存有的根源之流行說，而心用則是就人之作爲一活生生的實存而有之道德實踐上說，物用則是此道德實踐之落實於事事物物的存有上說。概括言之，體用哲學乃一活生生的實存而有所成之生活世界的存有哲學（或說爲實存哲學、存活哲學）也，是一實踐的進路所成之實踐的存有哲學也。

筆者以爲熊先生這樣的儒學已邁越了宋明新儒學，而進到了所謂「當代新儒學」，他眞切的注意到了「生活世界」的重要性，他疏決了意識主體的染執性與權體性及其所含帶的質礙性與障蔽性，而眞正見到了意識之本然的透明性與空無性，及其所含的明覺性與自由性。這麼一來，我們可以說熊先生的哲學擺脫了以意識爲中心的主體性哲學，而開啟了一嶄新「活生生的實存而有」的存有哲學㉓。熊先生之書以《新唯識論》爲名，其有別於舊唯識者，正因他疏決此意識主體的染執性的權體性，進而見得意識本然的透明性與空無性，人這活生生的實存而有之以此意識之本然而進到此世界中，「境識俱起」，在人與世界的相互迎向中，以一「我與您」的關係，意識的明覺性與自由性因之而起現，存有的根源亦因之而自如其如的展開。熊先生《新唯識論》又只「境論」出焉，就此來說，亦可見其所謂「新唯識論」者，非以一意識之主體而決定一切的存在也，而是見及意識之本然之體的透明性與空無性，故因境而顯現也，其顯現即以明覺性與自由性爲動力焉！此明覺性與自由性之意識之體乃一無體之體，是一卽用顯體之體，是一境識俱起，同時開顯之體。蓋新唯識論非主觀唯心論也，而爲一活生生實存而有之學也。

㉓ 筆者這樣去詮釋並不意味要經由一種海德格（M. Heidegger）式的詮釋方式來理解儒學，因爲誠如牟先生所言「海德格雖力圖建立其基本存有論，對於人這有限的存有詳作存在的分析，然仍屬內在的存有論，雖不是亞里士多德與康德之知識論義的存有論。他力斥『表象的思想』而想後退一步回到『根源的思想』，但終未透出，未達無執的存有論之境，雖時有妙語，然終頭出頭沒，糾纏不已。」見氏著《圓善論》，頁三三九，學生書局印行，民國七十四年七月。

第二章　邁向體用哲學之建立

一、前　言

熊十力哲學之具有革命性的價值在於他承繼了中國哲學的傳統，而第一個以系統性的哲學語言提出一整體而根源性的探問。這樣的一種探問使得中國哲學進入到一新的可能性。

我這樣的一個說法是說：熊十力提出了一個極爲重要的哲學模型——體用合一論，來作爲哲學的原型❶。這樣的一個哲學原型可以參與到當前的哲學舞臺之上，成爲中西哲學匯通的一個要

---

❶ 陳榮捷在所著《中國哲學資料書》(*A Source Book in Chinese Philosophy*) 中介紹當代中國哲學以〈當代唯心論新儒學——熊十力〉與〈當代理性論新儒學——馮友蘭〉並舉。陳瑞深於〈譯註〉中，繼續深化其理解，以爲熊氏的「體用合一論」乃是一「唯心論的本體——宇宙論的形而上學」，相對來說牟宗三先生的《現象與物自身》則是一「唯心論的本體——現象論的形上學」，陳瑞深對此作了極詳盡的說明。筆者以爲這些語詞仍不能盡其全，故仍以「體用合一論」之名來稱呼熊氏的學問。以上所涉陳氏的論點，請參看陳榮捷原著 "The New Idealistic Confucianism: Hsiung Shih-li"，陳瑞深譯註〈當代唯心論新儒學——熊十力〉，收入羅義俊編《評新儒家》，頁四一五，上海人民出版社，一九八九年十二月。

道。在某一個意義下，熊十力的哲學是前現代的，但這個前現代哲學的內容卻有著一個後現代的可能❷。相對而言，熊氏的高足——牟宗三則是現代的，他所採取的由批判而安立，他通過康德批判哲學的方式爲中國哲學的重建立下了一個現代的規模，但這樣的一個規模是以超越的二分說爲格局。對於這二分的解決方式，牟氏仍然以中國傳統的哲學智慧爲依歸，就此而言，可以說是承繼他的老師的❸。

大體說來，牟先生經由「現象」與「物自身」的超越區分所建立的體系，到底比熊先生的「體用合一論」來得進步，但熊氏其「體用合一」的哲學規模卻有著一個嶄新的可能，本書的目的是要去彰顯這種可能，因此筆者所著重的不是批判，而是闡釋，而所謂的闡釋則指向一種開發。

---

❷ 見林安梧著〈實踐的異化及其復歸之可能——環繞臺灣當前處境對新儒家實踐問題的理解與檢討〉，《儒釋道與現代社會研討會論文集》，頁一六六～一七〇，東海大學哲學研究所，一九九〇年十二月，臺中。

❸ 牟先生認爲他係順著他的老師熊十力所呈現的「內容眞理」，往前發展，並將熊氏未寫成的「量論」寫就，陳瑞深據此以爲牟先生的哲學：唯心論的本體——現象論的形而上學，乃是繼承熊先生的唯心論的本體——宇宙論的形上學的發展（見前揭書，頁四一七）。但筆者想強調的是這樣的發展乃是其發展的一個可能而已，並非即是熊先生之全。更值得注意的是，就整個哲學的締造規模而言，熊先生與牟先生則有甚大不同處。

熊十力「體用合一」的論點可以說遍及於他的所有著作，而集於《新唯識論》一書❹，再者熊氏的寫作方式，並不是採取如今學術論文的解析的方式，而是採取隨文點說的綜合方式，因此，在研究時頗難尋理出他的論證過程；其實，更值得我們注意的是，熊氏的寫作方式顯然不是一「論證」(arguement) 的方式，而是一顯示 (manifestation) 的方式。或者，我們可以說：熊氏的體用合一的哲學乃是一「顯示的」哲學，而不是一「論證的」哲學。在通讀了熊氏的大部著作後，筆者擬以牟先生所說的「文獻途徑」及其所含的「問題——答案」的邏輯，來詮釋熊先生的體用哲學，在本章中，筆者將闡明熊十力哲學的詮釋起點，檢別其哲學與一般的形上學有何不同，並因之而指向一「活生生實存而有」的體用哲學之建立的可能❺。

---

❹ 關於熊十力所著《新唯識論》的變遷，約述如下——一是：一九二二年的《唯識學概論》，因覺不妥，旋即改作《唯識學概論2》，此稿刊行於一九二六年，後又改作《唯識論稿》，於一九三〇年出版，此時其唯識學理論大概底定，而於一九三二年正式刊行《新唯識論》(文言本)，思想大體確定，再於一九四七年刊行《新唯識論》(語體文本、足本)，雖然後來他又於一九五二年作壬辰刪定本，於一九五八年改作《體用論》，再於一九五九年續刊《明心篇》。依熊氏而言，雖屢有變遷，實則基本觀念無甚改異，皆申明「體用不二、心物不二、能質不二、天人不二」也。

❺ 陳榮捷先生即以"manifestation"一詞來解釋熊十力的「承體大用」的「用」，也就是本體顯現爲現象，這樣的「現象」不是一般意義下的「現象」，而是一「見乃謂之象」的「現象」，其說詳後。筆者這裏預取一個體用合一的方法論以作爲論述的方法。關於全文展開的方法，已於第一章：導論中交代過。

二、邁向一「活生生實存而有」的體用哲學

如熊氏所言，《新唯識論》是反駁舊唯識學的，在〈新唯識論全部印行記〉中，熊十力自設問曰：

「此書非佛家本旨也，而以新唯識論名之，何耶？」曰：「吾先研佛家唯識論，曾有撰述，漸不滿舊學，遂毀夙作，而欲自抒所見，乃爲新論。夫新之云者，明異於舊義也。異舊義者，冥探眞極，而參驗之此土儒宗及諸鉅子，抉擇得失，辨異觀同，所謂觀會通而握玄珠者也（玄珠，借用莊子語，以喻究極的眞理或本體）。破門戶之私執，契玄同而無礙，此所以異舊義，而立新名也。」❻

就表面上看來，《新唯識論》這一部著作爲的是反駁佛家的唯識學，其實底子裏他是配合著熊十力的心路歷程，他爲的是要去探明究極的眞理或本體，而不是作爲純粹學問討論的一部書

❻ 見熊十力著《新唯識論》（「熊十力論著集」之一，後省稱《論著集》），頁二三九，文津出版社印行，臺北，民國七十五年十月出版。按：此書收有熊十力早年著作《心書》及《新唯識論》（文言本、語體文本），《破破新唯識論》，附有《破新唯識論》等著作。

❼。當然，熊氏在這裏清楚的指出他的論敵是佛家的唯識學，但筆者想要一提的是儘管這裏說佛家的唯識是其論敵，但這裏所謂的論敵並不純是學問的，甚至我們要說，有一大半是越過了學問的範疇，而屬於生命的、終極關懷的層次，在熊十力看來，這樣的層次才是哲學的層次。或者我們可以直接的說這關係到「見體不見體」或是「見道不見道」的問題❽。

熊十力一向標榜的是要見體，要探索究極的眞理與本體，這處處可見他不是一個學究型的人物，而是一位踐履篤實的哲學思考者。他一再的宣示「哲學乃是思修交盡之學」，一再的標榜哲學與科學的分辨；其他，就他的寫作及行文的方式，處處可見他的確與一般的學問研究不同。換言之，熊十力的學問研究不是一對象性的探索，不是一客觀而向外的求索，而是一收回自家身

❼ 杜維明氏卽以爲熊氏乃是一「探究眞實的存在」的思想家，此所謂「探究眞實的存在」(Quest for Authentic Existence) 實卽所謂「見體」是也。熊十力認爲其學乃是一見體之學。杜氏文章請參見氏著〈探究眞實存在——熊十力〉一文，收入《近代思想人物論——保守主義》，臺北，時報出版事業公司，一九八二年九月三版。又杜氏復於所著《孤往探尋宇宙的眞實》提及此，收入《玄圃論學集——熊十力生平與學術》，頁一九一～一九六，北京，三聯書店印行，一九九〇年二月。

❽ 蔡元培於《新唯識論》〈序〉中說：「現今學者，對於佛教經論之工作，則又有兩種新趨勢：其一，北平鋼和泰、陳寅恪諸氏，求得藏文、梵文或加利文之佛經，以與中土各譯本相對校，臚舉異同，說明其故，他日整理內典之業，必由此發軔，……其二、歐陽竟無先生的內學院，專以提倡相宗爲主，……內學院諸君，尙在整理闡揚之期，未敢參批評態度也。當此之時，完全脫離宗教家窠臼，而以哲學家之立場提出新見解者，實爲熊十力先生之《新唯識論》。」蔡氏此文當時並未發表，直到高平叔編纂《蔡元培全集》時才收入，又收入蕭萐父、郭齊勇編《玄圃論學集》，見該書，頁一二，北京，三聯書店，一九九〇年二月初版。

心，而作一向內的探索。他曾在給朱光潛的信中，說：

「哲學之事，基實測以遊玄，從觀象而知化（大易之妙在此）。窮大則建本立極，冒天下之物，通微則極深研幾，洞萬化之原，解析入細，繭絲牛毛喻其密；組織精嚴，縱經橫緯盡其巧。思湊單微，言成統類，此所以籠羣言而成一家之學，其業誠無可苟也。」❾

哲學是實存之事，就我人之實存經驗（基實測），而上遂於道，所謂「遊玄」是也。實存的經驗不是一種「對象化的認知」，而是一種「存在的遭逢」，由此存在的遭逢，才得上遂於道也。對萬有一切能就其「象」之顯現，而如實觀之，因而知其天地生化。前者強調的是一「實存的經驗」，而後者則著重一「如其現象而觀，以知其化」。這裏我們隱約的可以看到熊十力所謂的「哲學」乃是一「實存主義式的本體學」，是一「現象學式的本體學」❿。又如其所說，我們

❾ 見熊著〈初印上中卷序言〉，同❻，頁二四一。

❿ 「實存主義式的本體學」與「現象學式的本體學」此二語意蘊頗豐富，筆者以爲熊氏之學可以作這樣的概括，詳見後所解釋者。依牟先生之說「存有學」有內在的存有學，亦有超越的存有學，實存主義式的存有學或現象學式的存有學並未仔細的檢別出此兩者的不同，故易有所混淆，故筆者這裏不用實存主義式的存有學與現象學式的存有學，而用實存主義式的本體學與現象學式的本體學，蓋「本體」一詞以名其超越也。

可以發現他所謂的「建本立極」，其實是廣納整體而說的，而這裏所說的整體並不是相對的說它是如何的大，因爲這裏所說的大是不與小對的大，而是與小渾而爲一的大。這樣的一小大方式所成的整體之透悟與理解，乃是一根源性的探索。其實，從這裏我們便可以看出所謂「根源性的探索」便不是一「對象式的客觀探索」，而是一「實存的證會」，是一「現象學式的本體探索」。熊氏之探索「眞實的存在」者在於此。

熊十力更在其晚年所著的《明心篇》更用極多的篇幅來說明哲學乃是爲道日損之學，而不是爲學日益之學⑪。再者，熊氏更以「存」這個字眼作爲其書齋的名稱，稱之爲「存齋」，因而有《存齋隨筆》之作，在〈序言〉中，他更淸楚的表白了「存」這個字的意義，從其敍述的過程中，我們可以發現其治學途徑是有別於一般人的。他說：

> 「存者何？吾人內部生活，含藏固有生生不已、健健不息之源，涵養之而加深遠，擴大之而益充盛，是爲存。唯存也，故能感萬物之痛癢；不存則其源涸，而泯然亡感矣！」⑫

⑪ 見氏著《明心篇》，頁二一～四五，學生書局印行，民國六十五年五月，臺北。

⑫ 見熊十力未刊稿《存齋隨筆》之〈自序〉，影印手稿。

「存」不是一般所謂的「經驗性的存在」而已，而是「上遂於生命之根源的存在」，或者說，這不只是一般所謂的經驗，而是一種本體的經驗（ontological experience）。依熊氏看來，這是人之爲一個人契入本體的起點，也是參贊整個生活世界的起點，而且也就是吾人從事哲學研究的起點。「存」之所指是整個內部生活，而值得注意的是，這裏所謂的「內部」不是內外對舉的「內」，而是「合內與外於一體」的「內」，因此，內部的生活便含有生生不已、健動不息之源。正因爲含有此生生不已、健動不息之源，所以此生活中的人是有其主體性的。他參贊乎此天地之間，他的存在不只是一被動的存在，而是一主動的存在。就其整個參贊的過程卽是「存」，所謂「涵養之而加深遠，擴大之而益充盛，是爲存」。存是能感萬物之痛癢，如果不存，則其源必涸，最後終於泯然無感矣！

依熊十力看來，「存」不只是一經驗之存在，而是通極於本體之存在。存是一個活生生的生活，而不是一靜態的事樣，在吾人生命的澆灌之下，通極於萬有一切，周浹流行，通爲一體。換言之，存有的問題始於實存，而不是從「存有之所以爲存有」這樣的發問起點來探索存有，而是經由「活生生的實存而有」的方式，來探索存有。存有學原是實存學，而實存則是活生生的存在，這卽是生活，生活是生化活化的生活。生者，源泉滾滾；活者，健動不息之謂也。關聯著這種「活生生的實存而有」的存有學，我們便可以名之曰「實存主義式的存有學」（或者說爲「實存主義式的本體學」），又這樣的實存是不離其本體的，根本上是其本體的顯現，是「見乃謂之象」的「現象」，是本體與現象不二的「現象」，這樣的存有學，我們亦因之而可名之曰「現象學式的本體學」、「現象學式的存有學」⓭。

經由熊十力對於「存」字的深刻理解，我們順著這樣的研究途徑，將可以進一步釐清《新唯識論》之所以爲新的地方何在。我們且先從熊氏對於「唯識」這兩個字的新解釋了解起，他說：

「識者，心之異名。唯者，顯其殊特。卽萬化之原而名以本心，是最殊特。言其勝用，則宰物而不爲物役，亦足徵殊特。新論究萬殊而歸一本，要在反之此心，是故以唯識彰名。」⓮

在這裏熊氏將原來「唯識」的「唯」字轉成「殊特」來理解，而又將「識」字轉成「本心」的「心」來理解。並將萬化的本原叫做「本心」，就此「本心」而言其殊特也，換言之，這樣的「殊

⓭「見乃謂之象」語出《易繫辭傳上》，按原文前後爲：「……是故闔戶謂之坤，闢戶謂之乾，一闔一闢謂之變，往來不窮謂之通，見乃謂之象，形乃謂之器，制而用之謂之法，利用出入，民咸用之謂之神」，其實這段話很能表現出中國哲學之終極智慧，而熊氏自謂其學是大易之學亦可由此見其一斑，筆者以爲若要說一所謂的「現象學式的本體學」，當以《易經》所謂「見乃謂之象」的現象，卽本體之所顯現這樣的現象作爲現象學詮釋的起點，熊氏本體、現象不二之說亦溯源此。

⓮見同❻，頁二三九。

特」是就其具有本體的意義而說的。又因爲本體與現象不二，因此，除了這裏所說「本體意義的特殊」之外，就其本體所顯現（「勝用」）而言，亦可以說其殊特，其殊特是其宰物而不爲物所役，當然這裏所謂的「宰」不是一般的主宰或宰制的宰，而是作主的意思⑮。明顯的，這種新的「唯識」指的是一「體用合一」下、或者說是「一體觀」或「不二觀」下的「本心論」。他一方面預取了「萬殊歸一本」，而且是認爲此「一本」的究竟終結點是在於「此心」。此心者，此在（Dasein）之本心也，一活生生實存而有之本心也。不離於此，而不離於彼，卽體卽用，皆是此活生生實存而有之開顯也。顯然的，熊氏是通過「本心」去究極眞實，而不是由一向外的求索，先定立一形而上的「本體」，然後再導出本心與道德實踐，換言之，熊氏之學並不是一「宇宙論中心的哲學」，他是經由本心之爲本體，而開顯的「本體宇宙論哲學」，或者我們可以說他是本體、現象不二、本體卽顯現爲現象的「現象學式的本體學」。

熊氏以爲若依唐窺基法師的解釋——「唯遮境有，執有者喪其眞，識簡心空（此言成立識者，所以簡別於心空之見也），滯空者乖其實」⑯——原來「唯識」一詞的「唯」，它的意義是對執外境爲實有的見解加以駁斥，因爲如世間所執爲「有」的意義，是不合眞理的。從此可見熊氏

⑮ 熊氏的所謂的「本心」之主宰，主宰一詞，含有主宰義、定向義、實踐義，關於此，詳見第十章〈根源性實踐方法的展開〉一文。

⑯ 見窺基《成唯識論述記序》，又文中的註語爲熊十力所加者，見氏著《新唯識論》（文言本），見《熊十力論著集之一》，頁四六，臺灣，文津出版社，臺北，民國七十五年十月。

所謂的「唯」——做爲殊特意義的「唯」與原先其作爲遮撥意義的「唯」是不相同的。套用熊氏的分別，我們可以說作爲「殊特意義的唯」是「表詮」，而這與作爲「遮撥意義的唯」是不相同的⑰。再就「識」來說，「識」原是簡別的意思，是對於那些「執心是空」的見解而加以簡別，即是表示與一般否認心是有的這種人底見解根本不同。這是對於「空宗」的末流所提出的批評。因爲如果把心看作是空無的，這便是沉溺於一切都空的見解，佛家呵責爲空見，這更是不合理的。所謂的「唯識」其實指的是「世間所計心外之境，確實是空無的，但心則不可說是空無的。」換言之，依熊十力所理解的佛家唯識學所說的「唯識」，他是通過「識」來決定「境」，是以認識的主體決定了所認識的對象，或者說原來「唯識」的「識」指的是對於外在事物有所理解了知的「識心之執」⑱。熊氏對於這樣具有存有論化的「識心之執」頗不以爲然，他以爲「識心之執」，

---

⑰ 關於「表詮」與「遮詮」，熊氏曾有明白表示，他以爲所謂的「表詮」是承認諸法是有，而以緣起義來說明諸法所由成就。而所謂的「遮詮」則是欲令人悟諸法本來皆空，故以緣起說破除諸法，即顯諸法都無自性（見同⑥，頁四一七）。顯然的，熊十力是將此二法融會爲一，先遮而後表，如熊氏自己所說彼之方式爲「義兼遮表」，熊氏其思想與佛家當然不同，就其思想的表達方式來說，尤其就「唯識」一詞的瞭解，熊氏爲表詮。此問題涉及到熊氏的方法論與根本主張，見本書第四章、第二節。

⑱ 從來有關唯識的論點便極不一致，有所謂的「有相唯識」，「無相唯識」，或者說：有「虛妄唯識」、「眞常唯心」。明顯的，熊十力這裏的論敵是「虛妄唯識」，是以護法爲主的「唯識今學」的傳統。此統爲中國之玄奘、窺基所承繼。民國初年南京支那內學院以歐陽竟無大師爲主所弘者即爲此學。熊氏曾爲歐陽門下，後因所見不同而反之，多有論戰。如果將熊氏擺在現代中國佛教思想的發展來說，誠如陳榮捷氏所說，是繼歐陽竟無的唯識學、太虛法師的法相唯識論而有的進一步發展（見陳榮捷著《現代中國的宗教趨勢》，第三章〈佛教思想的發展〉，頁一二一～一七四）。

是因跡而起的，是起於實用的要求而成的慣習，它究極來說是空無的，是幻有的，並不足以作爲存有論的基礎，眞正足以作爲存有論的基礎的是「本心」。本心也者，作爲一個活生生實存而有之進到這個生活世界之中，去開啟這世界，參與這世界的根源性動力也。熊十力《新唯識論》中所說的「識」，並不是「識心之執的識」，而是這裏所謂的「本心」。

《新唯識論》雖然以本心爲主，但並不是就不談「識心之執」（妄心），換言之，熊十力是以「唯識」作爲其本心論的基底，從「唯識」的識心之執（妄心）轉而爲本心，這是一個辯證的昇進過程。熊氏所謂「辨妄正所以顯本，妄之不明，本不可見」⑲。值得注意的是，這裏所謂的「顯本」即是探究一存在的絕對與眞實，他已與佛教的緣起性空之基本論點相違。或許有人會說熊氏這樣的方式是否紊亂了語言，使得眞理無所定準。熊氏的解釋是這樣的，他亦知道他之使用這些語詞，大部分是承舊名而變其義者，因此他要求讀者要能依其立說的統紀以看待這個問題。例如，「恆轉」一辭，舊義所指的是「阿賴耶識」，熊氏則用來「顯體」，與舊義完全不同，其它這種情形還很多。如果我們整個說的話，我們可以說熊氏根本上是要從他原來所熟悉的唯識學（護法的有相唯識，玄奘、窺基的唯識今學）翻轉而上，造就一新的唯識學，這樣的唯識學不只停留在知識論的層次，而且更而進至一本體論及宇宙論的層次。這樣的唯識學不只停於「識心之

---

⑲ 同⑥，頁二三九。

執」的層次，它要更進至「無執的本心」之層次。

就如馬一浮爲熊十力《新唯識論》（文言本）所作的序一樣，他說：

> 「其爲書也證智體之非外，故示之以明宗，辨識幻之從緣，故析之以唯識，抉大法之本始，故攝之以轉變，顯神用之不測，故寄之以功能，徵器界之無實，故彰之以成色，審有情之能反，故約之以明心。」[20]

馬一浮這段話可說是熊氏的知音[21]，整個新唯識論就在說明「智體之非外」，即熊氏所謂「實體非是離自心外在境界，及非知識所行境界，唯是反求實證相應故，是實證相應者，名之爲智」，原來探究實體的活動是回到自家身心，歸返天地人我一體的境界而說的，並不是向外的求索。向內實證是「智」（卽所謂的「性智」），而向外求索則是「識」（卽所謂的「量智」），識是由緣而起現的，所以識是虛幻的，不是眞實的，虛妄唯識之義不可成。熊十力一方面也注意

---

[20] 同❻，頁三九。

[21] 這裏所謂「知音」只就上所引這段話來說的，因馬氏亦曾於該文後面提到「擬諸往哲，其猶輔嗣之幽贊易道，龍樹之弘闡中觀。」這樣的比喻顯然不類，當然馬氏若只是文氣上所作的比喻或亦可也，但就思想來說，則顯然熊氏之學與王弼（輔嗣）、龍樹迥然不同。

到唯識舊學與唯識今學的差異㉒，但他並不取唯識舊學之說，他是由唯識今學而進至一新的理論，此即其《新唯識論》之所由作也。依熊十力看來，原先的唯識學（唯識今學）的意識哲學的方式是不能穩立一對於世界存有之闡釋與說明的。他以為唯有進至一智體非外的《新唯識論》的方式才為可能。值得注意的是，熊先生並不像佛家空宗的智體之非外的方式來處理一切存有的問題，依其所說，我們可以說佛家空宗或許已見到了「意識的空無性與透明性」，但並未見著或者說未強調「意識的明覺性與自由性」，他更且認為唯有儒家《大易》、《中庸》以來的傳統才能建立起這套體用合一論，佛老則不能。轉變、功能兩章，他深刻的檢討了佛家的空宗、有宗以及道家的思想，建立了以「恆轉與功能」為核心的本體論，這樣的本體論是要明其神用之不測，抉大法之始的。的確，熊氏的「破集聚名心之說，立翕闢成變之義，足使生肇斂手而咨嗟，奘基撟舌而不下」㉓，佛教傳入中國約近兩千年，闢佛者歷代有之，但系統如熊氏者，深刻如熊氏者，

㉒ 熊氏於一九二六年刊行的《唯識學概論2》說：「安慧於空宗撰述有《大乘中觀釋論》等，其言唯識，不立相見二分，猶著空見，基師述記，每於安慧被以古師之名。……護法之思想，於安慧諸師，既有取舍，於空宗清辨，尤多借鑑，細按述記可知，若以護法學與安慧相校，應稱為今學。」見該書，頁三。熊氏對於唯識古學並無多研究，他以後走的路是批判唯識今學而另建新唯識論，又熊氏於《新唯識論》中所謂「唯識古師」所指即這裏所謂「唯識今學」的論師如無著、世親、護法乃至玄奘、窺基等。

㉓ 此語為馬一浮於〈序〉中所說，又從以「集聚名心」到「翕闢成變」這代表著熊氏哲學的轉變，大體說來，這是從眾生多源轉成眾生同源的一個關鍵性的轉變。這個轉變的關鍵在於由《唯識學概論2》之轉為《唯識論稿》的期間，相當於一九二一年到一九三〇年間。又就目前可以考訂的是早在一九三〇年，一月十七日，中央大學日刊發表湯用彤演講詞，有云「熊十力先生昔著新唯識論，初稿主眾生多元，至最近四稿，易為眾生同源。」（以上據蔡仁厚《熊十力先生學行年表》說，頁二四。）

「入其壘，襲其輜，暴其恃，見其瑕」㉔，如熊氏者，可謂絕無僅有。當然，熊氏在闢佛的理論過程中，不免有許多的誤解，但他所指出的問題則是可貴的。我們甚至可以說後人有論及儒佛論爭者，熊氏決是一重要的標竿，因爲他使得儒佛論爭有了一個較爲恰當的可能性。如他的高足——牟宗三先生對於佛教的理解頗多過於其師熊氏者，實因其師有以導之也。這也就是說熊氏開發了問題的根源，而牟先生則給予一恰當的衡定。

作了以上的敍述，我們可以發現熊十力可以說另闢蹊徑的開啓了一個嶄新的中國哲學研究方向。看起來，他仍然囿限在宋明儒「闢佛老」的階段，其實不然，他已吸收了佛老的思想，他融攝了空宗，將空宗對於存有論的解構一轉而爲方法論的運作，藉此點出了意識的空無性與透明性；他融攝了有宗，將有宗對於萬有一切採取一知識論橫攝的執取方式轉成本體論及宇宙論的縱貫創生方式，一方面點出了意識之與外境相涉所起的染執性與權體性，及其所含帶的質礙性與蔽障性，另方面則更進一步指出意識之本然（卽所謂「本心」）所含的明覺性與自由性，而此卽是萬有一切開顯的動源點㉕。儘管他對於佛老多所誤解，但是我們卻發現他眞開啓了一個重要的哲學構造方式。他哲學的動源是來自於「存」——生命實存的感受與存在的遭逢，這樣的一個

㉔ 見王夫之《老子衍》〈序〉，又關於王夫之詮釋方法論之問題，請參看林安梧《王船山人性史哲學之研究》第四章〈人性史哲學的方法論〉，東大圖書公司出版，一九八七年九月。

㉕ 關於熊十力對於空有二宗如何融攝的問題，請參看本書第六章〈從平舖的眞如到縱貫的創生〉、第七章〈從橫面的執取到縱貫的創生〉，又關於「意識的空無性、透明性」與「意識的染執性、權體性」以及「意識的明覺性、自由性」與「意識的質礙性、障蔽性」等問題，於此先行提出，其詳見後。

「存」的活動，便使得內外通爲一體，渾然爲一，從「分別的」轉爲「非分別的」境地，於是他所謂的「哲學活動」就不只是「思辯」的學問，而是整個生命參與於其中的學問，所謂「思修交盡之學」是也。他所謂的「眞理」就不只是「符合一客觀對象」這樣的眞理，而是體驗證會其通而爲一的眞理。在這樣的「哲學觀」與「眞理觀」下，當然熊十力所謂的「存有學」就不是探索一「存有之所以爲存有」這樣的學問，而是探索「活生生的實存而有」這樣的學問。存有的探討就不只是靜態的認知與探討，而是動態的參贊與實踐。又這種活生生的實存而有的方式，人的參贊與實踐成了最爲重要的關鍵與核心。無疑的，熊十力的哲學是以實踐作爲中心的。熊十力的哲學在表達上，或者常習於從宇宙論的層次往下說，似乎看起來是一種「宇宙論中心」的哲學，其實不然，因爲，他最爲根本的是以「道德實踐」爲中心，他這樣所建立起來的宇宙論，其實是一「道德的宇宙論」，他這樣建立起來的形而上學，其實是一「道德的形而上學」㉖。他的「道德的形而上學」便是以「體用合一論」展開的。

如上所述，依熊氏看來，「存」乃是活生生的實存而有，這樣的存是合內外、通上下，無分本體與現象的，現象卽是本體之顯現這樣的現象，體用一如，稱體起用，卽用顯體，因此，我們卽可名此爲一「活生生實存而有的體用哲學」，這樣的一套哲學亦可以說是一「實存的存有學」、

㉖ 這樣的道德的形而上學後來爲牟先生所承繼，並正式由牟先生揭舉之，但是牟先生的道德的形而上學並不同於熊十力的道德形而上學。熊先生偏重在宇宙論，而牟先生則偏重在本體論。

「實存的本體學」、「本體的現象學」、「本體的宇宙論哲學」、「道德的宇宙論」、「道德的形而上學」，所名雖異，而所指則一也㉗。

三、活生生的實存而有的體用哲學義下的「存有」與「方法」

如上所述，我們知道熊氏所造的《新唯識論》其所建立的是一套「活生生實存而有的體用哲學」，這套實存的本體學，他對於「存有」（即熊氏所謂的「境」）有著嶄新的「理解方法」，他在所著《新唯識論》的〈明宗章〉開頭便說：「今造此論，爲欲悟諸究玄學者，令知實體非是離自心外在境界，及非知識所行境界，唯是反求實證相應故㉘。」這裏，熊十力顯然的要區分他

㉗ 「活生生實存而有的體用哲學」、「實存的存有學」、「實存的本體學」、「本體的現象學」、「本體的宇宙論哲學」、「道德的宇宙論」、「道德的形而上學」，所名雖異，而所指則一也。約略說來，「活生生實存而有」指的是人之爲一個人於此世界中的存活實況，是進入到這個世界中，去開顯這個世界，同時這個世界也向他開顯，「實存」則是此「活生生實存而有」之省語，存有學與本體學於此皆指ontology，其義相通，依熊氏來說，本體非是死物，而是一活生生的實存而有，它必然的要開顯其自己，此開顯所以有現象也，蓋顯現即爲現象也，故說爲「本體現象學」。又其開顯，故宇宙乃成，因謂之「本體宇宙論」。再者，這樣的開顯是由人的道德實踐作爲其動源起始點的，故亦稱之道德的宇宙論、道德的形上學。

㉘ 同❻，頁二四七。

所要締造的形而上學是不同於一般形上學家所做的探討。或者如他所說的形上學是要探索「實體」的，但這樣的「實體學」（ontology）並不同於亞理士多德的「實體學」（ousiology）㉙，因爲他所謂的「實體」不是離自心的外在境界，也不是知識所行的境界，而只是反求實證相應的境界，而所謂的「實證」則是自己認識自己，絕無一毫蒙蔽。就此無一毫蒙蔽，我們可以說，這是去除了意識的染執與遮蔽，而見到了一意識之本然，其爲本然是透明而空無的（寂然不動），是明覺而自由的（感而遂通）。由於見到了意識之本然，方使存有爲之開展、爲之顯現也。

如上所說，熊氏所說的「實體」乃是一周流太虛，無有分界的總體狀況，「實」指的是一活生生有血有肉的眞實，這是一生命的眞實，是一存在的眞實，是有別於經由意識分劃後的概念世界的。實體就是整體，也可以說成本體，他以爲本體之所以不離我的心而外在，是因爲大全（本體）是顯現爲一切分，而每一分又都已具有大全。每個人的宇宙都是大全的整體的直接顯現，而不可以說大全是超脫於個人的宇宙之上而獨在的。用眾漚與大海水來作比喻，大海水顯現爲眾

㉙ 一般說來，由於受到物理學的影響，亞里士多德未能擺脫自然哲學的框架而發展出存有學來。而且，他亦未注意到存有學的差異，而只研究存有者本身，並未眞正把握到存有的豐富內容，再者又由於物理學及實在論的考慮，以實體爲存有者之存有，這便使得存有學轉爲實體學，更進一步又轉爲神學。海德格即以爲亞氏忽略了存有學的差異，而變成了一「形上學的存有—神—學構成」（Onto-theo-logical constitution of metaphysics），請參看沈清松著《物理之後——形上學的發展》，頁一一九～一三一，牛頓出版社，民國七十六年一月，臺北。

漚，即每一漚都是大海水的全體的直接顯現。就大海水來說，大海水是全體的現爲一個一個的漚，不是超脫於無量的漚之上而獨在的。又若站在漚的觀點上，即每一漚都是攬大海水爲體（同上）。這麼說來，熊十力的哲學並不是要去探索一個敻然絕待的東西，而是直就存在的整全來探索的。而彼之所以能直就「存在的整全」來探討，是因爲他去除了意識的染執與遮蔽，而回復了意識之本然的透明與明覺，即此而言，即寂即感，通而爲一，故說那存在的整全並不是諸多部分的纂集，相反的，部分之所以能成其爲部分，是因爲由存有的整全，再經由人的意識之執取與劃分而形成的。

明顯的，熊十力是不分本體與現象的，或者我們可以說他認爲本體所顯現即爲現象，他所謂的實體學或者本體學，其實就是現象學，但這樣的現象學並不是作爲探索一客觀對象的本質的「本質學」，而是一主客相互攝入，活生生的實存的「生活學」，這樣的存有學，或者更直接的說是「自己認識自己」的學問。如熊氏所言，他不像一般的人談本體是「向外尋求，各任彼慧，構畫摶量，虛妄安立」，因爲他所要求的是眞見體，他說：「眞見體者，反諸內心，自他無間，徵物我之同源，動靜一如，泯時空之分假，至微而顯，至近而神，沖漠無朕，而萬象森然，不起於座，而遍周法界㉚。」這樣的自己認識自己的本體學就是現象學、就是生活學、就是存有學。他

㉚ 同⑥，頁四三。

所預取的是天人、物我、人己皆通而爲一的整體觀，而這整體觀不是一死寂的整體，而是活生生的整體，或者更直接的說是一活生生實存而有的體用哲學。

這活生生實存而有的體用哲學，他所要探索的「存有」的意義很明顯的不是一般所以爲的「存有」。一般都以爲「存有」是可以經由客觀的認知與描述，是可以經由一種概念性思考的把握，以一種「名以定形」的方式，或是「形以定名」的方式來定立的㉛。這樣子的存有是不涉及於價值的，它屬於實然的層次，而不屬於應然的層次。但依熊十力的意思看來，所謂的「存有」當不是一離吾人之外的一種存有，換言之，不是經由概念性思考所定性的存有，而是一活生生的、本體顯現爲現象，並相融不二的存有。這樣的存有與我人的生活世界是不能區隔開來的，存有與價值融成一體，應然實然渾成一片；或者更直接的說，他所要探索的存有其實就是我人的生活世界，我人的生活世界當然是豐富而雜多的，價值與存有不二，應然實然渾一。因此，我們可以說，這樣的存有學並不是去探索「存有之所以爲存有」的學問，而是去探索「活生生的實存而有」的學問，一言以蔽之，其實就是生活學。

或許我們可以借海德格的論點，認爲探索「存有之所以爲存有」這樣的存有學，勢將導致一「存有的遺忘」，相反的，熊氏探索的是一「活生生的實存而有」這樣的存有學則可以免除所謂

㉛ 「名以定形」語出王弼《老子道德經》注，意謂由名言概念以決定存在事物，「形以定名」則相反，筆者這裏藉此二語，前者重在觀念論，後者則重在實在論。此兩者俱在熊氏所斥之列。

「存有的遺忘」之病。值得注意的是，熊氏所以爲的「活生生的實存而有」並不是就一有限隔的個人之存在來說，而是就天地、人我、萬有一切皆通而爲一，無所限隔的整全來說的。換言之，這裏熊氏預取了一天地人我、萬有一切的內在同一性原理。無疑的，這個本體的內在同一性原理是先於一切的，它是一切區隔與分化的起點，同時是終點。

既然，本體是整全的，是同一的，而且它是動態的展開的，這便得尋求一展開的起點。這展開的起點其實是無所謂起點相的，說是起點，這是一種方便的說法，因爲這裏所說的起點並無時間先後的意思，它只是爲了要說明這個理論的說法而已。當然這起點不外於此「活生生的實存而有」的整體，我們之所以會要探索這整體如何，是因爲我們自覺到我參與了這個活生生的實存而有的整體。換言之，我們的探索當然是從此「參與」開始。回到那「參與」的主體才是探索「活生生的實存而有的整體」的眞正起點。如熊氏所說，這參與的主體即所謂的「性智」或「本心」。

再者，這裏所謂的「參與」乃是一縱貫與融通的實踐活動，而不是一橫攝執取的認識活動。正因如此，本心或性智乃是一無分別心，是一整全的心，是一透明而明覺的心，不是分別的心，不是執取之心。如熊十力所說：「性智者，即是眞的自己底覺悟。此中眞的自己一詞，即謂本體。在宇宙論中，賅萬有而言其本原，則云本體。即此本體，以其爲吾人所以生之理而言，則亦名眞的自己。……此中覺悟義深，本無惑亂故云覺，本非倒妄故云悟。」這樣的一個覺悟就是所謂眞的自己，它本是「自明自覺的，虛靈無礙，圓滿無缺，雖寂寞無形，而秩然衆理已畢具，能爲一切知識底根源」㉜。因爲參與乃是一縱貫融通的實踐活動，因此把握到了此參與的主體即是找尋到了整體的動源。這動源或者可以說是主體的能動性所展開的起點，同時也是整個道體展開的起點。主體與道體本是通而爲一的，宇宙與人其內在是有其同一性的。當然，這裏所謂的「同一性」，並不是一知識的執取的同一性，而是一渾然一體，兩相涉入的同一性，或者可以說是一「辯證的同一性」，是經由一實踐的縱貫與融通而來的同一性。如果換個語詞來說，那就是由活生生實存而有的體用哲學所建構起來的「一體觀」哲學。

相應於「性智」有所謂的「一體觀」，而相應於「量智」有所謂的「分兩觀」。量智「原是性智的發用，而卒別於性智者，因爲性智作用，依官能而發現，即官能得假之以自用。」因此，量智不同於性智之渾然未分，而有思量和推度或辨明事物之作用。「量智是緣一切日常經驗而發展，其行相恒是外馳，夫唯外馳即現有一切物」㉝，換言之，量智乃是一橫攝執取的認識活動。它是一主體循著感官出離其自己的活動，這是一主體的對象化活動，是一心向外馳的活動。這種心向外馳的主體對象化活動，因爲假官能之作用，迷以逐物，而妄見有外，因而成爲「習」，就此習而言，熊十力亦稱此是「習心」，而別於性智的「本心」。「習心」若就其認識論的意義來說

㉜ 同❻，頁二四九。

㉝ 同❻，頁二四九～二五一。

它有執取的功能，而因之有所染、有所礙、有所蔽，我們可以說這是意識的染執性、權體性及因之而含帶的質礙性與蔽障性，因此任此習心望外馳，當然會有迷妄相，甚至感情盲動，但熊氏預取了「本心」與「性智」，本心與性智或者我們可以說就是意識的本然狀態，它是透明而明覺的，它卽寂卽感，它可以使得習心量智不陷於染汚之中，「離妄習纏縛而神解昭著者，斯云懸解」（同㉝）。懸解只是暫時的超脫與離妄而已，這仍然不是眞解，要到「妄習斷盡，性智全顯，量智乃純爲性智之發用，而不失其本然，始名眞解」㉞。

如上所作「眞解」與「懸解」的區分，我們可以說熊氏這裏隱含著一個由本心性智對於量智習心的治療作用。量智習心常妄計有外在世界攀援構畫，因而常與眞的自己分離，並常障蔽了眞的自己。要得眞解才能免於這樣的異化，才能歸返於本體。熊氏認爲哲學正是這樣的活動，它的重心卽在「本體論」上，本體論究是闡明萬化根源，是一切智智，是一切智中最上之智，而且是一切智所從出的地方。眞解的根源乃是本心是性智，是本體是一切智智。熊氏以爲本心是虛寂的，是明覺的。「無形無相，故說爲虛。性離擾亂，故說爲寂。寂故，其化也神，不寂則亂，惡乎神，惡乎化。虛故其生也不測，不虛則礙，奚其不測。」「離闇之謂明，無惑之謂覺。明覺者，無知而無不知。無虛妄分別，故云無知。照體獨立，爲一切知之源，故云無不知。備萬理而

㉞ 關於此，詳見本書第十章〈根源性實踐方法論的展開〉。

無妄，具眾德而恒如，是謂萬化以之行，百物以之成。羣有不起於惑，反之明覺，不亦默然深喻哉。」（同上）這段關於本心是虛靈明覺的詮釋，清楚的標示出熊氏所謂的本體論，是不離其本心論的。這樣的一個「本心論」的立場，含著一個生發創造的世界觀。「本心」則是這個生發的宇宙動源。它既是對於這世界理解與詮釋的起點，同時也是參與此世界，進行批判與重建的起點。

如上所言，性智本心卽是宇宙道體，換句話來說，熊氏繼承了宋明理學的心學傳統，接受「心卽理」這個基本的命題。熊氏說：「本心卽是性，但隨義異名耳。以其主乎身，曰心。以其爲吾人所以生之理，曰性。以其爲萬有之大原，曰天。故『盡心則知性知天』，以三名所表，實是一事，但取義不一而名有三耳㉟。」雖然三者所表，實是一事，但眞正的動源則在於本心。換言之，所謂的「盡心的盡」乃是性天全顯，是通過修爲功夫對治習染或私欲，而使得本心顯發其德用，廓然忘己，澈悟寂然而非空，生而不有，至誠而無息。熊氏所說的「心」「實非吾身之所得私也，乃吾與萬物渾然同體之眞性也」，因此，只要「反之吾心，而卽已得萬物之本體」（同上）。當然這樣的所謂「本心論」與「天道論」是不一不二的。其爲「不二」是因爲它們有其內在的同一性，其爲「不一」是因爲它們的同一仍須預取一個實踐的辯證歷程。如果我們不能正視

㉟ 同⑥，頁二五三。

到它們的「不二」關係，將會產生存有與價值的斷裂；若果吾人不能正視到它們的「不一」關係，將會產生「滿街是聖人」之誤㊱。

如上所說，本心論與天道論有其實踐的、辯證的同一這樣的關係才能使得形上學有所安排，如果不預取這個辯證的同一關係，則道德的形而上學將難以證成，中國數千年來的儒學傳統所說的「天人性命相貫通」將成獨斷的戲論。這樣所形成的「本心論」將成一無源無頭的本心論，是爲「孤掛的本心論」，這樣的「天道論」則爲一無本心以爲潤澤的「孤絕的天道論」。孤掛的本心論便不能達乎天地人我、萬有一切，合而爲一體，這樣的本心論再怎麼說都不能免於主客對立、能所對立之局。孤絕的天道論，當然就是一獨斷的天道論，這樣的天道論難免是一虛幻的無實的假構之物。熊氏所以一再的提出：

> 「今世之爲玄學者，全不於性智上涵養工夫，唯憑量智來猜度本體，以爲本體是思議所行的境界，是離我的心而外在的境界。……量智只是一種向外求理的工具，這個工具若僅用在日常生活的宇宙卽物理的世界之內，當然不能謂之不當，但若不愼用之，而欲解決形而上的問題時，也用他作工具，而把本體當作外在的境物以推求

㊱ 陽明末學有此誤，這指的是忽略了實踐的歷程，而一味的以爲有所謂的「見在良知」，請參見本書第十章之❺。

之，那就大錯特錯了。」[37]

由此可知，熊十力的天道論不是一孤絕的獨斷的天道論，其本心論也不是一孤掛的本心論。在熊十力而言，天道論所處理的並不是一宇宙的規律如何的問題，因爲就其客觀而對象化的認知，天道之如何運行，這是不可知的，他所處理的天道論是通過本心論而締建起來的天道論。本心論最直接關聯到的是文化創造及價值創造的問題，若純就一對象化的認知來說，他所定立的是價值的規範，而不是一存有的規律；但若就一體觀的體會而言，他是通過價值規範的定立，來穩立一存有的規律。正因如此，這個存有的規律不是一客觀的、靜態的、機械的法則，而是一主體互動的、動態的、辯證的法則。熊氏即在這裏清楚的區分了玄學與科學的不同。

熊氏以爲：「我人的生命與宇宙的大生命原來不二，所以，我們憑著性智的自明自識才能實證本體，才自信眞理不待外求，才自覺生活有無窮無盡的寶藏。若是不求諸自家本有的自明自識的性智，而只任量智，把本體當作外在的物事去猜度，或者憑臆想建立某種本體，或者任妄見否認了本體，這都是自絕於眞理的[38]。」明顯的，這裏熊氏所預取的是一「不二觀」或者說「一體

[37] 同❻，頁二五四。
[38] 同❻，頁二五五。

觀」的眞理觀，這不同於「分兩觀」下的眞理觀㊴。「不二觀」的眞理觀而言，所謂的眞理其實就是他本心對於自己的認識，而這個對於自己的認識，其實就是對於萬有一切整體大全的認識。或者更簡單的說，所謂的眞理就是本體的自我認識，而這本體就是吾人固有的性智，雖然說是固有的，但必須要在吾人內部生活淨化和發展時，這個智才得顯發。以爲熊氏既然已經說性智是固有的，所以當下卽是，這是不應理的，這是沒有注意到本心雖與道體爲「不二」，但其實是「不二」的。值得注意的是，熊氏這裏所謂的內部生活的淨化和發展，並不是一與外在隔開無關的內部，因爲在「一體觀」的情況下，根本無內外之隔，有了內外之隔，這明顯是在「分兩觀」的情況下，才得成立的。這麼說來，所謂「內部生活的淨化」其實指的是經由一生命的復歸活動，使得整體大全都得善遂而成。

四、結語

總結如上所說諸節，我們可以說：熊十力的哲學旨在強調體用合一，而所謂的「體用合一」必先預取一「體用不二」的觀點。所謂的「體用不二」或「體用合一」意指承體大用，卽用顯

㊴ 關於不二觀的眞理觀與分兩觀的眞理觀，筆者曾有論述，請參見〈絕地天之通與巴別塔——中西宗教一個對比切入點的展開〉，刊於《鵝湖學誌》，第四期，民國七十九年六月。

體。體用合一預取天人、物我、人己這三個面向之通極爲一。體用合一預取的是存有論、價值論、認識論三者通而爲一的論點。熊十力通過眾漚與大海水彼此相互涉入的圖像來說明其體用合一的論點，所謂眾漚卽是大海水，大海水就是眾漚。再者，我們發現熊氏的「體用合一論」其實預取了一個人與宇宙的內在同一性的原則，但這樣的同一性原則不是一實然狀態的同一之描述，而是一個理想的要求，是一實踐的要求。也就是說這樣的同一性是一「動態的同一性」，而不是一「靜態的同一性」。這麼說來，熊十力的體用合一論看起來好似從宇宙論或者自然哲學往下說的一種哲學，但我們不能說這是一種宇宙論中心的哲學，因爲他早先預取了天人、物我、人己的同一性作爲其論點的基礎。這不是由宇宙論導出心性論，不是由存有導出價値，而是預取了其同一性來立論的。

在本章中，筆者卽指出它們都是以「活生生的實存而有」作爲詮釋的起點而展開的，而且這詮釋的起點卽是整個宇宙萬有的動源點。換言之，在這樣的架構之下，認識的主體同時是道德實踐的主體，同時是整個宇宙創生的道體。値得注意的是道體與萬物的關係是不二的，認識的主體與客體亦是不二的，道德實踐的主體與道德實踐的行爲亦是不二的。換言之，物（存有）與事（實踐）與知（認知）三者亦是不二的。

明顯的，熊氏的體用合一論雖然強調天人性命相貫通，但我們可以更直接而斷然的說：他是將整個宇宙的支點擺置在「性智」（卽主體的能動性）上頭，而所謂的主體能動性並不是對於對象的決定，而是周流感通合而爲一的。換言之，「體萬物而不遺」與「見心」及「見體」這三者是同一件事。熊氏意下的道體之體，與心體之體，乃至物體之體是同一個體，而這樣的「體」是卽存有卽活動的「體」，落實於道德實踐，他的關鍵則在對於本心之體的體認，對於本心之體的體認卽是對於道體之體的體認，同時卽是對於物體之體的體認。因此，我們可以說熊氏認爲最重要的哲學活動乃是「見體」的活動，而所謂見體的活動其實就是性智顯發的活動。熊氏這樣描述性智顯發的情形。他說：

「到了性智顯發的時候，自然內外圓融（卽是無所謂內我和外物的分界），冥境自證，無對待相（此智的自識，是能所不分的，所以是絕對的），卽依靠著這個智的作用去察別事物，也覺得現前一切物莫非至眞至善。換句話說，卽是於一切物不復起滯礙想，謂此物便是一一的呆板的物，而只見爲隨在都是眞理顯現。到此境界，現前相對的宇宙，卽是絕對的眞實，不更欣求所謂寂滅的境地（寂滅二字，卽印度佛家所謂涅槃的意思。後倣此）。現前千變萬動的，卽是大寂滅的。大寂滅的，卽是現前千變萬動的。不要厭離現前千變萬動的宇宙而別求寂滅，也不要淪溺在現前千變萬動的宇宙而失掉了寂滅境地。」[40]

---

[40] 同[38]。

如上所引言，我們可以說熊氏便以此「體用合一論」作爲其哲學的基本構造，他之所以悖離佛學而歸本儒學，根本上是因爲儒學是體用合一的，而佛學則不能談體用合一的。在體用合一論的格局下，我們可以說熊十力的哲學隱含了一套本體的現象學，以及一存有的生活學，這樣的本體現象學與存有的生活學，它所以爲的存有並不是一靜態而客觀執定的存有，而是一活生生的實存而有，它的方法就不是一般論證的方法，而是遮撥了意識的染執與障蔽，眞見及了意識之本然的透明與明覺，卽寂卽感的觸動了整個存在的境域，而開啟了一卽體卽用、卽用卽體的體用哲學。

第三章　體用哲學的思考支點

一、前　言

在第二章中，我們宣稱熊十力建立起來一套「活生生的實存而有」的體用哲學，這樣的一套哲學將存有、價值、實踐、方法等融於一爐而冶之，而它的整個哲學的動源點則在於「活生生的實存而有」。「活生生的實存而有」之作爲原初的存有實況，它並不是指的那一個特定的對象，它是作爲一切對象的原初的存有實況，或者，我們可以將它稱之爲存有的根源實況，這是一個無分別相、無執著相、無對象相的實況，就此而言，我們說其爲「見乃謂之象」，說其爲本體所顯現的現象，因之而說其爲一現象學式的本體學，或說其爲本體的現象學。

就這樣一套現象學式的本體學或是本體的現象學，我們可以說熊氏的體用哲學所隱含的一套方法並不是針對某一個學門而置立的方法，而是作爲宇宙萬有自如其如開顯其自己的方法。或者，我們可以說熊氏的體用哲學的方法是在展示哲學之自身，而不是要去完成一個什麼樣的哲學。他希望的是經由自家生活的實存體驗與證悟，去開顯整個存有，並不是要去把捉存有。他著重的是「呈現」，而不是理論的架構以及此理論的「預設」❶。

這麼說來，我們說熊氏的體用哲學乃是一「活生生的實存而有之學」，這樣的「實存而有之學」，它最重大的意義是由那「活生生的實存而有」這樣的「存有」（或直接以「本體」之名稱之）顯現其自己，而開顯爲天地萬物，天地萬物又籠括爲一，一多不離，總爲整體，卽此整體就是雜多。或者，用熊氏體用合一的論點來說，我們說「本體之顯現卽爲現象」，「現象原亦不外於本體」，「本體與現象是不二的」，這卽如前所說的「見（現）乃謂之象」，如果我們將這樣的一套學問稱作一種「現象學式的本體學」的話，顯然的，它著重的並不是去探尋現象的本質爲何的問題，而是注意到活生生的實存而有之如何開顯的問題。

熊氏的體用哲學所隱涵的現象學方法，這方法不是建構，不是化約，不是玄辯，而是一種要求「回到事物自身」的方法，當然這裏所謂的「回到事物自身」，乃是回到存有的根源，由那活生生的實存而有之觸動而自如其如的開顯其自己。這樣的方法是以本體之顯現其自己爲方法的，而不是另外的去說一個什麼樣的方法。又熊氏的承體大用，卽用顯體，這在在都隱含著這樣的方

❶ 依牟先生〈憶熊十力先生〉一文，曾記載熊氏與馮友蘭氏對於良知的辯論，馮氏以爲良知是個假設，而熊氏當面呵叱之，告之良知非假設，乃呈現，此呈現一語，極重要，熊氏一再提出哲學是「思修交盡之學」，又說其學「貴在見體」，此皆可見熊氏致力尋求一無預設的方法，此方法乃是一根源性的方法，彼通極於存有論、知識論、乃至實踐論等等。

法。由這種本體的現象學的方法所構成的存有學是不離其「活生生的實存而有」的，或者我們說這樣的存有學即是生活學。

如上所說，熊氏體用哲學所強調的是存有的開顯，這著重的是呈現，而不是經由預設來建構理論，而所謂的呈現是要回到事物自身的。這樣的一個回溯的方式與經由批判而安立這樣的方式是迥然不同的。批判的安立強調回到一超越的理體上去安立其體系，而熊先生則擺置在一廣大的生活世界之中。從熊先生的理論中，我們可以發現他的體用哲學並不是一定點式的思考，亦不是定向性的思考，而是一現象學式的方法論進路。他強調的不在於其主題爲何，而在於要如何的去研究。或者說，他強調的是如何的去回到事物自身，而不是說怎樣的去把握事物。這樣子說來，便也是說熊十力的體用合一論，其實不是以一般的方式去形構形而上學，而是以一特殊的方式作出一現象學式的形而上學。

當然，我們得強調這裏所謂的「現象學式的形而上學」是就熊氏整個體用哲學的體系來說的，我們並無意去比附當前西方現象學流派的某人或某派，而只是想通過文獻的處理，經由理解、詮釋與闡發，而去凸顯熊氏的體用哲學之奧義究竟爲何，他是如何的建立這套無預設的、回到事物自身的形而上學。這樣的一套形而上學又是如何的與其所強調的知識論、實踐哲學勾連在一起，形成一完整的系統。在本章中，我們將嘗試就「現象」、「純粹經驗」等詞作一番探索，以爲熊氏體用哲學奠基。

二、現象與純粹經驗

如上章所述，熊十力的體用哲學所隱含的一套現象學式的存有學，他所要建立的一套學問並不是要去探究「存有之所以爲存有」這樣的學問，而是要去顯現那「活生生的實存而有」這樣的一門學問，這樣的一門學問，並不是經由理論的預設與論證而建構成的，而是經由一顯示與呈現而造成的。熊氏極爲淸楚的指出，我們一般經驗上所談的「存在」，其實都已加上了我們日常生活實用習慣而造作成的理解，這是有預設的理解，是一執著性、對象化的理解。這樣的一種對於事物的理解方式並不究竟，若以此作爲存有學探索的起點，便無法達到究竟之地，而且會產生極爲荒謬的後果。

或者我們可以這麼說，一般我們所以爲對於事物的理解是陷在「主——客」對立這樣的格局來理解的，熊氏以爲這其實說的只是一「存有的執定」，而無法探及「存有的開顯」，無法去敲扣「存有的根源」之門。因爲「存有的執定」只是落在一「執著性的、對象化的存有」這個階層，然而存有的開顯則邁越了這個階層，而進到一「無執著的、未對象化前的存有」這個階層，唯有如此，我們才可能更進一步去敲扣「存有的根源」之門❷。這麼說來，熊氏這套體用哲學下的現

❷ 關於這裏所提及的「執著性的、對象化的存有」、「無執著性的、未對象化的存有」、「存有的根源」、「存有的開顯」、「存有的執定」等詞，詳後諸章，此處且先提出。

象學式的存有學是從破解「主——客」對立的思考格局作爲起點的。熊氏說：

「意與物，無非依變化流行的全體之過程中所詐現爲二方面的能所相，而假名意及物。所以說到象自有能所相。無所相，能不獨構其象；無能相，所亦不自顯其象。故象是依能所相交而成。但能者非有實意之謂，所者，非有實物之謂，只是詐現爲此二方面。然雖詐現，卻是能所宛然，非無力用，故當能所相詐現時，其所的方面，自有勢用引發能，而能的方面，即緣所的方面底接觸，而起一種勢用，現似所的相狀，即此名爲象。故知象者，是能所融一相，所以說象是交綰意與物而爲之名。」❸

「只是不承認有離心獨存的外境，卻非不承認有境。因爲心是對境而彰名的，才說心便有境，若無境，即心之名也不立了。實則心和境本是具有內在矛盾的發展底整體，就玄學的觀點來說，這個整體底本身並不是實在的，而只是絕對功能的顯現。」❹

❸《十力語要》卷一，頁七。

❹見《論著集》，頁二七○。

這裏，熊氏清楚的告訴我們，認識的主體與對象乃是後起的，它是變化流行的全體之過程中所詐現爲二方面的能所相，這是「假名」，而不是眞實。換言之，認識的活動並不是由主體對客體的把握，而是從全體的顯現，再給予的「暫時的概念性的論定」（假名）。在經由概念性決定以前有一更爲眞實的東西——此卽變化流行的全體過程。這個變化流行的全體過程，它是以「象」的方式展開的。或者我們可以將這個「象」就視爲「本體顯現爲現象」的「現象」。這樣的「現象」是由本體走出來，顯現出來的，而它之所以能走出來，顯現出來是因爲有能所的互動辯證而展開的，但它的展開是能所融爲一體的，是能所不二的。換言之，「現象」之爲現象，就只是本體之顯現其自己，這是先於概念性的決定的，在概念前的階段，我們實已參與了這個整體。

如上所說，我們須得更進一步澄淸，熊氏基本上先預取了「全體」的觀點，我們要問的是這裏所說的全體如何可能詐現能所二方，而開顯爲「現象」呢？這並不是基於熊氏的玄想，而是基於熊氏的洞見。因爲唯有作爲「活生生實存而有」的人，進入到全體之中，作爲一個動源，才可能顯現爲現象。這個意思是說，所謂的「現象」其實是由於人活生生的實存而有的進入到世界或處所之中，才使得那全體也活生生的以一實存而有的方式展開它自己。世界或處所是作爲等待開發的「可能性」，而人則是作爲去開發此「可能性」處所的「能動性」。熊氏所謂「無所相，能不獨構其象；無能相，所亦不自顯其象。」正指的是這個道理。値得注意的是，熊氏這裏所謂「象是依能所相交而成」，這並不是說知識的構成是由於主體對於對象的攝受與認識的把握，因爲能所都只是詐現的兩方面，不能說是兩個凝然相對的東西。

再進一步總括的說，熊十力意下的「現象」是全體所顯現而流行的，這樣的「現象」是先於一切認識活動的，現象並不是一種概念性的認知，而是一種顯現，這種顯現的關鍵點在於作爲一活生生的實存而有的人，這樣的具有「主體能動性的存有」的進入，這個進入便是一種「能動性」，這「能動性」使得原先的「可能性」彰顯出來。依熊十力看來，是這可能性引發了能動性，能動性對於可能性的開發，而顯現了「現象」。或者，我們可以說：作爲可能性的世界或處所，充滿著無限的可能，在人們進入到這樣的處境中，便可引發其能動性，這樣子一來，能所合一，融於一相，這才是所謂的「現象」。就存有論的角度來說，「現象」乃是本體之顯現與流行，這樣的「現象」當然不是與本體相隔的「表象」，而是卽本體卽現象的。就認識論的層次而言，「現象」不是已然擘分、已參入了個人意識作用的經驗，現象乃是在意識前的經驗，這可以說是一純粹的經驗。換言之，現象與純粹經驗是一體之兩面，現象是就存有論的層次說，而純粹經驗則就認識論的層次說。

現象之爲現象是本體的直接顯現，而所謂本體的直接顯現並不是憑空玄想，而是人這個具有能動性的主體，以活生生的實存而有的方式進入到世界及處所中，才使得整個世界亦以活生生的實存而有的方式開顯它自己。這裏所謂的「人這個具有主體能動性，以活生生的實存而有的方式進入到世界及處所」，這便意味著這是一種「經驗」，而這樣的經驗是不涉及於認識與擘分的活動的，它沒有主客對立之念，知識與對象尚成一體融合的狀態。也因爲這樣的經驗還沒有將自己的思想、好惡加上去，所以我們可以說它是一種「純粹經驗」，但這並不是說，這樣的經驗既是單一的、不容分析的、瞬間即逝的，值得我們注意的是，它又是統一的，這種經驗意識以嚴密的統一方式呈現它自己。換言之，我們之所以強調它爲「純粹的」並不意味著它的貧乏，相反的，是意味著它的豐富。這麼說來，純粹經驗是先於認識的活動，認識的活動是後起的，純粹的經驗是豐富的，而認識反而是貧乏的，它是從純粹的經驗中所抽象出來的。它是以所謂的「識心之執」進入到純粹的經驗中，加以分析而得的❺。

三、識心之執的作用及其所造成的限制

熊十力在所著《新唯識論》〈唯識章〉上，曾提及佛家唯識之學，他並以此作爲其所論議的對象。對於唯識若稍有所涉的話，我們極易清楚的區分出來，熊氏所說的「唯識」其實著重的是

❺ 日人西田幾多郎於《善の研究》一書中，對於純粹經驗頗有所論，但彼與熊氏之論並不相同，筆者以爲他著重的是「純粹意識經驗的統一」，但是不認爲「純粹意識經驗」是單一的、不容分析的、瞬間即逝的，這與熊氏的刹那生滅義有所不同。西田氏之論，請參見氏著第一章〈純粹經驗〉，見該書，頁一三～二一，日本岩波書店，昭和二十五年一月發行，東京都。

「唯識今學」，而不是「唯識古學」，是以窺基去涵蓋玄奘，並上而更涵蓋護法，並直接認爲是無著、世親的本義。就學問的角度而言，熊氏顯然的是以偏概全，值得檢討。不過筆者在這裏著意的不是他所破的「唯識」恰當與否，而是他如何的破斥唯識，這樣的破斥方式所隱含的哲學意涵是什麼。他借助於破，所要立的又是什麼。

依熊十力所述，窺基法師所著《成唯識論述記》對唯字的解釋：唯是駁斥之辭——對執外境實有的見解加以駁斥。識是簡別的意思——對彼執心是空的見解，加以簡別❻。熊氏對於窺基之說有所不滿，但他又不走回唯識古學之路，而是走向他自己所建立的新唯識學。他區分他與唯識最大的不同是在於他以爲妄執的心，實際上是空無的。因爲妄執的心是後起的，只有本來的心，才是絕對的、眞實的，但所謂絕對與眞實並不是眞有一凝然堅住的心體與萬物相對，而是擺離了意識的染執與障蔽，眞見到了意識的透明與明覺。因此，他對於窺基之以爲識之不空，認爲應當修正。顯然的，熊氏的目的在於：(1)對彼執離心有實外境的見解，加以破斥。(2)對彼執取境的識以爲實有的見解，加以破斥❼。值得注意的是，熊氏並不是認爲無所謂的「境」，只是他強調境心是一個整體。他以爲若認爲有一心外的實境，則是妄情揣度。須知心無對礙，而境則有對礙。

---

❻ 見熊十力著《新唯識論》(熊十力論著集之一)，頁二五六，文津出版社印行，臺北，民國七十五年十月出版，省稱《論著集》，後仿此。

❼ 見《論著集》，頁二五七。

兩者既是統一的、和諧的，又是矛盾的。而心相與境相，兩者不一不異。就眞理說，所謂的境，只是依於眞實的顯現而假名爲境。若執定這個境，則不悟神化，而謬執跡象，即是虛妄❽。

如上所說，熊氏對於彼執離心有實外境的見解，加以破斥。又對於彼執取境的識以爲實有的見解，加以破斥。顯然的，就前者來說，熊氏所破斥的是一般以爲的素樸實在論，而後者則可以視之爲對於一般所以爲的觀念論的破斥。單線的看來，熊十力一方面破斥了外境，另方面又破斥了內識，境識俱遣，豈不落入一不可知論之中？實則不然，熊十力並不是一味的破斥境與識，其實，他所要破斥的是「境執」與「識執」。在境識二執俱遣之後，他所採取的是一「境識俱泯」的理解，但相對於這裏所說的「境識俱泯」，他其實強調的是「境識俱起」，熊氏只是強調並沒有一客觀的對象獨立於我們的心靈之外，同樣的，也沒有一主體的認識心靈獨立於客觀的對象之外，或者更清楚的說，他反對先安立主客兩方，而後才來思考認識如何可能的問題。再者，須進一步指出的是「境識俱泯」這指的是「境」與「識」兩不相涉，而歸於寂的情況，這時境之爲境只是「境之在其自己」，無所涉而亦無所起，它只是如其所如的一個存在而已，因此，我們將之稱爲「境之在其自己」。相應的，這時的「識」亦是「識之在其自己」，它亦無所涉無所起，它亦只是如其所如的一個識而已，這時我們將之稱爲「識之在其自己」。「境之在其自己」意味著

---

❽ 見《論著集》，頁二六〇～二六一。

存有開展的可能性，而且此可能性是一待開顯之可能性，非主動有開顯之可能，「識之在其自己」則是一去開顯此可能性的一個根源性動力，但當它未涉於境時，我們可以說其意識是透明的、空無的、無所染執的，具有明覺性與開展可能的。識之在其自己與境之在其自己，這乃是理論上推極的了解，在認識的過程中，並無一所謂的境之在其自己與識之在其自己，認識的活動必然是境識俱起的，而不會是境識俱泯的。

「境識俱泯」這指的是「境」與「識」都處於「在其自己」的狀態，此時「境」與「識」兩不相涉，而「境識俱起」則是兩相涉而起現，其起現是一體的，而且是無所分劃的，這是由那境識一體的本體所直接顯現的「現象」，也可以說是我們意識的直接經驗，這是一種「純粹經驗」。現象是就「見乃謂之象」，是就本體的直接顯現而言，這是存有論的說；而純粹經驗是就境識俱起之兩相涉入、融成一體，無所分劃而言，這是認識論的說。值得注意的是，就此現象與純粹經驗來說，它並不就是我們一般認識所及的表象與經驗，但一般我們認識所及的表象與經驗則必然以此現象與純粹經驗爲基礎。因爲這裏所謂的「現象」與「純粹經驗」是渾然一體、非分別的，而一般的表象與經驗則是對象化而爲分別的，前者是一無執著性、未對象化的狀態，而後者則是一執著性、對象化的狀態，或者，我們可以說前者是一「無執著性、未對象化的存有」，而後者則是一「執著性、對象化的存有」。

這麼說來，所謂的「境識俱起」就隱含了兩個不同的階層，其一是「無執著性、未對象化的層次」，另一是「執著性、對象化的層次」，作了這兩層區分以後，我們便可以了解何以依熊十力看來，意識必現似境之相，但不親得境的本相。這樣的論點似乎與康德的論點很接近，康德以爲我們的認識只能及於現象，而不能及於物自身。但須得分辨的是，熊氏這裏的論點，其實與康德並不相同。因爲康德意下的「現象」(phenoumena)乃是「表象」(appearance)的意思，這不同於熊十力所說的「現象」就是本體之顯現其自己，熊十力並不預取「現象與物自身」的區分，他強調的是「現象」(卽本體卽現象)在識心之執還未進入其中作用前是整全而不可分的，它是一種純粹的經驗，這種經驗是無經驗相的。我們可以更清楚的說，熊十力的哲學乃是一現象學式的哲學，而不是康德式的批判哲學。依熊十力看來：

「意識起時，恆現似境之相，所以者何？一、因意識一向習於實用故。二、因意識富於推求和想像力。三、因意識起分別時，意識及其所得境同入過去故，意識復行追憶。」❾

「心的取境不能親得境的本相，而是把境製造或裁剪過一番，來適應自己的期

---

❾《論著集》，頁二六二、二六三。

待。」（同上注）

如上所述，可見伴隨著意識的活動必然以實用的要求與之俱起，這樣的意識活動就不是純粹的意識活動，就不是純粹的經驗，這樣的活動是後起的，是人在生活世界中由實用的要求所導生的。不同的實用要求將會有不同的「取境」方式，因此其所認取的也就不同。當然，意識之所以能進行其取境的活動，一方面是基於其實用的要求，而另方面則因爲它本身就具有構成的能力，經由推求與想像的能力去構成。這樣的構成能力便能將過去、現在、未來統合於一體，其實，追憶之所以可能乃在於意識的構成能力。但我們要知道的是：這種構成能力並不能全部的掌握原先的現象，不能完全的把握原先那個純粹經驗。它是進入到此現象之中，進入到此純粹經驗之中，加以裁剪製造，而要求其適應自己。或者我們可以說，不同的實用要求產生了不同的認識的興趣，因而有了不同的認識活動，也因而有了不同的裁剪製造的模式。

熊氏以爲一般人都以「慣習」作爲我們的心，這卽是「習心」。習心與本心是相對的，本心是先天的，而習心則是後起的。籠統來說，熊氏以爲卽如空間與時間的相也是人心執定有外在的境才有的，亦在日常經驗之中，並不是不待經驗的，所謂的「理智作用」是從執境爲離心外在的這種虛妄的慣習裡發展出來的。我們不該起妄執，只可隨順世間，設定一切物是外在的境，從而加以處理及思維，此可使知識有立足處。但就眞理上說，境和心是渾融而不可分的；此可達致物我雙忘的情境，但就俗諦而言，知識是必要的，是在我們的生活世界中發展出來的，但終其極則是歸本於眞理的，是境識不二、境識俱起的⑩。顯然的，熊氏劃定了「識心之執」乃是習心所在的範圍，習心乃是後起的，是由於人的認識機能之進入純粹經驗或現象之中，所擘分出來的一種「執著性的、對象化的存有」，這是一種「主──客」對立的思維方式。識心之執下的思維方式與存有的樣態，乃是作爲我們平常認知所成的一種知識境界，是由對象化的存在對象所構成的世界，這世界並不是一鳶飛魚躍的、活生生的實存而有的世界，這只是一靜態的、被識心之執所構造成的世界，這樣的世界乃是經由識心之執所執定的世界，我名之曰：「存有的執定」。這樣的世界，這是後於「存有之開顯」，而爲概念機能總體所執定的世界。以熊氏的體用哲學看來，他強調要越過「存有的執定」才能見及「存有的開顯」，進而才能敲扣存有之門。

熊十力便通過了如上所說的「境識不二」與「境識俱起」的理解，進一步來宣說他自己的形而上學（玄學）立場。他說：

「玄學上所謂一切物的本體，是至大無外的，是虛無的，是周遍一切處，無欠缺的，是具有至極微妙，無窮無盡的功用的。一切物都是本體之顯現，不要當作一切

⑩《論著集》，頁二七六。

物來看待，譬如衆漚即是大海水的顯現，不要將衆漚作一一漚來看待。」⓫

在熊十力看來，形而上學之所以爲形而上學，並不是處理存有者之何以爲存有者的問題，而是要處理一活生生的實存而有的問題，這樣的存有是一本體之顯現，它不宜被視作一切物來看待。因爲本體之顯現爲現象，這是一無窮無盡的功用，是遍周一切處的，是至大無外的，是無欠缺的，是至極微妙的。換言之，依熊氏看來，形上學如果可能的話，是在這樣的「本體顯現爲現象」的「現象學」意義下，才爲可能。當然，這並不意味熊十力只重視這個超乎一般經驗之上的純粹經驗與本體之顯現爲現象之現象。熊十力重要的在於指出我們一般所以爲的經驗必須以純粹經驗作爲基礎，而一般所行的表象式思維是以本體之顯現爲現象作爲其基礎，而且從純粹的經驗到一般的經驗，從現象到表象的把握，這是經由一識心之執的作用而成的，或者說，這是經由意識的染執性而起的，這已不是意識之本然狀態，故應予限定劃界，並予以釐清，經由這樣的釐清，才可能進一步論及所謂的形而上學（或者用熊十力當時流行的語詞爲「玄學」）。

⓫ 《論著集》，頁二七〇。

四、心卽理——卽活動卽存有

如上所述，熊十力只是不承認有離心外獨存的外境，卻非不承認有境。心之作爲主體，而境之作爲對象，兩者是不一不異的，兩者互彰其名，心和境是具有內在矛盾的發展底整體，這整體本身不是一靜態的實在之物，而是絕對的功能的顯現，換言之，這個整體只是本體顯現的現象，它是一純粹的經驗，假說能所，而以「能取爲心，所取爲境」，其實，心境是不二的，是俱起的。熊十力更且強調：

「心是自由的、向上的、任持自性的，不爲境縛的主宰力，境是由和心相反的一個趨勢，從我的身，以迄日星大地，乃至他心，這一切一切都是境。一切的境都和心是同體的。」⑫

如此看來，顯然熊十力一方面強調境和心是同體的，而另方面則又強調心是自由的、向上的、任

⑫《論著集》，頁二七二。

持自性的，不爲境所縛，而具有主宰力。這是說，他一方面強調意識與存在是合而爲一的，是同體的，但另方面則又以意識爲優先性，肯定意識的自由、向上與任持自性，不被存在所染繫。換言之，就意識自身來說，它是透明的、空無的、無所染執的，它又是明覺的，而且是自由的，就因爲它是自由而明覺的，所以有感應的能力。再者，因爲境心是同體的，故能感應。如此說來，「境非離心獨在，故爲唯識」。熊氏，對於「唯」字不再如窺基法師所作的解釋，是駁斥的意思，是對外境實有的見解加以駁斥，而是轉指心之「殊特義，非唯獨義」，對於「識」也有不同的理解，它不再是簡別的意思——對彼執心是空的見解，加以簡別，而是「心能了別義，力用特殊」，正因爲這個緣故，「故於心而說唯」。這裡，我們可以清楚的看到熊十力所謂的「唯識」乃是「唯一眞實的智」這樣的唯識，並不是虛妄唯識。或者，我們可以說，熊十力眞見到了意識的空無性與透明性，及其原本所具有之明覺性與自由性，就此來說是「唯一眞實的智」，相對而言，一般所以爲的「唯識」則仍停留在「虛妄唯識」的階段，這是停留在意識的染執性與權體性，及其所含帶的障蔽性與質礙性上。再者，我們從熊十力對於「境識同體」的強調中，更可以清楚的體會到熊十力的哲學是不離其生活世界的，他極爲強調從自家的生活中去體會，而所謂的生活乃是生生不息、源泉滾滾，沛然莫之能禦，鳶飛魚躍的本體大用之流行所成的世界，這是一個具有根源性的世界。

依熊氏說來，心境不可截分爲二，因爲心境不可截分爲二，故理本無內外，理，一方面是於萬物而見爲眾理燦著，另方面，理就是吾心賅備的萬事萬理，理並不是有別於心的另一種法式。換言之，心與理不是分離開來的，心與理相卽不二。心是就作用處說，而理則就法則處說，作用是如其法則而作用，理則是此作用之顯現而爲法則，作用與法則是不二的。在此情況之下，我們當可瞭解《中庸》所謂「合內外之道也，故時措之宜也」，《孟子》所謂「萬物皆備於我矣」，程明道「仁者渾然與萬物同體」，陸象山「宇宙不外吾心」，所指爲何。在這裡，我們須得留意的是，熊氏在其大著中較顯的是「作用義」的心，而不是「法則義」的理，而所謂的作用卽是本體之顯現爲功用，就此功用而言其大用流行也，在大用流行中，自有一法則在焉！

爲了更進一步討論「心卽理」之說，我們且順著熊十力所引陽明遊南鎭有關花的故事，作爲討論：

「先生遊南鎭，一友指岩中花樹問曰：『先生說天下無心外之物，現在就這花樹來說，它花樹在深山中，自開自落，於我心有何相關呢？』先生曰：『汝於此花，不曾起了別的時候，汝的心是寂寂地、沒有動相的。此花也隨著汝心，同是寂寂地，沒有色相顯現的（此時的花非無色相，只是不顯現），汝於此花，起了別的時候。汝心便有麤動相。此花的色相也隨著汝心，同時顯現起來，可見此花是與汝心相隨屬的，決不在汝心之外。』」[13]

若只是陽明這段文章實在很容易被誤解爲如 Berkeley 的主觀的覺象論（subjective idealism）⓮，不過若能關聯到陽明在《傳習錄》中的其他記載，當可清楚的了解到，陽明之學絕非柏克萊意義下的「主觀覺象論」，因爲陽明所謂的「物」是「意之所在即是物」，這樣的「物」指的不是一對象化的客觀對象之物，物之爲物乃是那活生生的實存而有之進入到這個世界中，去開顯了這個世界，這樣的開顯原是縱貫的、創生的開顯，而不是橫攝的、執取的把捉，但我們的認知活動不能只停留在這樣的境域，它必得會再進一步，經由識知之執取，而起了別作用，這便是由縱貫的、創生的開顯再轉而爲橫攝的、執取的識知。但總的來說，它都不外乎是存有之顯現其自己，而此存有之爲存有乃是活生生的實存而有，是那作爲具有主體能動性這樣的一個動源者，是那與宇宙本體具有內在同一性的本心所朗現者。或者，我們說，這是經由人的實踐的參與而開啟者，並不是經由識知之執而執取者，這當仔細分辨清楚⓯。

⓭ 見《論著集》，頁二七四，又王陽明《傳習錄》原文記載爲：「先生遊南鎮，一友指岩中花樹問曰：『天下無心外之物，如此花樹，在深山中，自開自落，於我心亦何相關？』先生曰：『你未看此花時，此花與汝心同歸於寂。你來看此花時，則此花顏色一時明白起來，便知此花不在你的心外。』」（《傳習錄》，卷下，頁二三四，商務版，民國六十三年八月臺四版，臺北。）

⓮ 這裡我們將 "subjective idealism" 譯成「主觀的覺象論」，而不譯成「主觀觀念論」或「主體唯心論」，這是牟宗三氏的譯法。因爲如依 Berkeley 的論點——存在即是被覺知，這樣的存有論及認識論的觀點，是說那些存在乃是主觀所覺知的象罷了，以故譯成「主觀覺象論」是允當的，筆者從之。

⓯ 關於此，劉述先先生在所著《朱子哲學的發展於完成》一書的第九章〈王學與朱學：陽明心學的再闡釋〉一文體有精彩的分析。（見頁四九四）

這段話既爲熊氏所徵引，便不宜孤立來看，當然就必須放在熊氏的整個脈絡中來理解才恰當。總的來說，它實不外乎「本體之顯現爲現象」而已，又所謂的「本體」是不外於吾人的「本心」，因此所謂的「本體之顯現爲現象」實指的是本心的智體明覺應物，卽寂卽感，寂感不二是也。這也就是說在本體之顯現爲現象時，主體與客體是不二的，心與物是不二的，對象並不是一孤離於心靈之外的對象，而是在一系絡之中，而顯現其爲對象的。但値得注意的是並不是它先爲一對象而後才爲主體之所對，而是由於主體的主動了別作用，才使得它成爲一有所對的對象。如果套用現象學的語句，我們可以說：「物必在一意向性（intentionality）的結構之內，主客乃是互相對待的觀念，無主也無所謂客。這是破斥素樸實在論的觀點⑯。」値得注意的是熊氏所作的心物一體，主客合一並不停留在現象構造的詮釋階段，而是從道德體驗入手，進而要尋求一形而上的根源。如果，我們要說熊氏或者中國宋明以來的心學傳統其與現象學最大不同的地方便在於此。因爲道德體驗與現象學所謂的純粹意識經驗畢竟有所不同，前者是一立體而縱貫、帶有創生性的活動，而後者則是一平舖而橫面的，當體卽如的活動，前者可以進到一道德創生的根源，而後者則只是一如其現象而觀之，卽使有所謂根源性的追索，仍不及於道德創生之根源也。

作了以上這樣的詮釋，我們便可以清楚的了解到如果就認識論的層次，境和心是一體的，是

⑯ 見劉述先著《朱子哲學思想的發展與完成》，頁四九四。

不可分的整體的兩個方面，就此而言並無所謂的「唯識」可言，「唯識」是就一更高的層次說的，此即有別於認識論層次的「唯識」，而是進至存有論層次的唯識，但這樣的唯識又不同於唯識今學那種虛妄唯識的唯識，而是以本心爲主的唯識。這樣的唯識是跨過了意識的染執性與權體性及其所含帶的質礙性與障蔽性，進至一意識的透明性與空無性，及其所含的明覺性與自由性，熊十力說：

(甲)「又復當知，由二義故，不得不說識名唯。一、會物歸己，得入無待。如果把萬物看作是心外獨存的境，便有萬物和自己對待，而不得與絕對精神爲一。今說唯識，卽融攝萬物爲自己，當下便是絕對的了。二、攝所歸能，得入實智故。能謂心，所謂境，心能了別境，且能改造境的，故說心名能，境但是心之所了別的，且隨心所了別的，且隨心轉的，故說境名所。」

(乙)「唯識便是把境來從屬於心，卽顯心是運用一切境而爲其主宰的，是獨立的，是不役於境的，但這個心是眞實的智，而不是虛妄的心，此不容混。唯識的道理，是要從自家生活裡去實踐的，不實踐的人也無法信解這個道理。我們應該承認，萬物都是我心所感通的，萬有都是我心所涵攝的，故一言乎心，卽知有

境，一言乎境，知不離心。我人的生命是整個的，若以為宇宙是外在的，而把他宇宙和自己分開來，那便把渾一的生命加以割裂。」⓱

就（甲）所說，我們知道熊十力所謂的「唯識」是由「會物歸己，得入無待」、「攝所歸能，得入實智」而說的，這是破除了主客對立的思維方式，強調一般的認識乃是在一對象化、執著性的思考方式下展開的，這是停留在意識的染執性與權體性下而展開的，熊十力破斥了此意識的染執性與權體性，而見到了意識的透明性與空無性，並且即此意識的透明性與空無性而顯現一自由性與明覺性，此即所謂的「即寂即感」，其為寂也言其透明性與空無性也，其為感也，言其自由性與明覺性也。所謂的「會物歸己」便是歸於如此的己，因此「得入無待」，就其意識的透明性與空無性而言，當然是無待的，以其為透明的、空無的，境識復歸於泯，是所謂無待也。再者，須進一層的如（乙）所說「攝所歸能，得入實智」，此之所以有此進一層之說，是因為它不停留在一般現象學之自如其如而已，更且它由道德體驗，而進至一縱貫創生之境域也。換言之，若只言意識的透明性與空無性仍未顯創生義也，必進一步談其所含之自由性與明覺性才有所謂道德之創生也。這也就是說，「攝所歸能，得入實智」，不但不停留在意識的染執性與權體性這個

⓱《論著集》，頁二七五。

階段，又進一步疏決了此意識的染執性與權體性，見到了意識的透明性與空無性，並發現到意識之爲透明的、空無的，非只是一平面的透明與空無而已，言其爲透明的、空無的，這是狀其無所染執、無所繫縛而已，更重要的是，意識之本然的透明與空無是一立體而具有能動性與創生性的，就此來說，我們說其爲意識的自由性與明覺性。

概括言之，熊氏這裡所提出的（甲）「會物歸己，得入無待」與（乙）「攝所歸能，得入實智」已清楚的標舉出其哲學的根本立場——體用合一觀。前者強調的是「卽用顯體」，這樣的體是無待的，是主客皆泯的。後者強調的是「承體大用」，這樣的用是以智體爲用的，是主客合一的。換言之，就其大用流行而說，整個宇宙周遭原只是一活生生的實存而有的世界，這世界是未分劃前的世界，不是認知所了知的世界。所謂的「實踐」爲的是回復此生機洋溢的世界，是要吾人破解來自於生命的習染，而回復此生命的原初，所謂的原初乃是一活生生源泉滾滾、沛然莫之能禦的世界。

如果我們就著這個來說「心卽理」，我們可以清楚的知道這裡所謂的「心」不是與物相對的「心」，而是一心物俱泯的「心」，是心物俱現的「心」。心並不是一個實體，而是一個活動，就此活動而言其爲實體也，就此活動而置定其爲實理也。在這裡，我們仍得強調的是，熊氏在其大著中較顯的是「作用義」的心，而不是「法則義」的理，而所謂的作用卽是本體之顯現爲功用，就此功用而言其大用流行也，在大用流行中，自有一法則在焉！「心卽理」是這樣作成的。

心偏在活動義上說，理著重在存有義上說，「心卽理」就是「卽活動卽存有」之謂也⑱。「心卽理」是就縱面的、立體的、動態的道德實踐的存有論上說，而不是就平面的、橫攝的、靜態的認識論的層次說。熊氏的「新唯識論」之所以爲「新」卽在於此，這是繼承陽明學的進一步發展。

五、結語

如上諸節所述，我們可以清楚的知道熊氏的體用哲學的問題點在於如何去敲扣「存有的根源」之門，讓存有之爲存有是那「存有的根源」自如其如的開顯其自己。顯然的，熊氏的「存有的根源」是越出了由「識心之執」所造成「存有的執定」，進到「存有的開顯」這個階層，才得探索的。

既然如此，我們將可更進一步指出眞正的存有學，並不是落在由「識心之執」所造成的「存有的執定」這個層次去探索，而且這個層次是後起的，是有所設定的，在這個層次之先有一無所設定的層次，它是先於概念的層次，那是一個「純粹經驗」的層次，這層次卽是「本體之顯現爲

---

⑱「卽活動卽存有」是牟先生用來詮釋「心卽理」一派心學的終極論點，首發之於氏著《心體與性體》之中。

現象」的層次。熊氏卽以此「純粹經驗」及「本體之顯現爲現象」作爲其體用哲學的思考基點[19]。

相應於那「執著性的、對象化的存有」這樣的「存有的執定」的是「識心之執」，而相應於「無執著性、未對象化前的存有」這樣的「存有的根源」自如其如的開顯的是「本心的自識」。本心的自識與本體的顯現是通而爲一的，它都是那活生生的實存而有這個具有主體能動性的人進到這個世界之中，使得這個世界成爲一活生生的世界，就此而言，著重在活動義，則說是「心」，著重在存有義，則說是「理」，而「心卽理」，卽活動卽存有，心與理有一辯證的同一性。通過這「辯證的同一性」，本體開顯其自己，同時會歸一切，通極於本體。

---

⑲ 更值得我們去注意的是若依熊氏的哲學義涵來說，這裡所謂的「純粹經驗」是不僅止於現象學之構成而說的純粹經驗，而進至一道德體驗上說，就此道德體驗而可以進一步談道德創生義，以是而可以有一道德本體之顯現的現象，此則又進於現象學。

第四章　從對象的兩重性之釐清到存有的根源之穩立

一、前　言

在上章中，我們大體已釐清了熊氏體用哲學的三個重要的支點，其一是：「現象」之爲現象是本體自身的顯現，它是優先於認識的，關聯著人來說，這樣的經驗乃是一純粹經驗，它不分主客，無別境識，只是一個當下的顯現而已。其二是：這樣的純粹經驗及現象是吾人去思考這個世界、了別這個世界的起點，再經由人的識心之執的執取作用，才使得我們由非分別的境域轉而爲分別的境域。其三是：就這樣的論點看來，我們發現熊氏對於「存有」有其特殊看法，進而我們發現他是紹述這宋明以來的心學傳統，強調的是「卽活動卽存有」這種「心卽理」的觀點。

順著以上所提出的三個支點，我們在本章中將從存在的對象作一番考察，當然這樣的考察並不是將存在的對象孤離開來理解，而是將存在的對象渾合於整個生活世界之中，並將此活生生的生活世界直視之爲一本體所朗現、所開顯的世界。換言之，我們論及存在的對象，不是從一執取的對象來說的，而是就本體之顯現來說的。熊氏從這裏論起，必然的要瓦解一般落在現實的識知之執上的因果關聯，進而才能呈現出本體的創造性顯現的因果關係，這樣的因果關係已非平日我們所以爲的因果關係，故不必再以因果名之，只說是存有的開顯或本體之開顯即可。究極來說，吾人所處之生活世界乃是一活生生實存而有的世界，這樣的世界亦當是本體所顯現之世界，然此中卻有存有的開顯與遮蔽之問題。現且從存在對象的兩重性說起。

二、存有對象的兩重性：無執的對象與執的對象

我們知道熊十力是主張「境識同體、本無內外」的，換成現代的哲學語詞是說：「對象與主體是合而爲一的整體關聯，它們本來沒有內外的分別」，如果有內外的分別那是後起的，而不是在認識之先就已經被決定成主客內外的關係。用熊十力的另句話來說，「不是境無，而是境非離心而獨在」❶。並不是不認爲有一個對象存在，而是說所謂的「對象」是不離其「主體」的，或者說對象與主體的劃分乃是較爲後起的劃分，在認識的活動之展開的過程中，是由未分的泯然狀

❶《論著集》，頁二七八。

態，再轉至分別相的，但不管怎麼說，當我們一說及「認識」時，乃是去認識一個「存在」，但所謂的「存在」，並不是一獨立於我們認識的主體之外的一個凝然之物，而是一個「活生生的實存而有」這樣的「存在」，這是由於我們這個作爲「活生生的實存而有」的「人」所帶引出來的一個活動，這活動當然是主體與對象不二的，是同體呈現的，無內外之別。

如上所述，我們知道熊氏所要破斥的並不是存在的對象義，而是對於存在的對象的執著欲有所破斥，是「遮境執」，而不是「遮境」，這是值得我們留意的。其實，熊氏他所謂的「對象」便可以有兩層意思，一是「無執的對象」，另一是「執的對象」。「無執的對象」是居先的，而「執的對象」是後起的；無執的對象是主體與對象融成一體的情形，這是人們的認識活動之所顯現，毫無成見的狀態，是一純粹的狀態，這樣的經驗，不是一般所謂的經驗，而是如上章所謂的「純粹的經驗」。用唐君毅先生的說法，這是還未進入到「意義」的世界，而是一「意味」的世界，意味的世界是無所分劃的、是主客合一的、是渾成一體的❷。

熊十力他一方面同意舊唯識學者對於外在對象的論點——以爲沒有所謂的「獨立於心靈之外

---

❷ 唐先生早在一九四四年即強調「意味之觀念乃東方哲學之一鑰，由理智到智慧之媒。西洋之勃拉得萊與懷特海最能會其義，黑格爾與柏格森尚有所不逮。」大體說來，唐先生所謂「意義」與「意味」的區分相當於“conception”與“perception”的不同，只不過唐先生在這裏的「意味」一詞多少是含了道德體驗的成分在。見唐君毅著〈意味之世界導言〉，收入氏著《哲學論集》，頁九三～一一八，學生書局，民國七十九年二月。

的外境」，但另方面他卻又不同意他們之將外在的對象視爲只是人的主體所造作出來的。換言之，他不同意那種「主觀的覺象論」（主觀的觀念論）（subjective idealism）這樣的「唯識論」，他要改造它，使它成爲一「本體宇宙論」的系統，使它成爲一「本體顯現爲現象」這樣的「現象學」意義下的「本體宇宙論」。換言之，他所謂的「唯識」便不停留在「取境的識」，不停留在「對於對象執取的認識主體」，不由這樣的執取的認識主體去締造一「主觀的覺象論」，他以爲認識的主體仍然只是「妄執的心」，是「取境的識」，它並不是實在的，它頂多能理解成「機能」，而這樣的機能是後起的。這樣的一個機能，我們且稱之爲「概念的機能」，值得注意的是，這樣的機能，它只是「概念的機能」，而不足以作爲「理念的根源」。概念的機能頂多足以作爲知識成立的一個重要的中介而已，它不足以作爲存在的根源，停留在此便是一種執著，便無法見到一絕對的眞實。用熊十力的語句來說，這是還未「見體」，眞正的見體是要由此更進一層，破斥了一切的執著。如果說，概念的機能開啟了表達，那麼我們要做的不只是由「表達」而追溯至表達的根源就停止了，要更進一步，超越了表達，邁向一「超乎表達」的境域。換言之，這便不在表達的序列中討生活，而是要越出了這個序列，才得眞正觸及到所謂的「存有的根源」——即所謂的「道」或「體」或「道體」❸。

❸ 筆者以爲陽明學與朱子學最大不同的地方便在這裏，陽明學是要越過表達的限制，越過存有的執定，邁

（注文轉下頁）

值得我們注意的是：這裏所謂的「存有的根源」當然不是一外在客觀的存有的根源，因爲一談起所謂的「存有」，應當是就其「活生生實存而有的存有」爲第一義的，外在客觀的存有是第二義的，第一義的存有是無執著性的，第二義的存有則是執著而起的。就所謂的「活生生實存而有的存有」來說，是因爲人之作爲一「活生生的實存而有」這樣的一個動源，由這個動源才使得這個世界向我們顯現，才使得道在這世界中顯現，「意味」的世界由是開啟，「意義」的世界亦由此而釐清。這麼說來，所謂的「存有的根源」之探索必然是以人這個動源爲始點來說的；再說所謂的「根源的探索」並不是一「事實的探索」，因爲當我們說什麼是事實時，已經落到表達的序列，已經落入了概念的執定的世界，這已經離其根源了，因此根源的探索不是一事實的探索，而是一「理念的追求」。這樣的追求當然不是以一「對象化的存有狀態」作爲主題的，它是以「未

（注文接上頁）

向存有的開顯，進而去敲扣存有的根源之門。朱子則以體性學的思考方式，由存有的執定尋得存有之定理，進而以共相般的昇進，而探求一絕對的統體之理。這樣的絕對的統體之理與其它相對的分殊之理是通而爲一的，而其通而爲一的方式是如月印萬川的方式，這不同於心卽理一派的學者，是由一本體之開顯而爲分殊之別。朱子重的是橫攝的、靜態的、執取而成的平列展開，而陽明則著重縱貫的、動態的、創生的立體開展的，朱子是依存有之理的執定而實踐，陽明則著重在此心卽是天，由良知之爲造化的精靈，從一存有的根源性創造根源而來的實踐力。

對象化前的存有狀態」作爲主題的，由一不可知的「X」❹顯現爲「未對象化前的存有」，再進而至一「對象化的存有」，我們只能說這是由於人這個作爲一切存有活動的動源所開啟的，爲了要去說出這個動源，我們只能將一切總體的動源通統而爲一去說它，而且不能用一種對象化的方式去說它，對象化的去說它，便成了所謂的「上帝」，而歸本的去說它（不宜說是有個「它」），將它叫做「本心」，或者強字之曰「道」，或者強名之曰「天理」。我以爲經由上面所作的詮釋可以充分的說明熊氏所謂的「會物歸己，得入無待」，以及「攝所歸能，得入實智」。這兩句話清楚的點示出眞正的哲學活動是必須歸返生命自身的，而所謂的哲學必得以本體論（或云存有論）爲主題，而所謂的本體論乃是面對一「活生生的實存而有」的存有而作的根源性追求是也。

經由這樣的探索，我們可以說所謂的「會物歸己，得入無待」，以及「攝所歸能，得入實智」可以總括起來說：就是「攝所歸能，得入實智」。這是泯除了心境對待的虛妄相，泯除了主

---

❹ 或者我們可以說這裏所說的「存有的根源」是一未對象化前的存有狀態，是一不可知的「X」，這即是老子所說的「無名」的狀態，蓋無名天地之始也。不過不同的是熊十力這裏所謂的「存有的根源」是有其創生義的，老子則只是一平鋪橫攝的如其所如的開展，雖亦顯其縱貫相，但只縱貫而無創生義，是所謂「縱貫橫講」，是「作用之表象」，這與儒家之爲「縱貫縱講」，是「道德的創生」義頗不同，須得釐清，這裏只是藉之以顯「X」之何所謂爾矣！關於縱貫縱講、縱貫橫講諸詞的用法取自牟先生，請參見《中國哲學十九講——中國哲學之簡述及其所涵蘊之問題》，第四、五、六、七講，頁六九～一五六，學生書局印行，民國七十二年，臺北。又關於「存有的根源——『X』」，第五章筆者將有更清楚的說明。

客對立的格局，以主客合一，主客皆泯的方式來作一根源性的思考，所謂的「實智」便是一啟動那活生生實存而有的動源，明覺之感應是也。依熊氏看來，我們可以「泯除心境對待的虛妄相，而獲得本有的實智。實智是獨立無匹的，境不能拘礙它；它能運轉境。妄執的心就是取境的識，它不是實在的」❺。認識所及的對象乃是由我們的概念機能總體所成的認識主體所置定的，這是一種概念的對象，而不是存有之本然，存有之本然是一「X」，是一可能性，是一待展開的可能性，而其展開則經由「無執著性、未對象化前的存有」階段與「執著性、對象化的存有」之階段，相對而言，人對於整個存在的啟動，其動源總的來說是「實智」、是「本心」，但進至「對象化的存在」階段則是一「取境的心」——執取對象的認識主體，這主體乃是一概念機能的總體，由此概念機能總體所成的認識主體，這樣的一個主體並不是恆常不變的實體，它只是一暫時執定的主體，它並不是眞正的主體，熊十力以爲這樣的主體只是緣生的。

三、從緣生義的批判改造到存有的根源之穩立

熊十力強調那作爲認識主體的概念機能總體，乃是緣生的，而不是恆常不變的實體，他以爲

---

❺ 《論著集》，頁二七八。

唯識舊師將這個認識的主體執爲一個實體，應予批判、廓清，進而去探求一眞正的本體。現在，我們且先看他是如何批判、改造緣生義的，當然，熊氏的批判不見得應理恰當，但我們卻也可從中看出道理何在，熊氏說：「緣者，藉義。衆相互相藉待，故說爲緣。生者，起義，識相不實而幻起故，姑說爲生❻。」這是說那「妄執的心」或「取境的識」是緣生的，而「緣」是憑藉，「生」是現起。就緣生來說，是不立一個基礎來說明一切的存在的，換言之，在知識論上來說，熊十力是反對主客對立的說法，同時也反對一種基礎論的思維方式。如果由概念機能總體這樣的認識主體所執定的存在，這樣而說的「存有論」，我們且謂之「執的存有論」❼。這樣的存有論，它是以一「不立而立的方式」來置定的，不立者，言其爲憑藉現起，無實體故也，言其「而立」者，憑藉而現起，乘權以成暫時置定的認識主體也，此主體乃是一概念機能總體所成之認識主體也。這樣一來，熊氏便限定了「執著性、對象化的存有」，開啟了一「無執著性、未對象化的存有」的領域，進而回溯到那無盡的「可能性」——「X」，這裏隱含了一個極爲重大的意義——保留了存有的開放性與可能性，使得「活生生的實存而有」眞能活生生的走出來。

熊氏順著諸緣生義，而檢討「因緣、等無間緣、所緣緣、增上緣」等四緣，如熊氏所言：

❻ 見《新唯識論》（文言本），頁一五，河洛圖書出版社，民國六十四年三月，臺北。

❼ 「執的存有論」一詞，取自牟宗三氏《現象與物自身》一書，筆者以爲牟氏將熊氏在《新唯識論》中所開啟的形而上學作了一體系的完成，而且這樣的完成方式是較爲康德式的，與熊氏原先之論點已有不同，值得注意。

「因緣者，舊說謂有爲法，親辦自果，方乃名因。……因親辦果，是因於果有創生義，亦有決定義。」

「跡舊師樹義，本建種子爲因體，彼計心識現起，厥有來由，故立種子爲因，而以心識爲種子所親辦之果。種子法爾分殊，心識於焉差別。此所爲以親辦自果言因緣也。」

「顧彼不悟心識爲流行無礙之全體，而妄析成八聚，此已有擬物之失。」❽

「又復計心從種生，能所判分，其謬滋甚。」（同❽）

如上所述，我們知道熊氏所以爲的「因緣」，因是因由的意思，緣是憑藉。凡是具有能生的力用的東西，親生他自己的果才把他說名爲因。他認爲因於果有創生義、有決定義。顯然的，熊氏這裏所以爲的「因緣」義是一種存有論化的因緣義，而不是一緣起性空下的因緣義。就此存有論化

---

❽ 見《新唯識論》（文言本），頁一五、一六。

的創生義及決定義，而去說一「對象化的存在」，熊氏以爲這是不究竟的。熊氏因之而批評唯識學，他說舊師以種子爲心識的因，心識是種子的果。如此而說其「因緣義」，則爲如下❾：

(一)對於果而作因緣的東西，決定是實在的，否則沒有生果的力用，不得爲因緣。

(二)因所生的果是有別於因而有他底自體的，換句話說，因和果不是一物。

(三)因是能決定創生果的。

依熊氏的解釋，種子的含義就是一種勢力，而舊師以爲種子是有自體的，是實在的，是有生果的力用的，而且種子是個別的，是無量數的，不是完整的。由個別的種子親生個別的果。熊氏以爲舊師犯了兩重錯誤❿：

(一)析識爲各各獨立的分子，如破析物質然。

(二)種子爲識的因，識爲種子的果，因果判然爲兩物，如母親與小孩，截然兩人，是一種迷謬。

熊氏強調「心識乃是一流行的無礙的全體，不可以將心識視爲各各獨立的分子」，純粹的「意識的經驗」乃是一剎那剎那、生滅滅生、相續不已的流，它是不可分的整體，不可將之視爲各各獨立的分子，亦不可以將之視爲種子所生之果。熊十力一方面要求要有一具創生性及決定性的

❾ 見《論著集》，頁二八〇。

❿ 見《論著集》，頁二八二。

因，一方面又判定唯識學的方式是不行的，他將因緣義作了一番改造。熊氏說：

「今改定因緣界訓曰：心識現起，元爲自動而不匱故，假說因緣，非謂由有種故，定能生識，方予因名。」

「夫識者，念念新新而起，卽是念念新新而自動，何以言其爲自動耶？識無方相，唯以了別爲特徵，雖憑官體故起，而實主宰乎官體。故非官體副產物。遂藉境界故起，而足轉化乎境界，故非境界副產物，是固驗知識起，本卽自動，忽乎莫測其端，茫乎莫見其形，廓然無物，而又熾然非空，所以遮彼謬執，心作用爲官境副產物者，而說識起，元爲自動，卽依自動義故假說爲因。」⓫

如上所述，可知改定的關鍵點，在於強調它決定是具有一種內在的、活的、不匱乏的、自動的力，來做爲識底現起的因緣。此識念念都是新新的、自動的，識是無形象的，它的特徵就是了別，它憑境而起的，但它可轉化一切境，改造一切境。自動力乃是性智所發的，性智的力用發現

⓫ 見《新唯識論》（文言本），頁一六、一七。

於官體之中，而官體亦假之以自成爲官體的靈明，是故由其爲性智的發用而言，應說此自動的力是固有的，非虛妄的⑫。

這麼一來，熊氏便跳脫了在知識論的層次所面臨的難題——主客對立，誰因誰果的問題。這便越過了「對象化的存在」來思考存有論的問題，就「未對象化的存在」來說，是「主體——對象」泯然無分的，境識俱起的，若就那更爲根源的「可能性」——「X」來說，則是境識皆泯的，是「主體——對象」泯然未現的，而這正意味著存有的開放性與可能性，就這開放性與可能性，熊氏因之而言所謂的「本體的創化」——體用合一論卽以如此的方式來展開。熊氏以爲他這樣的談法是「義兼遮表」，他說：

「遮撥謬執此動的勢用為從官境生者，而動的勢用非物質之作用，卽於此而表示明白，故云義兼遮表。」⑬

這也就是說那對象化的存在乃是一執著性的存在，要探索其根源必得越出其爲執著性的存在，而進至一無執著性的存在，此卽是一「未對象化前的存在」，這樣的一個活動卽熊氏所謂的「遮

⑫ 見《論著集》，頁二八一、二八二。
⑬ 見《新唯識論》（文言本），頁一七。

撥」的活動，而這樣的一個遮撥的活動，卽隨之呈現了一個更爲根源的可能性——「X」，就此來說，卽是所謂的「表詮」。

熊十力以爲所謂的等無間緣卽名次第緣，它有二義：等而開導、無間義。導是招引，開是避開、把處所讓與後來者。無間者，前念滅的時候卽是後念生的時候，無有間隙。舊師以爲識有間斷，而熊以爲識無間斷，因他所說的識已非一般所謂的「識」。經由熊氏改造後的等無間緣：心就是這樣的遷流而不息，常常是新新的，沒有故故的保留著。可見精神作用原來具有至剛健的德。因此，其機之動，至神妙而不測⑭。如熊十力所言：

> 「等無間緣，開前導後，方滅方生，心識所以遷流不息。唯有新新，都無故故。其德之至健，幾之至神者乎！設有不明開導，但計心識爲由過去至現在，復立趨未來者，則猶墮於常見，而未聞勝義也。」⑮

如上所述，可知熊氏在這裏將「德」帶進了心識的遷流不息之中，心識的遷流不息，唯有新新，而無故故，這裏是隱含著德之至健、幾之至神的。這也就是說做爲一個「活生生的實存而有」這

⑭ 見《論著集》，頁二八三、二八四。

⑮ 見《新唯識論》（文言本），頁一八

樣的人，他之進入到這世界中，一樣是與萬化冥合的，是新新而無故故的。這也就是說我們眞擺脫了「執著性的、對象化的存有」，而進至一「無執著性、未對象化之前的存有」，這便遙契於那存有根源的可能性——「X」，這時所謂的根源性的理念便向你顯現它自己。換言之，把「德」這個字眼帶進來，這並不是範疇上的誤置。因爲，所謂的「德」，這裏指的並不是一般意義的規範，而是「窮智見德」之「德」⑯，這是由於眞正面對了「執著性、對象性存有」的限制，進而溯至一「無執著性、未對象前的存有」，這樣便接近了一根源性的探索，那根源性的探索便已從概念的層次，飛越而進了理念的層次，這樣才進了存有的根源性——「X」。熊十力之打破過去、現在、未來這三時區分，而不停留在一般意義的時間賡續觀，這爲的是要突破執著性的、概念性的、對象性的存在，而眞正參透宇宙的造化之源。他所謂「吾學貴在見體」，其所見之「體」蓋在於此也。

熊十力又論及「所緣緣」，如彼所說：一切爲識所及的對象，通名境界，識是能緣的，境是所緣的，境界乃是所緣緣。依陳那、護法、玄奘等所緣緣有下四義：

(一)所緣緣決定是有體法：你的感識當其現見堅白等境的時候，一刹那間，能見感識和所

---

⑯ 關於「窮智見德」之說爲牟宗三氏、勞思光氏所提，見牟氏《認識心的批判‧序言》，又勞氏之說見氏著《儒學精神與世界文化路向》之〈論窮智見德〉。熊、牟二氏一方面主張「窮智見德」，而且又主張「以德攝智」，勞氏則著重於前者，此當代新儒家之與勞氏之異也。

見堅白等境都滅盡了，都成過去了，而你的意識，緊接著感識而起，便追憶堅和白等境，遂妄構爲一整體的瓶子，實則堅白等境，是有它的自體的，非虛假的，此可與識作所緣緣，至於意識所構的瓶子，根本是無體假法。

(二)所緣緣具爲識所托義：心不孤生，決定要仗托一種境，方才得生。

(三)所緣緣具爲識所帶義：帶是夾近逼附，謂所緣境，令能緣識挾附於己，能緣冥入所緣，宛若一體，故名挾帶。

(四)所緣緣具爲識所慮義：能緣識必以所緣境爲其所慮，卽所緣境對於能緣識得成所緣緣⑰。

依熊十力看來：

「前之三義不足成所緣緣，何以故，若有體法，但爲識所托、所帶卽得成所緣緣者，則應外質望鏡等照用，做所緣緣，外質是有體法故，鏡等照用時，亦以外質爲所脫所帶故，此若許然，卽境望識作所緣緣與外質望鏡等作所緣緣，兩義齊等。由此應許識亦猶如鏡等以所緣緣義不異故，爲遮此失，復言所慮。由境有體能引令識托彼帶彼，緣慮於彼，方許望識做所緣緣。以所緣緣具所慮義，影顯識爲能慮，不

⑰ 見《論著集》，頁二八六～二八九。

同鏡等色法，故說唯識，不言唯境。」⑱

如上所述，我們可以發現熊十力不認爲心識可以是作爲境的映像而已。他認爲像說「但心清淨故，一切諸相於心顯，故名取境」、「相於心現，故名所慮」都不以爲然，認爲這是「不悟心之取境，有其行相」（同⑱）。心識有其主體的能動性，所緣緣的有體、所托、所帶，這三義都必須要以「所慮義」作爲其根本。他又說：「於俗諦中，許有識，亦許有不離識境，但識爲能慮，境屬所慮，故特尊識，而說識名唯」（同上）。就此看來，我們可以總結的說，熊十力採取的是一「攝所歸能」的方法，建立起「唯識」的理論。值得注意的是，熊十力的「攝所歸能」並不以認識主體爲終極，而是以「道體」作爲其終極的歸依。換言之，他這裏之所強調的「所緣緣的爲識所慮」不只是要穩立一執著的、對象化的存在，而建立一概念的機能總體這樣的認識主體，他更而由此上溯至一「無執的、未對象化的存在」，進而作一根源理念的探索，終而歸極於一「存有根源的可能性」——「X」。

如熊十力所說：增上緣即是加上緣，是扶助的意思。它具有二義：⑴具有殊勝義：如一念色識生時，其所待的增上緣，最切近的有官能緣、空緣、習氣緣、明緣等等。⑵凡增上緣，對於所

⑲ 參見《論著集》，頁二九三，《新唯識論》（文言本），頁二一一。

⑱ 見《新唯識論》（文言本），頁二一〇。

增上的果，是有順有違的。所謂順違只是一事之向背。「若霜雪於禾等增上，能牽令轉青色爲枯喪。即此霜雪，望枯喪爲順緣，望前青色作違緣。」又如：「善習爲心增上緣時，順生淨識，即違染識令不生，惡習爲心增上緣時，順生染識，即違淨識令不現⑲。」換言之，心是對於所思的境而了別的，這個了別，是我們本來的心，而所謂作動或警策的作用，是我們特別加上的一種努力，這個不即是本來的心，而只是和心相伴著，這就名爲作意，此作意即是對心產生一種增上緣。

熊十力總結的說：

「上述諸緣，由識起是自動義故，立因緣。由前念能引義故，立等無間緣。由有所取境故，立所緣緣。除前三外，依種種關係，立增上緣。詳此諸緣，本以分析心識，假說緣生，令知心識唯是幻現而非實有。若識果實有者，即有自體，今分析此識，而說爲眾緣互新藉待，幻現識相，則識無自體甚明，故緣生言，非表識由眾緣和合故生，乃對彼執識爲實有者，善爲遮遣。」⑳

如上所說諸緣，由識的現起，是它本身具有內在的自動的力故，遂立因緣。如熊氏自作的注云：

⑳ 見《新唯識論》（文言本），頁一二三。

「心識者何，只是一種動的勢用，雖依藉腦筋與外境底刺激力而發出，要不是物質底副產物，遂乃說爲自動，即以此義假說因緣」。這裏，我們顯然可以看出，他將問題的核心點擺在因緣的自動因上面。這麼一來，由識的現起是前念對於後念爲能引故，遂立等無間緣，這亦是在一自動因的展現的過程上說的。即如由識的現起，是有所緣境，爲所仗托故，遂立所緣緣，這亦在此格局下，才得論略。又除前三種緣外，尙有許多的關係，如官能及作意等等，對於識的現起，都有密切的關係，故立增上緣。熊十力更而對於增上緣作一推擴，而說「一事而全宇宙爲之因也」㉑。熊氏之所以要作這些分析，是要對於心識展開徹底的分析，要我們了解到「心識唯是幻現而非實有」，它是眾緣互相藉待，幻現識相，心識是無自體的。這也就是說，他要我們知道相對於那些「執著性的、對象化的存在」，概念機能所成的總體只是依因待緣而成的，它並沒有實體。因此，當我們在論所謂的「緣生」時，並不是說在說識是由眾緣和合而生，而是要對於那些認爲概念機能所成的總體即是一實有之體，提出遮遣之論。這就是說，破解了「執著性的、對象化的存在」，瓦解了概念機能的實有之體的誤會，才能進至一「無執著性、未對象化前的存有狀況」。

如熊氏所說，大乘有宗無著、世親兩位大師，便把從前佛家所謂的「緣生」的意義漸漸改變了。他們把眾多的緣，看作一一的分子，於是把所謂的心看作是眾多的緣和合起來而始構成的，

㉑ 見《新唯識論》（文言本），頁二二一，《論著集》，頁二九五、二九六。

這樣便把「緣生說」變成一種「構造論」。尤其護法師便顯然的是把從前的緣生說變成構造論。熊十力一再的強調緣生說不是構造論，因爲若爲構造論則易流於對那「執著性、對象性的現象」的執著，而就玄學的本務而言，是要空此「執著性、對象性的現象」，而見其本體的。說緣生乃是對那些把心或識看作爲有自體的一般人，而和他說，所謂心或識只是眾的緣互相藉待而詐現的一種虛假相，叫做緣生。說緣生爲的是去明白心或識是沒有自體的，如此，卽心或識根本是畢竟空、無所有的。因爲沒有自體的，便不能不說之爲空，但心識雖空，而所謂一一緣的相，若依俗諦，不妨施設眾緣，以明心識的現象，只是眾多的緣互相待而詐現。卽此眾緣，雖復不實，但於俗情上，仍許有故。依眞諦義，於俗所計爲一切有的相，都說爲空，唯一眞實夐然絕待故。就本體的觀點來說，只是一眞絕待，一切一切的相俱泯，哪有眾緣相可得㉒？顯然的，最後，熊氏仍然回到「一切相俱泯」的境域來，他這乃是說究極而言凡是執著性的、對象性的存在都不是第一義的，他們是由無執著性的、未對象化前的存在所分劃而來的。當然，這無執著性的、未對象化前的存在與那執著性的、對象化的存在並不是兩種存在，而是同一個存在，關鍵點就只在於「執」與「無執」、「對象化」與「未對象化」而已。

一涉及到「『執』與『無執』、『對象化』與『未對象化』」的問題，必然地涉及到詮釋與

㉒ 見《論著集》，頁二九六～二九八。

表達的問題，如熊氏所說：

「辭有遮表，不可無辯，詳夫玄學上之修辭，其資於遮詮之方式者爲至要，蓋玄學者所詮之理，本爲總相，所謂妙萬物而爲言者是也。以其理之玄微，故名言困於表示，名言緣表物而興，今以表物之言，而求表超物之理，往往說似一物，兼懼聞者以滯物之情，滋生謬解，故玄學家言，特資方便，常有假於遮詮，此中奧隱曲折，誠有非一般人所可喻者。」㉓

名言概念是爲了表物而興的，是就一執著性的存在而立的，或者我們亦可說經由名言概念的決定而使得那原先未對象化之前的存在成了一執著性的對象化的存在，名言概念有一決定的定象作用，正如王弼所說的「名以定形」之謂也㉔。名言概念既是一執著性的、對象化的存在，那我們如何用這樣的名言概念去言說那超乎言說的東西呢！不同於這種對象化的、執著性的表達（表詮），當有另一種表達方式，這樣的表達方式，則名之曰：「遮詮」。熊氏以爲形而上學（玄

㉓ 見《新唯識論》（文言本），頁二一四。

㉔ 王弼注《道德經》第二十五章「吾不知其名，字之曰道」，曰：「名以定形，混成無形，不可得而定，故曰不知其名也。夫名以定形，字以稱可，言道，取於無物而不由也。是混成之中，可言之稱最大也。」（見王志銘編《老子微旨例略、王弼注總輯》，東昇出版事業公司，頁六五，民國六十九年，臺北。）

學）必然的要使用到「遮詮」。

熊十力認爲要是我們說「表詮」這種言說方式，對於所欲詮釋的事物和道理作逕直的宣示。那麼「遮詮」這種言說方式，對於所欲詮釋的事物和道理，則無法直表，只好針對人心執迷妄執的地方，想方法來攻破它，令其自悟。表詮是一種積極性的言說，而遮詮則是非積極性的言說，或者說是一種消極性的言說。積極性的言說是順著那執著性的、對象化的方式去說，而消極性的言說則是針對此原先的執著性與對象化的方式去作破解。這樣說來，「緣生說」爲的是針對那些把心識看作是獨立的、實在的東西的人，以這種說法去攻破他們迷謬的執著，這正是一種方便，是遮詮，不是表詮。玄學上的修辭，遮詮是必要的㉕。

在熊十力看來，似乎一直以爲連爲一體是必要的，其實，作爲一個追求絕對的眞實這樣的一個苦索者，當然不容許存有根源的理念與實際的生活世界隔成兩片。他當然不能停留在「執著性的、對象化的存在」這個階段，他必然的要再往前探問，這便得越出此「執著性的、對象化的存在」這個階段，而進至一「無執著性的、未對象化前的存在」，終而敲扣存有之門，探問那存有的可能性——「X」。熊十力說：

「竊謂體不可以言說顯，而又不得不以言說顯，則亦無妨於無可建立處而假有施

㉕ 見《論著集》，頁二九九、三〇〇。

> 設，卽於非名言安立處而強設名言，蓋乃假名以彰體，稱體而用已賅。用之爲言也，卽言乎體之流行，狀乎體之發現，發現非有物也，流行非有住也。故不可於用上有所建立，以所言用者，本無實法故。」㉖

就「存有的根源——『X』」來說，它意謂著無盡的可能與開放，當然不是一對象化、執著性的存在，它是不可以言說顯的，但它又必然的要開顯它自己，因此就「假名以彰體，稱體以起用」，用是體的流行與發用，但流行並不是眞有跡象停住在那裏，發用也不是說眞有一對象化的存在，在我們的心靈之外。熊氏在《新唯識論》（語體文本）中又更淸楚的談及此，他說：

> 「用之爲言，以其體之流行，而說爲用，卽於體之顯現而說爲用，因爲體以其至無（無形相、無方所、無造作，故說爲無，實非空無），而顯現萬有（至無是體，顯現是體成爲用），以其至寂（寂者，寂靜無擾亂故），而流行無有滯礙（至寂是體，流行是體成爲用）。離流行不可覓至寂的，故必於流行而識至寂。離顯現不可覓至無的，故必於萬有而識至無。」㉗

㉖ 見《新唯識論》（文言本），頁二一五。

㉗ 見《論著集》，頁三〇四。

就這段話來說，可以更清楚的說明了熊氏所作的存有根源的追溯，他敲動著存有之門，點出了存有之爲存有乃是生命以其活生生的方式進入到此世界中，「實存而有」，這意味著存有的開放性與無限可能性，它是越乎一切時空表達形式的。因此，所謂的「體」的「至無」指的是無形相、無方所、無造作，而不是一般意義下的空無。這樣的「寂」便不是死寂之寂，而是「寂靜無擾亂」的「寂」，至寂至無，正指出了「存有的根源」——「可能性」：「X」。

四、結語

如上所論，我們可以發現熊氏的立論牽涉到一極爲重要的問題——「存有的開放」與「存有的封閉」。他一直強調的是去克服「存有的封閉」，而一心一意的邁向「存有的開放」。然則甚麼是存有的封閉與開放呢？這兩者又有何關係呢？我們順著前面所作的理解，可再疏通如下：

「存有」指的不是一對象化的、執著性的存在，而是一活生生的實存而有。活生生的實存而有必以人這個具有主體能動性的活生生的實存而有作爲一切存有的動源起點。換言之，所謂的「存有」，並不是一獨立於我們認識的主體之外的一個凝然之物，而是一個「活生生的實存而有」這樣的「存有」，這是由於我們這個作爲「活生生的實存而有」的「人」所帶引出來的一個活動。

就「活生生的實存而有」這樣的存有而言，它是一種無執著性的、未對象化前的存有，這是境識俱泯、主客未分的狀態下的存有，從此再往上邁越，究極來說，這是「存有的根源」——「X」，它意味著存有無盡的開放性與可能性。這存有的根源——「X」，必然的要開顯其自己，它不停留在境識俱泯、主客未分的階段，它的開顯是由於「人」這個「活生生的實存而有」所喚醒的，從存有的根源——「X」開顯出來，就是從存有走出來，這是境識俱起、主客不分的。

人處在這個生活世界之中，基於實用的、世俗的要求，去執定了存有。存有從活生生的實存而有走出來，再落入一執著性的、對象化的存在之中，這時候的存有不再是主客不分的，而是主客對立的，是心識再起一分別心去執著那所顯現的存在，使之成爲一決定的定象，如此一來便產生了「存有的執定」。認爲此「存有的執定」下的「存有」便是存有之本相，而去探索此存有之所以爲存有，這便造成了所謂「存有的封閉」。

熊十力一再的要開啟存有的封閉，釐清存有的執定，展現存有的開放性與可能性。就發生學的意義來說，是因爲他要克服長久以來存在的意義危機，所必然要追求、探討的。當然，這個存在意義的危機，不只是熊氏個人的、而且是整個中國民族的，熊十力的哲學在整個民族文化的開啟上，扮演著這麼重要的角色。就哲學理論的層次來說，熊氏對於存有學的探索，別開生面，克服存有的封閉，正意味著對於此封閉所產生的異化情形有著一深刻的理解，與克服的可能。關於熊氏這樣的存有學——「活生生實存而有」的存有學，是如何展開的，這將在下一章再論及於此。

第五章　存有的根源的開顯

一、前　言

如上章所述，「存有」指的不是一對象化的、執著性的存有，而是一活生生的實存而有，而活生生的實存而有必以人這個具有主體能動性的活生生的實存而有作爲一切存有的動源起點。就「活生生的實存而有」這樣的存在而言，它是一種無執著性的、未對象化前的存在，這是境識俱泯、主客未分的狀態下的存在，從此再往上邁越，究極來說，這是「存有的根源」——「X」，它意味著存有無盡的開放性與可能性。這存有的根源——「X」，必然的要開顯其自己，它不停留在境識俱泯、主客未分的階段，它的開顯是由於「人」這個「活生生的實存而有」所喚醒的，從存有的根源——「X」開顯出來，就是從存有走出來，這是境識俱起、主客不分的。存有以活生生的實存而有之方式走出來，再落入一執著性的、對象化的存在之中，這時候的存有不再是主客不分的，而是主客對立的，是心識再起一分別心去執著那所顯現的存在，使之成爲一決定的定象，如此一來便產生了「存有的執定」。

要是認爲此「存有的執定」下的「存有」便是存有之本相，而去探索此存有之所以爲存有，這樣的存有學將是一封閉的存有學，這樣的一套存有學亦可以稱爲「執的存有學」。這並不是熊十力所要探討的存有學，他的存有學很明顯是越過了執著性的、對象化的存有，而邁向一無執著性、未對象化前的存有，並進而去探索存有的根源這樣的一門存有學。熊十力一再的要開啟存有的封閉，釐清存有的執定，展現存有的開放性與可能性。他對於存有學的探索，可謂別開生面，克服存有的封閉，正意味著對於此封閉所產生的異化情形有著一深刻的理解，與克服的可能。關於熊氏這樣的存有學——「活生生實存而有」的存有學，是如何展開的，這將是一個值得探索的問題。本章將從存有的根源之開顯論起，並對於存有的三態有一清楚的劃分，作爲以下數章論述的依據。再者，我們亦將對於存有的開顯所隱含的辯證性，及因之而來的刹那生滅及變之三義有所釐清。

二、論「存有的三態」：

(1)「存有的根源」——「X」

(2)無執著性、未對象化前的存有

(3)執著性、對象化了的存有

如前所說，熊氏體用哲學所開啟的一套存有學，是越過了存有的執定，見及存有的開顯，進而敲扣了存有的根源之門。這是越過了「執著性的、對象化的存有」，進到一「無執著性、未對象化前的存有」，終而敲扣了存有的根源之門。顯然的，這樣的一套存有學，在方法上必須通過逐層的邁越與遮除，才得還原到存有的根源。他的步驟是這樣的，熊氏說：「首遮境執，明色法之非外，次除識執，明心法之無實，然色非外，而胡復以名為色，心無實，而何乃復字以心[1]。」他首先作的是撥除對於外在客觀對象的執著性，闡明客觀存在對象並不是離心（離開認識的主體心靈）而獨在的。其次，他再撥除了認識的主體心靈的執著性，闡明認識主體心靈意識並不是一獨立的實在體。換言之，他不但撥除了人們對於外在客觀對象的執著性，而且他也不認為這些客觀對象是由於概念機能總體所獨立執定的。再說，概念機能的總體也不是一客觀的實在體，他只是執定的概念機能總體，它並不是存有的根源。存有的根源不是一概念層次的問題，而是一理念層次的問題。對於概念層次的徹底遮撥，正意味著對於存有根源的探索，這樣的探索是一種理念的探索，而不只是概念的探索。所謂的存有學乃是一對於存有根源作一理念上究極的探索，這樣的探索必然的要越過存有的執定，必然的要破除一切的執著性，而上溯至一無執著性的根源。這樣才能眞正開啟存有之門。熊十力可以說是以其生命的苦索，而作為一存有之門的扣關者。經由

[1] 見《新唯識論》（文言本），頁二六。

存有之門的敞扣，而使得存有眞正的開放與展現，這樣才可以進一步談到對於存有的執定。

熊十力在〈轉變章〉中說：

「蓋聞諸行闃其無物，滯跡者則見以爲有實，達理者姑且假說轉變。夫動而不可禦，詭而不可測者，其唯變乎。誰爲能變，如何是變，變不從恆常起，恆常非是能變故。變不從空無生，空無莫爲能變故，爰有大物，其名恆轉，淵兮無待，湛兮無先，處卑而不宰，守靜而弗衰，此則爲能變者哉。」❷

如上所言，我們可知熊氏將一切心與物的現象都叫作「行」，所謂的「行」有遷流義、相狀義。大體說來，印度佛家對於所謂的「行」，著重的是「觀其無常」，而說無常便有呵毀的意思，當然，這是由其人生態度而來的宇宙論看法❸。熊氏在〈轉變章〉所談，一方面與舊說相同，對於一切行都不看作爲實有的東西。所不同的是，他認爲一切行都是在那極生動的、極活潑的，不斷變化的變化過程中，即所謂的「大化流行」。換言之，他將幻相遷流的「行」視爲整個大化流行的作用與表現。這麼一來，「行」雖仍是「幻相遷流」，但所謂的「幻相遷流」並不是消極性的意義，

❷ 見《新唯識論》（文言本），頁二六。
❸ 參見《論著集》，頁三〇六～三〇七。

不是一負面的意義；相對來說，甚至我們可以說它有其積極性的意義，有其正面的意義。幻相遷流，蓋如實之謂，非呵毀之說，是相對應於那無執著性的、未對象化的存有而說者。顯然的，熊氏他越過了由概念機能總體所執定的存有這個階段，他不以「種子生現行」的方式來理解所謂的「轉變」，他所謂的「轉變」是越過了概念機能總體的層次，而直探存有的根源。這麼一來，「轉變」就不再是一橫面的關係，而是一縱面的關係，它不再是一橫面的、認識的執取的關係；而是一縱面的、存有論的（本體宇宙論）開顯的、創生的關係。這麼一來，我們可以淸楚的把握到他的問題點：就整個存有的開顯來說，就此變化來說，誰爲能變，如何成此變化。熊氏對於此「能變」作了這樣的描述：「不從恆常起，恆常非是能變故。變不從空無生，空無莫爲能變故，爰有大物，其名恆轉，淵兮無待，湛兮無先，處卑而不宰，守靜而弗衰，此則爲能變者哉❹。」他自注云（同❹）：「觀夫萬變不窮，知非離此而別有恆常之體，古代梵天神我諸計，要皆爲戲論」、「無始時來，已刹那刹那變而未有休歇，過去之變，無留跡也，故假說空無豈復離此變而別有空無之一境爲變之所從出哉！」

如上所說，這可見熊氏所謂的能變並不是一般所以爲的梵天神我，也不是由無生有。依熊氏看來，存有之所以爲存有是存有自己走出其自己，顯現其自己，並不是由無生有，也不是由一此

❹ 見《新唯識論》（文言本），頁二一六。

世之外的另一個存有來造出這個存有來。如果要說一個能變與所變的話，並不是一個超越乎此世之上的能變，造出這個所變的世界來，能變與所變不是割截開來的，不是斷裂的，能變與所變是合而爲一的，他們是連續的。如果說能變是本體，所變是現象，本體與現象是不二的，是合一的，是連續爲一體的。

其實，熊氏關於存有根源的探索，是擺脫了一般執著性的、對象性的存在的序列的探索方式，因爲若落在一般執著性的、對象性的存在的序列之中，以一種因果序列的方式去探索，必然的會陷入康德所謂的「二律背反」的情境裏❺。熊氏採取的是一越出了執著性的、對象化的存在序列的探索方式，他深切的知道那「執著性的、對象化的存在」並不是存有的根源本然的開展，而是經由人們的概念機能總體所執定而成的。克服了這種存有的執定的限制，才能眞正開啓所謂的「存有之門」。若沒發現存有的執定的限制，只是一味的就此立說，那麼我們將只是就虛構的現象去立說罷了。從變動不居的存在序列中，往上對翻的說出一原動不動者，或者直以此爲

❺ 康德（I. Kant）認爲理性的能力是有限的，它只能及於現象而不能及於物自身，當他企圖對於本體有所理解時，便必然的陷入四組矛盾中，其一、世界在時間和空間上旣是有限的、又是無限的。其二、世界上一切都是單一的、不可分割的，又是複雜的、可分割的。其三、世界上存在著自由，又是不存在著自由，一切都是必然的。其四、世界有始因，又沒有始因。因此，我們對於本體不能有所知，因此開啓一種「窮智見德」的見解。其實，若從熊氏的觀點來看，經由存有三況的分辨，這些問題是可以解消的。

上帝，或者由這存有的現況，而逆反的推求，說有一空空洞洞的無，作爲一切的起源，這顯然是一種謬誤。這麼說來，這裏所說的「存有的根源」既然已越出了概念機能總體所執定的那種「執著性的、對象化的存有」，那就不是用言說概念所能表達的。

換言之，當我們去逑及到存有的開顯的歷程時，並不是一種執定的說，而是一種啟發的說，而且它之所以能以這樣的啟發的方式去說，是因爲它是關係到一活生生的人而爲可說。人之作爲一活生生的實存而有這樣的主體能動性的存在，他是作爲整個存有開展的動源，將此動源抽離開來，則無所謂的「存有學」可言。存有者，乃此活生生之實存而有的開顯過程也，是由存有之根源開顯其自己的過程也，是本體之顯現爲現象也，是以人這個參與的主體作爲存有開顯的動源，而開顯存有者也。離此活生生的實存而有的參與過程，則無所謂的存有學可言。

就存有自身之開顯其自己，這是就此「存有的根源」所隱含的無限可能性來說的開顯其自己，因爲它是一「無限的可能性」，它已邁越了存有的執定的階段，它不再是一執著性的、對象化的存有，它原是不可說的，它已超乎一切言說。因此，在這裏，凡一切所說都只是權說，而不是實說，都只是啟發的說，而不是執定的說，這樣的「無限可能性」或者我們就用「X」來說它。熊氏在這裏用了許多形象式的語言來描述這個「存有的根源——『X』」，他說「X」是「淵兮無待——無有因故」、「湛兮無先——非本無而後有，故云無先，有先則是本無」、「處卑而不宰——卑者，狀其幽隱而無形相，非高卑之卑。不宰者，以遍爲萬物實體，非超物而存，故不同神我梵天等邪計」、「守靜而弗衰——靜者，湛寂義，弗衰者，非頑空故」，這些都只是些啓發性的語辭，用來抒描本體罷了❻。

顯然的，這樣的一個「X」，必得越過執著性的、對象化的存有，進入到無執著性的、未對象化前的存有，才能進一步觸及到的。我們之這麼說，並不意味著說要去窮盡一切執著性的、對象化的存有，才可能觸及到那無執著性的、未對象化的存有，才可能進而去探索存有的根源——那無限可能性的「X」；相反的，我們須知，存有之所以爲存有是以其無限的可能性「X」而開顯其自己的，這樣的開顯是無執著性的、是未對象化的，存有的開顯原是無有限制的，唯經人們以其概念機能總體而來的執定才有所謂「執著性的、對象化的存在」。換言之，本體是先在的，而不是後起的，本體是以顯現其自己的方式爲人們所經驗到，這樣的經驗是未對象化、無執著性的，是一純粹的經驗，是一未經概念化的純粹意識活動，這樣意義下的現象是爲「本體」直接所顯現的現象，並不是「表象」的現象。

如上所述，在熊氏這種現象學式的本體宇宙論的展開歷程裏，他顯然的作了三個存有實況的劃分，這三個存有的實況是：「存有的根源——『X』」、「無執著性的、未對象化前的存有」、

❻ 唐君毅先生把語言作了三分：「科學語言是一種，文學語言是情感語言，至於道家、儒家所講的，這些盡是學問，他們所講的是道。道不是情感，道是理性。……它既然是理性，因此表達這種理性的語言就不是文學語言這種情感語言，可是也不是科學語言。所以唐君毅先生提議把這種語言叫作啓發語言（heuristic language）。」（見牟宗三《中國哲學十九講》，頁二一八。）

「執著性的、對象化的存有」。當然，這樣的劃分仍只是暫時的、權宜的劃分，究極來說，它們都是通統爲一的，皆不外於存有之開顯。

三、存有開顯的動勢——「翕闢成變」

如上所述，我們可以發現在熊十力的體用合一論體系裏，本體並不是以言說的方式來展現其自己，而是由它自己之顯現爲現象。換言之，由本體而展現爲現象並不是一言說的活動，不是一執著性的、對象化的定象活動。用熊十力的話來說，它是：「故故不留，新新而起，非空非不空，事自有眞源。譬如臨洋海岸，諦觀眾漚，故故不留，新新而起，應知一一漚，各各皆由大海水爲其眞源❼。」就此看來，我們知道本體與現象就像大海水與眾漚一樣，大海水即是眾漚，眾漚卽是大海水，兩者相卽不二，人們不能將現象與本體分立爲二。人們由現象而識得所謂的「本體」時，這並不是一種執著性的、對象化的思維活動。換言之，如果將本體的探討視爲一種追求共相的探索，這也是錯的。熊氏說：

> 「思維恆從現實中得來，思維共相時，亦現似其相。思維本體若不能泯然亡相，卽

❼《論著集》，頁三一二。

> 無法親得本體，只是緣慮自心所現之相而已。本體不可作共相觀，作共相觀便只是心上所現似的一種相，此相便已物化，而不是眞體呈露。」❽

如上所述，若將存有的根源之探索當成共相來看，這仍然是「心上所現似的一種相」，這樣便將之執泥著來看，這樣的看便是一「執著性的、對象化的看」，這便不是存有的根源自如其如的開顯，因爲存有的根源自如其如的開顯（卽眞體的呈露）並不是一知識的掌握，而是全副生命的參與。

我們既然說眞體的呈露並不是一種知識的掌握，而是全副生命的參與，眞體的呈露是越過了「概念機能總體所作的存有執定」，而是上溯至存有的根源這樣的「理念之探索」。這樣的理念的探索已然不是在知識論的層次，依熊氏看來，它是屬於「道德實踐的層次」❾。如此說來，「存有的根源」是不能經由概念性的、對象化的思考去描述的，它是不可說的，是超乎言說的，因此，凡有所說都只是一抒義式的說，而非執定的說，非定象的說。或者，我們可以說這樣的說，只是「權說」，而不是「實說」，冀望的是人們去「開權顯實」，不爲所泥。熊氏在《新唯識

---

❽ 《論著集》，頁三一三。

❾ 依熊氏看來，存有的根源就是價値的根源，它們是合而爲一的，這問題涉及頗廣，請參看本書第九章〈存有的根源及根源性的實踐動力〉。

論》中擬定的本體六義爲⑩：

本體諸義——

（一）本體是備萬理、含萬德、肇萬化、法爾清淨本然。

（二）本體是絕對的，無待的。

（三）本體是幽隱的，無形相的，沒有空間性的。

（四）本體是恆久的，無始無終的，即沒有時間性的。

---

⑩ 見《論著集》，頁三一三～三一四。又熊十力後來在《體用論》及《明心篇》中對於本體似乎有不同的理解方式，他以爲：

（一）實體是具有物質、生命心靈等複雜性，非單純性。

（二）實體不是靜止的，而是變動不居的。

（三）功用者，即依實體的變動不居、現作萬行，而名爲功用，所以說體用不二。

（四）實體本有物質心靈等複雜性，是其內部有兩性相反，所以起變動，而成功用。功用有心靈物質兩方面，因實體有此兩性故也。

（五）功用的心物兩方，一名爲闢，一名爲翕。翕是化成物，不守其本體，闢是不化爲物，保任其本體的剛健、炤明、純粹諸德。一翕一闢，是功用的兩方面，心物相反甚明。

（六）翕闢雖相反，而心實統御乎物，遂能轉物，而歸合一，故相反所以相成。（見《明心篇》，頁一九、二〇）

筆者以爲這是繼《新唯識論》進一步的發展，而並不背於《新唯識論》，至於說本體具有精神與物質等複雜性，這聽起來好像與前面所論有異，但如果我們知道熊氏所謂的「精神與物質」並不是兩元對立的說法，是由翕闢成變去假說心與物、精神與物質，便不會說熊氏晚年有一大的轉變，請參見林家民《熊十力內聖學後期轉變說之商榷》，見《哲學與文化》第十五卷第十二期，民國七十七年十二月，臺北。

（五）本體是全的，圓滿的，不可剖割的。

（六）本體是變易的，而含有不變易，不變易含有變易。本體變現為無量無邊的功用，說其為變易；說其自性為清淨的、剛健的、無滯礙的，其為不變易。

熊氏他把一切「行」（存有的開顯）的本體（存有的根源）假說為「能變」；這個「能變」不與「所變」相對。「能變」的「能」字，是從「體」之顯現為「用」而形容之，以為其「能」，「能」字是形容詞。「能變」是非斷非常的，因此假說為「恆轉」，熊氏這裏所說的「恆轉」，即是筆者所說的「存有的根源」。緊接著，我們要去問「存有的根源如何的開顯其自己」（「如何才成功這個變」），熊氏以為須於萬變不窮中，尋出他最根本的普遍法則——「相反相成」的一大法則。這也就是說，熊氏他以為那本體假說為能變，而開顯其自己，這個開顯自己的過程是依著相反而相成的法則展開的。熊氏他認為變化必是有對的、很生動的、有內在矛盾的，於矛盾中成長的，變化絕對不是單純的事情。他更引用了易傳畫爻與老子所說「道生一，一生二，二生三，三生萬物」來闡明這個道理。再者，他以為大易畫爻也只是闡明宇宙變化的理法。每卦為三爻，也不外相反而相成，成卦以定一圖式。老子說「一生二、二生三」所指的也是如此。因為「有了一便有了二，這二便與一相反了。同時，又有個三，此三卻是根據一，而與二相反的。因有相反，才得完成其發展[11]。」為了更進一步闡明這裏所說的「相反而相成」的道理，熊氏更進

[11] 以上所述，見《論著集》，頁三一五、三一六，又熊十力這裏對於老子之言的詮釋不必是老子之原義。

一步以「一翕一闢之謂變」來闡明它。他說：

> 「變復云何？一翕一闢之謂變，原夫恆轉之動也，相續不已。動而不已者，元非浮游無據，故恆攝聚，惟恆攝聚，乃不期而幻成無量動點，勢若凝固，名之爲翕。翕則疑於動而乖其本也，然俱時由翕故，常有力焉，健以自勝，而不肯化於翕，以恆轉畢竟常如其性故。唯然，故知有似主宰用，乃以運乎翕之中而顯其至健，有戰勝之象焉！即此運乎翕之中而顯其至健者，名之爲闢。一翕一闢，若將故反之而以成乎變也。夫翕凝而近質，依此假說色法。夫闢健而至神，依此假說心法以故色無實事，心無實事，只有此變。」⑫

這是說所謂的變化可以假說（或云權說）爲「一翕一闢」，這裏所用兩個「一」字是爲了顯動勢的殊異。如熊氏所言，變化是方生方滅的，翕闢也都是才起卽滅，絕無舊的勢力保存著，時時是故滅新生的。本體是無形相、無質礙、絕對的、全的、淸淨的、剛健的。當其顯現爲萬殊的功用，不能不有所謂的翕，但翕有趨於形質的傾向，當翕之勢用起時，卻別有一種勢用俱起，依於

---

⑫ 見《新唯識論》（文言本），頁二一七。

恆轉，健以自勝，不肯化於翕。即此勢用，能運於翕之中而自爲主宰，此即爲闢。依翕故，假說爲物，名爲物行。依闢故，假說爲心，名爲心行。心、物是一個整體的兩面。心與物並不是兩個眞正的實體⑬。

如此說來，一切都是本體（恆轉）之顯現其自己，無有所謂的心物之分，無有所謂主體與對象的區分，色法、心法，翕、闢都只是假名罷了，究極而言，乃只是恆轉之變現不已罷了。順著以前我們所作的分疏，所謂的本體（恆轉）就是指的那存有的無限可能性——「X」。這存有的無限可能性——「X」必然的要開顯其自己，而它的開顯是以一「相反而相成」的方式展開的。翕闢成變只是此相反而相成的如實表示而已，翕闢是假名，而不是實體，翕闢是俱起的，而不分先後。因爲翕闢一旦分了先後，便已落入時空相中，時空相是因人識心之執而縐起的，這已是屬對象化、執著性的活動，這已進入了存有的執定這樣的階段，而有了存有的封閉之可能性，它已不在存有的自己之開顯這樣的境況之中。

當然，熊氏使用「翕、闢」這一對範疇來說明相反而相成的原則，明顯的是受到《易經》哲學的啟發⑭，但他對於陽動而進、陰動而退的說法有反駁——他強調「翕」只是個收攝凝聚的作用，是造化之妙所不期然而然的，它不一定是向下的，「翕」本來是順從乎「闢」的，原是向上

⑬ 見《論著集》，頁三一八、三一九。

⑭ 「余之學宗主《易經》，以體用不二立宗。」（《體用論》，頁六，臺北，學生書局。）

的。但也有向下的趨勢，是與「闢」相互矛盾的。「翕、闢」不是異體，而是勢用有分殊而已。「闢」是有相（非空無）而無形（非有質礙）、是伸張的、是猛進的；「闢」是創生性原則、形式性原則、定向性原則，承體大用，於流行中識眞宰，隨緣作主。稱體起用，不失本體的德性，本是和物同體，而於同體之中有分化，遂和物形成對立的樣子。相對而言，「翕」是成形的，有方所的，有下墜傾向的，「翕」是受造性原則、材質性原則、終成性原則。詐現爲質礙之物，只是一種跡象而已，其端緒很微細、很深隱，由微至著，由隱至顯，便成爲一種物界⑮。

熊十力一再的指出「翕」和「闢」是不可分的整體，而且一切物，內部有一種向上而不物化的勢用，即所謂「闢」存在著，不過這種勢用要顯發他自己是要經過相當的努力。這樣的說法與熊氏的實踐功夫論是息息相關的，他強調要經由努力才得眞證得本體，證得本體，乃是一切依「闢」而行罷了。所謂依「闢」而行，其實就是如其爲本體的顯現，而「本體之顯現是剛健、明智、不可變易的，不是盲目的，主宰便於用上現，必有對而有主宰，攝用歸體，唯是絕對，無可立主宰之名」⑯。顯然的，這裏熊氏一方面強調本體（恆轉）是以「翕、闢」這對範疇展開的，

⑮ 以上所論參見《論著集》，頁三二一～三二五，熊氏於《唯識學概論2》中用的是「屈、申」這對範疇，到了《唯識論稿》才改爲「翕、闢」這對範疇。又熊氏於《論著集》，頁三二五，以「乾、坤」二卦來釋翕闢，這可與《乾坤衍》合參。大體說來熊十力主張「乾元開顯」，而王夫之則主張「乾坤並建」，兩者易學有所不同。

⑯ 見《論著集》，頁三二二。

而另一方面則又以爲「翕闢成變」當以「闢」作爲首出者，翕必當順服於闢，而且又以「闢」來表示人的「心」。當他在作這些問題的陳述時並沒有清楚的區分彼此的界域，只是隨文點說而已，如果只就這些隨文點說來看，很容易以爲他對於諸語言概念的使用，多少有些誤用，甚至說他有誤置範疇的嫌疑。其實，不然。然則此又何也，我們必須加以分疏。

其實，熊氏所以爲的「心」與唯識論師（如護法）所以爲的有很大的不同。如依熊十力所說，唯識論師著重的是把「心」看作只是分別的，「靜止的物事去看待」，而不了解他的本身原來只是很微妙的一種勢用。舊師如護法等，以爲一切物另有它的根源（叫做相分種子，但是藏在第八識中，故不妨說唯識），終未免把物看作實在的東西。熊氏以爲實則所謂物者，並非實在的東西，只是依著大用流行中之一種收凝的勢用所詐現之跡象，而說名爲物。「闢」是宇宙精神，翕以顯闢，闢以運翕。翕主受、闢主施。受是順承，謂其順承乎闢也。施之爲義，表示闢反乎翕而終轉翕從己。闢畢竟是包涵著翕，而翕究是從屬於闢的⑰。換言之，翕闢之分是一權假之分，是一暫時性的區分，這只是作用上的區分，而不是實體上的區分。翕闢只是本體之顯現的兩個不同的動勢罷了，這兩者雖是相反而相成的，但畢竟是以「闢」字爲首出的，就此「闢」再假說爲「心」，於是又以「心」作爲首出的。但值得注意的是：這裏所說的「心」並不是與「物」相對

⑰ 見《論著集》，頁三二七～三二九。

的「心」，而是超於「心——物」相對這樣方式的「心」。就本體來說，「心」只是那本體顯現爲現象的一個首出的、主動的動勢罷了。它已邁越了執著性、對象化層次的存有的執定這個階段，而進到一無執著性、未對象化前的存有的展現的階段，在這個階段，純是本體的大用流行，沒有執著性的、沒有對象相的。落在人的主體來說，正指的那「活生生的實存而有」的「開顯」其自己，這樣的開顯是以人這個具有主體能動性、活生生的實存而有的動源點而展開的。基本上，當我們去說這樣的一個具有能動性的主體時，它指的是一個變動不已的功能。主體之爲主體是就功能義說，這樣的「主體之功能」並不是橫攝的、認識論意義下的主體之功能，它是縱貫的、本體論意義下的主體之功能。這也就是說，人是作爲「活生生的實存而有」的展現的最重要的啟動者，人是作爲整個存有的開啟者。因爲，本體之所以爲本體乃是一活生生的實存而有這樣的本體，這是本體功能不二的本體，是卽體卽用的本體。既然如此，本體就不是一敻然絕待，超乎人間世的「實在體」，本體不是靜態的，而是活生生展開其自己的。因此，我們可以說，本體與主體是不二的，它們是同一的。當然，這裏所說的同一不是一邏輯上的同一，而是動態的、辯證的同一⑱。熊氏一方面強調主體與道體辯證的同一、動態的同一，而這樣的同一是一實踐上的同

⑱ 這樣的立論點，可以說是整個中國當代新儒學的一個最重要的立論基點，他爲後來的新儒家的「文化宣言」已經預取了一個文化轉化的創造之如何可能，奠立了基礎。關於此，請參見林安梧〈當代新儒家在中國思想史上意義之理解與檢討〉一文，收入《現代儒學論衡》一書，第二章。又熊先生所強調的翕闢俱顯，與後來牟先生所強調的「良知的自我坎陷以開出知性主體」有其同異之處，值得進一步探索。

一，這同一是預取了心、色（心與物）的同一，如熊氏所說⑲：

（甲）「說翕爲色，說闢爲心，心主乎身，交乎物感，而不至於形役以徇物，所謂闢以運翕，而不化於翕也。是則翕唯從闢，色唯從心，翕闢畢竟無異勢，卽色心畢竟無二法。」

（乙）「造化之幾，不攝聚則不至於翕，不翕，亦無以見闢，故攝聚者，坤道也。坤道以順爲正，終以順其健行之本性也。夫本體上不容著纖毫之力。然而學者必有收攝保聚一段工夫，方得躬體承當，否則無由見體，故學者工夫，亦法坤。」

如（甲）所說，翕色、闢心，心物交感，終能以闢運翕，這是因爲心之爲心，蓋以其有主體之能動性也，故不至於形役以徇物，不爲翕所化。翕闢成變，然則是以闢爲主導的，他們畢竟是一生生不已的生發歷程，這麼一來，便使得色心無二法。這樣子說的色心無二法是就其存有論的層次

⑲ 見《新唯識論》（文言本），頁一二八。

說，是就其存有之根源——「X」之開顯與顯現而說的。順此來說，存有的根源——「X」是必然要開顯的，正如（乙）所說，是不容著纖毫之力的，因此，人之道德實踐需要的不是去依一個定型的法則去作，而是就此存有之根源——「X」，有其保聚收攝的工夫，這樣便能覿體承當，要不然是不可能眞正契及存有的根源——「X」的。（乙）之所說，這是順著實踐論的層次說的，而且我們可以發現所謂的存有論與實踐論其實是不二的，他們辯證的合爲一體。

四、存有開顯的實況——「剎那生滅」

如上所說，那存有的根源——「X」必然的要開顯其自己，而這樣的展開是如其所如的展開，是無執著性的、未對象化的展開，不是以一執著性的、對象化的方式展開。熊氏以「翕闢」這對語詞假說其相反相成，而變現其自己。既然其變現或展開不是執著性的、不是對象化的方式，那麼就其展開的歷程又如何衡定呢！這便牽涉到所謂「剎那生滅」的問題。這問題的釐淸可以說明他與佛家的不同，亦可以說明他與生命哲學的不同。

一般談到剎那都會引《大毗婆沙論》卷一百三十六說「壯士一彈指頃，經六十四剎那」，又說「世尊不說實剎那量，無有有情堪能知故」。就前者來說，大家或許會以爲所謂的「剎那」是時分之極小極促而不可更析者，但以後者來說，又說無實剎那量，可見剎那之極小極促而不可更析，這只是一種比喩的說，並不是說其量極微極微。換言之，說「壯士一彈指頃，經六十四剎那」這是比喩的說，不是執定的就其實量來說，也就是不能就其世俗時間的觀念來說。熊氏以爲這問題到了窺基法師的《唯識論述記》才有了一番淸楚的理解，在卷十八說「念者，剎那之異名」，就這個說法來說，是以吾人心中一念才起之際說爲一剎那，這樣的一念才起，是當下謝滅，絕沒有留住。這麼一來，便將剎那轉到心念上來說，而不再停留在世俗的時間上去立說。熊氏以爲世俗所以爲的時間其實是空間的變相，空間是有分段的，時間也是有分段的，我們一談到物質宇宙的存在形式，在一方面便有了東西等方的分佈相，這便有了所謂的「空間」，而另方面，有過去、現在、未來等的延續相，這就叫作「時間」。這樣的時間與空間都有了間隔，其實這些間隔是就人心的執著性、主體的對象化而現起的，時間與空間並不是存有開展的眞實樣相，而只是存有之執定上之所必需。如果落在時空的制限上來說所謂的「剎那」，那麼便無法見出本體之顯現爲現象那種大化流行、生生不已的眞相了。佛家大乘師等之不以剎那爲世俗時間的極微等，這是熊十力所贊成的，但他所不贊成的是將剎那收到心上來說，他以爲剎那只是一種方便的設詞，是以它來表示不斷的變化用的⑳。

　　爲了要更進一步對於「剎那」的理解有所釐淸，我們可以更進一層談談「生滅」的問題。如

---

⑳ 見《論著集》，頁三三二、三三四。

熊氏所說：

> 「凡法，本來無有，而今突起，便名爲生。例如，我現前一念心的現象，是以前本不曾有過的，而是現前一剎那傾突起的，就把這種突起，名之爲生。凡法生已，絕不留住，還復成無，名之爲滅，例如，我們現前一念心的現象，決不會凝固的持續下去，畢竟滅無，告復言滅。」㉑

關於剎那滅的理論極夥，就熊十力看來，剎那生滅指的是：當下現起，而且當下滅無，現起、滅無是當下的，沒有間隙的，生時卽是滅時，它一切法決不會有一忽兒的時間留住的。但這並不是說如此便會墮入空見之中，其實這只是說，法之爲法是當下現起的，就那存有的根源——「X」來說，它不斷的開顯其自己，而且是無執著性的、沒有對象化的開顯其自己，他的展開是先於時空的，而且是在時空之中的，之所以在時空之中，是說它可在人的心靈意識的執著下，使得時空相凝成，同時使得存有因其執著性及對象化，而有所執定。換言之，說剎那生滅是就大化流行之「妙」說，而不是就造化之「跡」上說，如果落在造化之跡上說，這便墮入到存有的執定——一

㉑ 見《論著集》，頁三三四。

個執著性的、對象化的存有這個層次上來說，這便已離了存有之開顯自身來說。爲了闡明刹那生滅的理論，熊氏依據自己的意思並參著大乘的主張，有了一番論辯㉒：

「一者，諸行相續流，名起，若非才生無間卽滅者，應無諸行相續流。若汝言，物有暫時住，次時，則先者滅，後者起，故可名相續者，此亦不然，由暫時住時，後起無故。」

這是說一切的存在是一不盡的綿延之流，這叫作「起」，如果不是才生卽滅，中無間隙的話，便無這個存在的不盡之綿延之流。如果像你所說的，一切的存在有暫時停住者，那麼要先滅去了先者，後者才能隨之而起，這也叫作「相續」，但熊氏不以這樣叫做「相續」。因爲當我們說有暫時停住的時候，這意味著後起是無的，這便不叫做「相續」，不叫做「綿延」。

「二者，若汝言，諸行起已，得有住者，爲諸行自住，爲因他住，若諸行自住，何

㉒ 於《新唯識論》（文言本）中熊氏分爲九條來論辯，在「語體文本」中，熊氏分爲十二條來論辯。「語體文本」之十二條乃是九條的擴充，故現所論以十二條爲主。爲行文之簡潔，俱引「文言本」所論九條以爲論，在疏解過程中再雜之以「語體文本」之言。「文言本」，自頁二八～三一，「語體文本」則見《論著集》，頁三三六～三四五。

故不能恆住，若因他住，非離諸行別有作者可說爲他，誰爲住因，二俱不爾，故才生卽滅義成。」

這是說：如果一切存在事物有所住的話，只有兩種可能，一是自住，另一是他住，如果諸行自住，我們要問爲何不能恆住，如果是他住，那又更說不通，因爲熊氏以爲根本來說，並沒有「他力」可堪作爲一創造者，因此旣沒有住因，可見是才生卽滅的。

「三者，若汝執，住因雖無，壞因未至，是故得住，壞因若住，後時卽滅，又如火變鐵者。此復不然，壞因畢竟無有體故。火變鐵譬，我無此理，鐵與火合，黑相似滅，赤相似起，能牽赤相似起，是火功用，實非以火壞鐵相，又如煎水至極少位，後水不生，亦非火合，水方無體，由此，才生卽滅，義極決定，以滅不待因故。」

這是說，如果消極的說，雖無所謂的「住因」，但「壞因」未至，因此就有得住，只要有壞因了，所以才滅盡了，就像火能變鐵一樣。但細查其原因，則不是這樣子，因爲畢竟沒有一眞正具有實體義下的「壞因」，就拿「火變鐵」這件事來說，鐵與火相合，黑相似乎滅了，赤相似乎又現起了，之所以能牽引赤相現起，是火的「功用」，這並不是「火」具有實體，來壞了「鐵」；又譬如「煎水至極少」，最後火不生了，這也不是說由於火的和合，水才沒有實體，從以上看來，剎那生、剎那滅，是才生卽滅的，這道理是淸楚明白的。就此來說，滅是不待因的，滅是法爾自滅，而且法爾自滅卽法爾自起，無有二致的。

「四者，若汝言，若物才生卽滅，卽是剎那剎那滅，便已墮邊見者。不然，應知剎那剎那滅，實卽剎那剎那生，一方說爲滅滅不停，一方說爲生生不息，理實如是，難可究詰。」

如這段所說，我們可知熊十力並不認爲主張剎那剎那生滅會墮入邊見，因爲當我們說才生卽滅，同時就是才滅卽生，這是生生不息的，就道理之實是這樣子的。這也就是說，我們眞跨過了存有的執定及其所帶來的封限時，我們便眞面對了存有，如此便使得存有開顯其自己。存有的根源——「X」自如其如的開顯其自己。就此存有的開顯來說，是生生不息的。

又如《新唯識論》的「語體文本」譯者所說：「印度佛家說剎那滅義，並未著重化機不息的意思，只顯無常而已。本論明示化機是活潑潑地，卻別是一種精神㉓。」這更淸楚的發現到熊氏

㉓ 見《論著集》，頁三三八。

基本立場上是與佛家不同的，這不同是屬於理念上的不同，而不是一般知識上認知的不同。依熊氏看來，理念的層次與概念的層次雖然有別，但它們應統合爲一體，不宜分之爲二，如此，才能眞切而恰當的疏理整個生活世界。或者，我們可以說，熊氏與佛家同樣都面臨了「存有的根源——『X』」的問題，但熊氏是通過一理念的認取，而將此存有的根源表達了出來，當然這樣的表達是「義兼遮表」的，而佛家則著重於通過「緣起性空」來顯示實體爲空無，其所著重則爲「遮詮」㉔。

「五者，若汝言，若物刹那刹那新生者，云何於中作舊物解，應說由相似隨轉。得作是知，譬如燈燄，相似起故，起舊燄知，而實差別，前體無故。若汝言，縱許燈燄念念滅，豈不現見燈炷如是住耶，應知汝見非見，由炷相續，刹那刹那，有壞有起，汝不如實知故。若汝言，諸行刹那如燈燄者，世人何故不知，應說諸行是顚倒物故。相續刹那隨轉，此不可知，而實別別起，世人謂是前物生顚倒知。」

如上所述可知，熊氏強調「存有的根源——『X』」之開顯是當下皆新的，是有所差別的，

㉔ 關於遮詮與表詮之問題，請參看第二章之⑰。

此中並無甚相似處，相似處只是人們的執著性、對象性的認知所致。像燈燄的相似而起，其實是有所差別的，當下燄燄滅，同時燄燄生，有壞有起，如其爲存有的開顯來說，它們是生生不息，而且是嶄新的，在相續的刹那便別別而起，若謂是前物，這根本是顚倒知。顚倒知者，執著性、對象性之認知也。

「六者，若汝言，物之初起，非卽變異者。不然，內外法體，後邊不可得故。由初起卽變，漸至明了，譬如乳至略位，略相方顯，而變相微細，難可了知，相似隨轉，謂是前物，以故才生卽滅義得成」。

存有的開顯是別別生起的，是當下變易的，如由乳這樣的東西漸轉成酪，要一直到轉成「酪」了，「酪」之相才顯，但變遷的歷程是極爲微細的，是不易了解的，總而言之，存有之開顯是才生卽滅的。心色二法皆空，不但不能執著於外物存在，也不能執著於認識主體爲實在體。這是說，當我們邁越了存有的執定，破除了執著性的、對象性的存有，進到了非執著性、未對象化前的存有，心色俱泯，終而邁向了存有的根源——「X」，開啟了存有之門。

「七者，若汝言，諸行往餘處名去，故知得住者。不然，汝執諸行爲實物，能由此處轉至彼處，故名爲去。此則以日常習用械器之見，推論法爾道理，迷離顚倒，抑何足談，如我所說，諸行唯是刹那刹那，生滅滅生，幻相宛然，無間相續，假說名去，而實無去，故汝言住，取證不成。」

熊氏區分了「法爾道理」與「械器之見」，前者卽就所謂「存有的根源——『X』」之自然開顯也，後者則就一執著性、對象性的存有而說的，這是就存有的執定而說的，這是兩個不同的層次，兩個不同的範疇，不宜混同爲一。如熊氏所說的，存有的開顯是一相續不已的歷程，是「生滅滅生，幻相宛然，無間相續」的，說所謂的「去」，這是一種假名之「去」，並不是眞有一實體由此至乎彼也，因此，我們是不能因之而說「住」的。

「八者，諸行必漸大圓滿，若初起卽住不滅者，則一受其成形而無變，如何得有大圓滿。若汝言，不捨故而足創新，故積累以到今，今拓展而趨來，如轉雪球，益轉益大者，此復不然。汝計有積留，卽已執物，豈足窺變。變者，運而無所積，有積則是死物。死物便無漸大圓滿，是故應如我說，諸行不住，刹那刹那，脫故創新，變化密移，馴至殊勝。」

這裏熊氏點出了若一切存有的開顯是趨向於圓滿的，這更不能證明它是「初起卽住而不滅」，因爲若如此的話，如何可能達致大圓滿呢！他亦不承認不捨故卽能創新的方式，他以爲一旦如此，則已落入執著性的、對象性的存有之中，這便不足以窺見眞正的「變化」之道，眞正的「變化」之道是運而無所積的，它是「脫故生新、變化密移」的。熊氏以爲「所謂一切物的漸變，確是基於刹那刹那的頓變，而後形見出來的。王陽明先生說：『天地之化，合有個漸的意思』，這話是不錯的，但不要忽略，若非刹那刹那頓變，也無漸變可說了」㉕。漸變是就執著性的、對象化的存有的層次說，而頓變則是就「存有的根源——『X』」所說，後者是先起的，而前者則是後起的。熊氏亦以同樣的方式來論析有關「物質不滅」的錯謬。

> 「九者，若汝計執，諸行爲常爲斷，皆有大過，應知諸行才生卽滅，念念盡故非常，新新生故非斷，一刹那頃，大地平沉，卽此刹那，山河盡異，此理平常，非同語怪。」

熊氏說存有的開顯是非斷非常的，這不是就存有的執定而說的，如果執定的說，說斷說常都

㉕ 見《論著集》，頁三四三。

成大過，就其無執著的、未對象化的存有來說，諸行才生卽滅，一刹那間，大地平沉，山河盡異，這是極爲平常的事。這麼說來，是究極的說，是就法爾如是之理說，是就存有之根源——「X」開顯其自己而說的。

熊氏這種刹那生滅滅生的理論必然要面臨一個質疑——那麼我們如何安排科學知識？熊氏這裏談到兩個問題，一個是他不認爲「存有是空無」，一個是肯定通過一概念機能總體的作用，才可以有一「存有的執定」，用他原來的話，這樣才足以說明「法的軌持義」，因爲存有不是空無的，故有所可「持」，因爲有一概念機能總體的作用，故有所可「軌」。熊氏說：

(甲)「持謂任持，不捨自體，如頃寫字的筆，此筆能任持他的自體，而不捨失，故說持義……軌謂軌範，可生物解，……可令人對他一切物起解。」㉖

(乙)「凡物刹那刹那相續起故，雖無實物可容暫住，而詐現有物的新狀、倏然（分殊貌）、宛然（有物貌）、不是空空無所有也。……不是混混亂亂的沒有天則，可以說，物之現似有形，卽是則之秩然不紊。」㉗

㉖《論著集》，頁三四五。

㉗同上。

(丙)「吾人的理智作用，應日常實際生活的需要，常常是向外去找東西，所以，理智作用不能理會造化的蘊奧。……他總是把捉那刹那刹那、生滅相續所詐現的相狀，即是將那本來不住的東西，當作存在的東西來看。於是設定有一切物，便許有一切物都是能任持他底自體，且自有軌範，可以令人起解的。」㉘

(丁)「所謂軌持，只於不住的變化中，強作存在的物事來圖摹，本不可執為定實。然由此而知識乃非不可能，即科學也有安足處。」㉙

如上四則所說，(甲)告訴我們存有不是空無，故為可持，又因可為吾人概念機能總體所執定，故其可軌。持是就其對象面說，軌則是就主體面說，軌持而有諸物的存在，這是說經由「軌持」智作用所能探求者，但就存有的根源自如其如的開顯其自己，必然的要落實於我人這個生活世界之中，因此，它必然要有存有的開顯，而為存有的轉折，再而存有的執定，唯其有存有的執定，這樣的主體面與對象面的交互作用，終而穩立了一執著性、對象化的存在。如(乙)所說，存有的開顯是「刹那刹那」相續而起的，無實物可容暫住，但它並不是空無所有的，而是「倏然」、

㉘《論著集》，頁三四六。
㉙《論著集》，頁三四六。

「宛然」的，它並不是合成一個密合之體，它雖爲一體，但是顯現爲分殊的樣子；在剎那剎那生滅滅生的過程裏，它雖不可執實的去看它，但它卻宛然有物的樣子。

如（丙）、（丁）所言，正說明熊氏對於理智作用的正視與限制，理智雖不足以知造化之全，但是理智卻可以安排知識。存有的根源已越出了執著性、對象化的存有階層，故非吾人的理一切人間世才爲可能，而此執定之關鍵無他，端在人的理智作用，唯其通過概念機能總體之執取而執定也，如此才爲可能㉚。

由是可知，熊氏所強調的只是「境識俱泯」，但並不說「既無境又無識」，他只強調「沒有一個離了認識主體的客體，也沒有一個離了存在對象的認識主體」，而且「認識的主體」只是一「概念機能的總體」，是一假立暫設的機能，它究極來說，並無實體可言，它只是執著性、對象化的活動而須假立的一個「機能活動」罷了。就其存有的根源——「X」這個理念來說，是「境識俱泯」的，但若就此「存有的根源——『X』」的開顯來說，是一無執著性的、未對象化的存有，這是「境識俱起」的。再經由概念機能總體的執定（軌而持之），成爲一執著性的、對象化的存有，於是認識的主體成爲一主體，存有的對象成爲一被認識的對象，主客對立之局由是造

㉚ 此可以參考牟先生〈二諦與三性：如何安排科學知識？〉一文，收入《中國哲學十九講》第十三講，頁二六五～二八一，學生書局印行，民國七十二年。又參看本書第八章〈存有對象的執定——存有的轉折與概念的執取〉，尤其第三節「從存有之轉折及執定的可能到概念的執取之完成」。

成，這裏我們說它是一種「存有的執定」。從「存有的根源——『X』」（境識俱泯）到「存有的根源之如如開展」（境識俱起而未分），到「存有的執定」（境識俱起而分立）這是三個不同的階段，它代表著三個不同的層次。熊氏之所謂的「本體學」乃越過了「存有的執定」之限制，而上及於「存有的根源——『X』」及此根源之如如開顯也。值得注意的是，熊氏這裏一再的強調我們必須邁越存有的執定，通極於「道」，眞正的開顯了存有自身，才能免除由於存有的執定所造成的存有的封閉，造成存有的異化。或者說，對於存有的異化有一個治療的作用。

再者，如熊氏「剎那生滅」的理論，我們可以發現這麼一來對於一切執著性的、對象性的存有都不是恆常不變的，都無有暫住，換言之，存有必然的會開顯其自己，而且其開顯是不受此限制的，這便產生一極有力的理論效果。對於一切既有的體制與障礙，都可以一掃而空，無所牽掛；而且這不只是消極的、衝決網羅而已，而且它要邁向一積極的存有的生發與創造。就思想史的變革來說，熊氏的理論的確有過於康有爲、譚嗣同、梁啟超等㉛。如熊氏所說：

「因爲闢是流行無礙的一種勢用，所以是剎那才生卽滅無有暫住的。翕是收攝凝聚

㉛ 李澤厚等以爲熊氏乃屬於辛亥期人物的思想，此不確，因熊氏實有過於如是者，請參看第一章之❿。又關於思想史之變革，請參看林安梧〈「抽象的感性」下的變革論者——以康有爲爲例——一個精神現象學式的解析〉一文，正中書局，民國八十年，九月。

的一種勢用，雖詐現物象，而實非固定底質礙的東西，所以亦是刹那才生卽滅，無有暫住的。……我國儒家哲學的思想，則以爲絶待的大易，擧其全體而顯現爲分殊的大用或生滅的萬象，卽於生生不息而見爲至誠。……我嘗說，識得孔氏的意思，便悟得人生有無上底崇高的價值，無限的豐富意義，尤其是對於世界，不會有空幻的感想，而自有改造的勇氣。」㉜

這是說跨過了「存有的執定」的階段，人們眞正的正視到自己之作爲一「活生生的實存而有」這樣的一個存有者，他以「活生生」的方式進到這個世界中，「實存而有」的走出來，使得存有開顯其自己。就其爲存有之開顯其自己，我們假說其爲翕闢之變，這是爲描述其相反相成的生化原則而造作的；熊氏更而以此存有的根源，作爲一道德實踐的理念出之，認爲此存有的根源是一生生不息的至誠，這裏代表著人生底無上崇高的價値，具有無限豐富的意義。換言之，存有之根源作爲一實踐的理念，而不是作爲一認知的對象。因爲存有之根源，若就其存有的層次來說，是越過了執著性的、對象性的階層，也越過了無執著性的、未對象化的階層，是一無限的可能性，它只顯示一存有不盡的開顯狀態而已，它是不可名狀的，它已超過了一切的言說，如果這

㉜ 見《論著集》，頁三四七。

時我們用的仍然是對象性的言說則我們必然無法去描述它。

換言之，當熊氏越過了存有的執定，而上及於存有的根源，這時他之有所說，自然的就不是一種執著性的、對象化的言說，或者，我們可以這樣理解，這時與其說他是一種言說，毋寧說是一種啟導存有的活動，或者說是一種實踐的活動。這樣的實踐活動是卽用顯體、承體大用的。或者，我們可以說：存有論之所以爲存有論，它所要處理的問題是如何使得此活生生的實存而有生發其自己、顯現其自己，這是越過了執著性的、對象化的存有，因此，它不是一般對象化的言說可以表達的，它已越過一切對象性的表達，這時候的表達是一種勉強而出之的啟發性的表達，這樣的啟發性表達爲的是去觸使存有開顯其自己，這不是一種一般意義的言說活動，而是一帶有實踐意義的言說活動。在這樣的情況之下，我們才能有一存有論的可能，此卽一「卽體卽用、卽用顯體」的存有論，是一本體與實踐通而爲一的存有論。熊十力的刹那生滅義是越過了執著性的、對象化的存有而說的，是就存有的根源自如其如的開顯而說的，通過刹那生滅義的釐清，由是而上，則存有的根源義由是可以想望而得之，由是而下，則存有的執定亦可由是而定也。「翕闢成變」是就存有開顯之辯證動勢的兩端說，「刹那生滅」則是就存有開顯之如其所如的實況說。

五、存有的根源之究竟理解——「變之三義」

經由上述諸節的理解，我們已清楚的知道熊十力義下的「存有的根源」並不是一寂靜的、不動的、超絕的、夐然絕對之物，而是一健動不息、生生不已的創生本體，熊氏曾簡約的以「變之三義」來論述「存有的根源」，現且分疏如下㉝：

「其一曰：變者，非動義。動者，移轉義，是先計有空間和時間，並計有個動的物，卽由具有質量的東西，依其在空間上有所經之距離，和時間上有所歷之久暫，而由一狀態遷移轉化爲別一狀態。如此便叫作動。」

「今此所謂變者，係剋就大用流行而言，此是超時空的。易言之，時空的形式，是與物質界俱時顯現的，而在這大用流行的觀點上說，卻是完全沒有時空的。大用流行，根本不是具有質量的東西，卽不可當作一件物事來猜擬：所以說，變非是動。我們若以動的意義來理會這個變，那就要墮入千重迷霧了。」

「變是要向無物之先去理會，所以說變非動義。」

如上所說，熊氏所謂的「變」不同於一般相對意義下的「動」，「動」是就執著性的、對象化的存

㉝　見《論著集》，頁三五〇、三五一。

有這個階層而說的，是就時空、質量而說的一種由此一狀態遷移至某一狀態。「變」則不同，「變」是要向無物之先去理會，這是超乎一切時空、質量的，是越過了執著性的、對象化的存有這個階層，超乎「存有的執定」，而進到了「存有的根源」這個階層，就其無限的可能性——「X」，必然的自如其如的展開其自己，是即用顯體、承體大用，生生不息的。換言之，熊氏這裏經由一「存有展現的歷程」對於存有作了三態的分別，而將一切可說的都籠納在「存有的執定——執著性、對象化了的存有」這個階層，而在此階層之上則有「存有的開顯——無執著性、未對象化前的存有」與「存有的根源——『X』」這兩個不同的階層。他顯然的將其哲學的活動——「見體」或「見道」的活動，擺在後二者，而不是擺在前一者。至於一般所謂的「科學」的活動，其界域則在「前一者」，是一執著性的、對象化的存有這個階層而有的活動。爲區別起見，我們可以用形象式的比喻說：「從存有的根源——『X』」到「存有的開顯——無執著性、未對象化前的存有」這是一縱貫的、創生性的活動；而從「存有的開顯——無執著性、未對象化前的存有」到「存有的執定——執著性、對象化了的存有」則是一橫攝的、認識的活動。

「二曰：變者，活義。……活之爲言，但遮頑空，不表有物。」㉞

㉞ 見《新唯識論》（文言本），頁三二一。同見《論著集》，頁三五一。

這是說「活」指的是生生不息，而不是說有一具體的實在物。活指的只是一存有之不斷的開顯而已，而不是說一執著性的、對象化的存有。熊氏分爲六點來敍述他的論點㉟：

(甲)「無作者義，是活義。若有作者，當分染淨，若是其淨，不可作染，若是其染，不可作淨。染淨不俱，云何世間有二法可說，又有作者，爲常無常，若是無常，不名作者，若是其常，常卽無作，又若立作者，成就諸法，卽此作者還待成就，展轉相待，過便無窮。又凡作者，更須作具，倘有常模，便無妙用，反復推徵，作者義不得成。由此變無適主，故活義成。」

「活」是就存有之開顯其自己，這所謂的「存有」是一活生生的實存而有，它不是一個創作者。熊氏通過染淨的反駁，及常與無常的論辯，最後指出「變無適主」。其實，在熊氏體用合一論的體系裏，當然不會立一個作者（創造主），因爲凡立一作者便不再是採取「天人、物我、人己」皆通而爲一的體用合一論的格局。

(乙)「幻有義，是活義。雖無作者，而有功能，功能者，體是虛僞，猶如雲氣，閱

㉟ 以下所論六點，參見《新唯識論》（文言本），頁三二～三四。

然流動，亦若風輪。雲峰幻似，剎那移形，唯活能爾，頓起頓滅，風力廣大，蕩海排山，唯活能爾，有大勢力。」

熊氏點出了「雖無作者，而有功能」，可見他著重的是「卽用顯體」，如何有此「功能之用」呢！依熊氏看來，此是法爾本有的，這法爾本有卽是他所謂的「恆轉」，變的動勢之本體，卽是恆轉，如果離開了恆轉動勢便沒有自體，因此說那變的動勢說成是「幻有」，「幻有」一辭乃是就恆轉之無自體說的，並不含好或壞的意思㊱。

(丙)「眞實義，是活義。大哉功能，遍爲萬物實體，極言其燦著，一華一法界，一葉一如來，帝網重重，無非清淨本然，卽覿目而皆眞實。非天下之至活，孰與能於此。」

就變之動勢來說，是幻有，但就變的動勢的根源來說，則是絕對的恆轉之顯現，這恆轉是變底實體，卽我所謂「存有的根源——『X』」，這當然是眞實的。越過了執著性的、對象化的存有這個階層，而眞正探索到了存有的根源，當下卽是，他們是至眞至實的㊲。

㊱ 見《論著集》，頁三五二。

㊲ 見《論著集》，頁三五三。

（丁）「圓滿義，是活義。洪變唯能，圓神不滯，秋毫待之成體，以莫不各足。宇宙無偏而不全之化理，吾人思想所及，又無往不呈全體，故乃於一字中持一切義，一名中表一切義，矧復攝億劫於剎那，涵無量於微點都無虧欠，焉可溝分了此活機善息分別。」

存有的開顯是自如其如的，是圓滿無待的，如大海水顯現爲眾漚一樣，每一漚都以大海水全量爲體，毫無虧欠。熊氏以爲無有一物得遺功能以成體者，雖秋毫且然，因爲秋毫「舉體卽成功能」，泯一切物相，剋指其體，這個體就是所謂的「功能」，無不足也。再說，我們於一剎那間思想及於某種事理，在表面上，或僅有某層意思，不及於全宇宙，實則在一剎那間，已是全宇宙呈現。又如我們使用一個語詞去說某物時，其實是攝持全宇宙而表達了它，這也就是說，當我們要去說出某物時，其實，我們必然的要以整個生活世界作爲感知與理解的基底（horizon），我們必須依循著存有的根源，由那存有開顯其自己，而後我們才能對此存有之開顯有所執定。換言之，存有的執定是後於存有的開顯的，而且是依循於存有的開顯的，由於有此存有之開顯，才可能有存有之執定。就「存有之執定」說是分，是分殊，就「存有之開顯」說是全，是理一。

（戊）「交遍義，是活義。神變莫測，物萬不齊，不齊而齊，以各如其所如，因說萬法皆如，彼此俱得，封畛奚施，極物之繁，同處各遍，非如多馬，一處不容，乃若眾燈，交光相網，我汝不一而非異，高下遺蹤而咸適，唯活則然。」

這裏所謂的「交遍」是「交而遍之」的意思，這是說物與物看起來皆有所異，但它卻是交遍爲一體的。做爲一個存有者而言，每一個存有者都是一個活生生的實存而有，尤其做爲人這樣的存有者，他更是此存有開顯的動源，因之，我們可以說：通極之，人之做爲一活生生的實存而有者，亦卽是此存有之根源的開顯者及參贊者，此卽古云「人者，天地之心」的意思。落實來說，每一個人各有其不同的存在境域，而這些存在境域又是交遍爲一體的。換個角度來說，是那「存有的根源」開顯其自己，而其開顯因人的觸動與參與，而因之落實下來，便有著不同的展現方式，這些不同的展現方式，我們卽名之曰不同的存在境域。存在境域雖有所不同，但通極來說，則是交遍而爲一體的。

(己)「無盡義，是活義。大用不匱，法爾萬殊，一切不突爾而有，一切不突爾而無，是故諸有生物，終古任運，不知其盡。」

熊氏云：「無窮的妙用，卽是絕對的眞實的顯現。這個是不憂匱乏的。」這是說，存有的根源——

「X」不盡的開顯其自己，一切法爾自然如此，都是此存有之開顯，是不能外於此的，一切都不是突然而生的，也不是突然而無的，自古以來，就在存有無盡的開顯過程中，所謂「終古任運，不知其盡」是也。

如上所說，「變者，是活義」，這指的是存有的開顯其自己，而所謂的「存有」這裏指的是那「存有的根源——『X』」，他開顯其自己，但他並不是一個創造者，而只是一開顯者（卽（甲）無作者義，是活義）。終極來說，存有的開顯乃是那存有之根源——「X」之顯現其自己，它是無執著性的、未對象化前的存有，並無一執定的「有」（卽（乙）幻有義，是活義）。就其無一執定的「有」而說其爲幻有，但就其終極的說，那存有的根源則是至眞至實的，存有之開顯亦是至眞至實的（卽（丙）眞實義是活義）。存有的開顯落實而言各有所分別，但是此分別相仍得預取存有之圓滿，無此圓滿則無此分別矣！（卽（丁）圓滿義是活義）。存有之開顯，因其不同之情境而有所異，依其所異，而交遍爲一體（卽（戊）交遍義是活義）。存有之開顯是無窮無盡的，是自如其如的顯現其自己而已（卽（己）無盡義是活義）。

「三者，不可思議義。此云不可，本遮遣之語，旣非不能，又異不必，將明不可之由，必先了知思議相。思者，心行相。議者，言說相。此是染慧，卽意識取物之見，夫以取物之見，逐而推論無方之變，則恣爲戲論，顚倒滋甚。故不可思議之云，直以理之極至，非思議所可相應。易言之，卽須超出染慧範圍，唯由明解，可以理會云爾。諸有不了變義是不可思議者，或計運轉若機械，或規大用有鵠的。此則邀變之輪廓而執爲物，故回溯曾物，宛如機械重疊，逆臆來物，儼若鵠的預定。斯乃以物觀變而變死，皆逞思議之過也。」㊳

這是說那存有的根源——「X」是越過了執著性的、對象化的存有，只有在此執著性的、對象化的存有這個階層，才是可以思議、可以用言說加以表達的，既然已越過了此執著性的、對象化的階層，當然是不可思議的。不可思議，是越過了心行（意識的活動）與言說，而進到一超言說的、心行皆泯的階層。這是越過了存有的執定這個階層的活動，而上及於存有的開顯也。熊氏這裏將那執著性的、對象化的存有這個階層視爲一染污的階層，這顯然有貶義，這是說：由於存有的開顯落入了執著性的、對象化的階層，這便會因之而造成異化，就此異化而可說其爲「染」。相對而言，能克服此染，化除存有之執著性而上及於那存有之自如其如的開顯，則是「淨」。吾人一旦眞正越過了存有的下兩個階層，而上達於存有之根源，則此存有之根源，及由之而有之開顯，當然是不可思議的。當然，機械論或是目的論都是有所不當的。

㊳ 參見《新唯識論》（文言本），頁三四～三五。

六、結　語

如上諸節所述，我們清楚的知道熊氏他將存有區分成三個階層，或者可以名之曰：「存有的三態」，其一是「存有的根源——『X』」，其二是「無執著性、未對象化前的存有」，其三是「執著性、對象化了的存有」；這三階層或三態並不是截然的分成不同的幾個階段，而究極來說，則有是通統爲一體的。若就存有開顯的動勢而言，則有「翕闢」二端辯證的展開，這樣的展開其實況是刹那刹那、生滅滅生的，無有停住，它是一無執著性的、未對象化的存有，再經由概念機能總體的執取作用，才造成了存有的執定，因之才有「執著性的、對象化的存有」。

值得我們去注意的是，就此存有的三態來說，只有那「執著性的、對象化的存有」才是我們的概念機能總體所成的認識主體所能執取與把握的，至於在此之上「無執著性的、未對象化的存有」則非概念所可了知，它已然不屬於知識的層次，它是不可思議的，因此，我們必須用另外的方式來理解這個問題。熊氏以爲此非屬概念認知的層次，而是屬理念追求的層次，不是橫面的識知，而是縱面的創生，是一活生生的實存而有進到整個生活世界，因之而開啟的存有實況。此主客不分、一體流行的存有實況並非與那主客分立、對象分明的存有實況分而爲二，它們其實是同一的，不過後者可通過概念的認知爲彼此所認知，而前者則非概念的認知所可把握，但彼又作爲此概念認知之所以可能的基底。或者我們說，後者是可說的，是可表達的，而前者則是不可說的，是超乎表達的，既然如此，我們又如何去說它呢！熊氏認爲此超乎表達的存有實況已然非知識橫面的執取所可處理，這不再是知識論的問題，此是存有論的問題，是存有之自如其如的開顯其自己的問題。當然，這裏所說的存有就再也不是一對象化的、執著性的存有，不是認知主體所執取下的存有，而是指的那人之爲人以一「活生生實存而有」的身分進到這個生活世界中而開啓的存有，這樣的存有是以活生生的實存而有作爲其存有的根源。再者，所謂「活生生的實存而有」亦無它，只是人之爲人必然的要走進這個舞臺，去開顯它而已。這裏便含著實踐與參贊的義涵，熊氏即以此實踐、參贊作爲理念追求的動力。

第六章　從平鋪的眞如到縱貫的創生：對於空宗的批評與融攝

一、前　言

在上一章中，我們闡明了「存有的三態」：⑴「存有的根源」——「X」。⑵無執著性、未對象化前的存有。⑶執著性、對象化了的存有。這三態雖各有所異，但都是依於「存有的根源——『X』」而有的開展，此卽熊十力所謂的「體」，他自如其如的開展，爲了說明他的開展，熊氏借用「翕闢成變」的說法來展開，並且因之而進一步的論析了「刹那生滅」的哲學問題，並指出「變之三義」——變者，無作者義、活義、不可思議義。這在在都突顯了他整個體用哲學的規模，相對而言，熊氏以爲佛家則無此意義下的體用哲學。在以下兩章，我們將集中的去討論熊氏對於佛家空有二宗的評析，闡明其論旨，指出他何以會有這樣的論點，並檢討其論點的得失。

大體而言，熊先生將佛家的法相與法性轉成用與體的問題來理解，而所謂的「體」則是「本體」，是指的那「存有的根源——『X』」，所謂的「用」就是「功用」，是指的那「存有的根源——『X』」自如其如的開展，或者直接說是「存有的開展」。所謂的體用合一，即用顯體，承體大用，都是越過了那執著性、對象化的存有這個階層，直就那未對象化、無執著性的存有的開展，及更上溯至那存有的根源而立說的。換言之，體用合一的論題，是提到存有論的層次而論的問題，它已不再是一認識論層次的論題。「體、用」是一縱貫的、創生的關係，而不是一橫攝的、認知的關係。當然，體用之爲體用，它不只是這縱貫的、創生的關係而已，而且這縱貫的、創生的關係必已包含了一橫攝的、認知的關係。而熊氏認爲他之與佛家、道家不同的地方正可以此「體用不二」的格局來區分。在本章中，我們將通過對比的方式，以「體用」這組概念，來作出彼此的分疏與異同。再者，更爲重要的是，我們將可從中看出熊氏是如何的由佛家空宗那種「平鋪的眞如」轉化而爲「縱貫的創造」，他如何的採攫了佛家空宗的方法論，而又揚棄了其存有論的基本主張❶。

---

❶ 如依牟先生說，則空宗般若乃是共法，它不是以分解的方式去有所建立，它根本無系統相，因此它是無諍法，牟先生以此爲觀法上的無諍，是實相般若的無諍，也就是般若之作用的圓實，圓實故無諍。請參見《佛性與般若》，上册，第一章〈大智度論與大般若經〉，頁一六，學生書局印行，民國六十六年，臺北。然熊先生則以爲空宗是「破相顯性」，歸本於寂，只談無爲而不能談無不爲，故其存有論的基本主張應予揚棄。

二、體用一如的基本異同

熊氏談到「存有的根源——『X』」的開顯，他在〈轉變〉章中將此「存有的根源」視為「恆轉」（熊氏所謂「前之談變也，斥體為目，實曰恆轉，恆轉者功能也」即指此），而在〈功能〉章中則又以「功能」一辭來說它。其實，不論恆轉也好，功能也好，都指的是「體用哲學」的「即用顯體」罷了，用就是本體的發用，就是存有的根源自如其如的顯現。依熊十力說來，用就是作用，「作是動發，用是功用」，是一種生生不已之能的展現。動發就是指存有變動而無所留滯，發生而不可窮竭，就此動發之自身而言，就只是「勝能」罷了。如熊氏所言，勝能是一種無力之力，無能而無不能。一方面，我們說它是刹那刹那變動，而不曾有一毫留滯，刹那刹那發生，而沒有窮竭和斷絕。這種動發的勝能實際上竟是確爾沒有東西存在，如此詭怪至極，所以我們說它是「無力之力，無能而無不能」。這種無力之力，無能而無不能，才是至大至健而不可稱量的，至神至妙，含藏萬德，具備眾理，而不可思議的。這種勝能是無有所謂空間時間性的，是圓滿周遍一切處，而無有一毫虧欠的，是顯千差萬別，而無復固定形相可求的。這種勝能是俱有無相的，熊氏以為一般物理學上所謂的「能」與此並不相同，因為物理學上所謂的能力乃是實有的事情的一種跡象，而畢竟不是實有的事物。或者，我們可以說，物理上的能乃是屬於執著性、對象化的存有這個階層，此不同於熊十力這裏所謂的功能的「能」，功能的能乃是屬於「無執著性、未對象化的存有」這個階層，熊氏即於此而去論所謂的「實有」，他說：

「熾然起動，而實寂然無物曾至（曾謂過去。凡物剎那生滅故，無有過去至現在者，是但有剎那剎那詐現之動，而實沒有動的物，即動而無動），雖復熾然發生，而實湛然無物現住（凡物剎那滅故，無有現在得住者，其沒有動的物，與動而無動諸義，準上可知）。故知繁然妙有，畢竟泊爾虛無。」❷

熊十力就形而上學來說，將宇宙萬象還原到一大勝能，以為哪有固定的法相，只有大用流行而已。換言之，形而上學的探討必得越過執著性的、對象化的存有，邁入無執著性的、未對象化的存有這個階層，才得去敲扣存有的根源之門。

這麼一來，我們可以發現熊氏區分了「物理之能」與他這裏所謂「形而上之能」的不同，這便清楚的劃分了玄學與科學兩個不同的領域。這比起清末譚嗣同、康有為等的確有了一個重要的昇進，免除了一些不必要的謬誤❸。或者，我們可以從思想史或者觀念發展的角度來看，作出這

❷ 參見《論著集》，頁三六五。

❸ 清末民初許多學者，包括康有為、梁啟超、譚嗣同、章太炎乃至孫中山等人皆拿當時物理學的「以太」觀念來與中國哲學中儒、道、佛的某些基本思想相混淆。

樣的斷定：譚嗣同、康有爲等人仍然停留在抽象的感性這個階段，而熊氏則跨過了這個階段，他至少是一抽象的理性者。譚、康等人只有摧破的力量，而熊則有其建構的力量❹。熊氏這樣的建構力量，一方面，他可以掃除一切不必要的滯礙，另一方面，他引生了存有的開展。雖然，這樣的存有的開展，仍然沒有由傳統的道德走向現代的倫理。這樣的存有的開展雖是通過主體之實體化及實體的主體化方式展開的，但他已注意到主體、道體、客體三者當有一恰當關係。這是值得我們去注意與進一步疏理的❺。再者，值得我們去注意的是，熊氏之通過他那套「體用合一論」的哲學，來建構其思想，並因之而對佛家空有二宗，提出嚴重批評，這在思想史所代表的意義，乃是重建一活潑潑的、具有無限開展可能的道體（存有），人並因之而取得了「主體能動性」。

熊氏說：

「空宗唯其能空法相或五蘊相，所以於法相或五蘊相，而皆證空理。易言之，卽於

---

❹ 見林安梧〈「抽象的感性」下的變革論者：以康有爲爲例——一個精神現象學式的解析〉，《中國近現代思想家論集》，臺北，正中書局，民國八十年，排印中。

❺ 關於此問題，甚值檢討，請參看林安梧《實踐的異化及其復歸之可能：環繞臺灣當前處境對新儒家實踐問題的理解與檢討》，第五節「當代新儒家的特色及其實踐之異化——以熊十力、牟宗三二先生爲例示」，《儒釋道與現代社會學術研討會論文集》，東海大學，民國七十九年十二月，臺中市。又關於道體、心體、客體等問題，請參看本書第十一章、第二節。

一一法相或一一蘊相，無所取著，而直透徹其本體。心經說五蘊皆空，這裡空字，實含有兩種意義：一是說，五蘊法都無自性故，名之以空（此云空者，卽是空無義）。一是說，旣知五蘊法都無自性，便於一一蘊相，遣除情見執著，而直證入其離諸戲論之清淨本然，亦說爲空（此云空者，卽謂空理，非空無義。清淨本然，亦空理之代語）。此中二義，本是相關聯的，若諸法有實自性而不空，卽無由於法相而見空理故。」❻

這段話，清楚的說明了熊氏是如何的有取於空宗的思想，如《心經》之所言，五蘊皆空，這是對於一切執著性的遣除，唯有這樣的遣除，才能更進一步的「直證入其離諸戲論之清淨本然」。換言之，熊氏這裡將「空」這個字眼作了兩個層次的解釋，一是就其「法相」的層次，這是「遮撥」，是撥除，是灑落，經由如此的活動，我們眞也洞見了法相是眞正空無的。相對來說，熊氏以爲法相爲空，而法性則不可空，云法性之爲空，這是指「清淨本然」。或者，我們可以這樣去說，就法相的層次，「空」是作爲一個「實字」來理解，是說一切法相爲空無的，就法性的層次，「空」是作爲一個「虛字」（抒義字）來理解，是用來形容那「法性」的。

❻ 見《論著集》，頁三六八。

熊先生對於空宗思想，將之理解成「破相顯性」，並且宣稱他是接受其認識論的，但卻拒絕其存有論❼。他說：

「空宗在認識論方面的主張，是我在玄學上所極端贊同的。不過，我們還可以假施設一外在世界或經驗界，不屬玄學領域（本無外界，只是假設），在這裡對於情見或知識，不妨承認其有相當的價值。只是這種情見與知識，要加以鍛鍊和改進，毋令陷於迷謬（迷者，於物無知。謬者，知見錯誤）。尤要者，在使情識轉爲正見，易言之，卽使情見轉爲性智的發用。」❽

因爲熊氏所謂的「玄學」（形而上學）是處理「存有的根源——『X』」及其開展，它不陷在那執著性的、對象化的存有這個階層，他越過了此，而上及於一無執著性的、未對象化前的存有。熊氏試圖突破任何存有的封限，越過存有的執定，而開啓了眞正的存有之門。當然，這樣的玄學是不離於現實經驗世界的，只不過現實經驗世界，由於人心的執著造作，而對於「存有」有所執

❼ 熊氏是從「破相顯性」的角度來理解空宗的，就此而言，對空宗當然有所誤解。請參看林安梧〈當代儒佛論爭的幾個核心問題——以熊十力與印順爲核心的展開〉，第四節「關於空、有二宗的爭辯」，東方宗教討論會第五屆年會論文，七十九年九月，臺北。

❽ 見《論著集》，頁三七二。

定，因而依眞作假。但這樣的「假」並不是虛空無物，並不是空無一切，它只是說的是「暫時」、「權假」而已。此權假、暫時可以通極於眞實、恆常之道也，權假、暫時與眞實、恆常雖有所異，然非相悖，而實可通而爲一也。然而，一落暫時、權假，便有可能只限於情見知識，因此，玄學的目的便是去開顯存有的根源，來化解由於存有的封閉所造成的異化與疏隔，對於情見知識有所鍛鍊和改進，進而轉爲正見，轉爲性智的發用，卽疏通存有的根源，使之能流暢而開展也。在這裡，我們發現到熊氏的體用哲學隱含著「治療」的功能❾。或者，我們可以很直接的說熊氏雖然說吾人所處的世界不就是那個如如本體所開顯的世界，它只是一個假的世界，一個權假的世界，但這個權假的世界並不外於那眞常的本體的世界，這樣的世界雖爲「執著性、對象化的存有」所構成的世界，但此執著性、對象化的存有本不異於無執著性、未對象化的存有所構成的世界，再者，熊氏強調這個世界的重要性，離此世界，則無彼世界矣！此與原始佛家的出離思想畢竟有別，基本立場既異，其存有論、宇宙論當然不同。下節繼此展開進一步的論述。

❾ 筆者以爲儒學隱含了一套意義治療學，當代新儒學中，熊先生或有提及，而唐君毅先生則更有所論，尤其《人生之體驗續篇》一書，可以說已具體而微，關於此，請參見林安梧〈邁向儒家型意義治療學之建立——以唐君毅《人生之體驗續編》爲核心的展開〉一文，唐君毅思想國際會議，香港，一九八八年十二月。（按已刊載於新加坡出版的《亞洲》月刊，一九八八年八月，及臺北出版的《鵝湖》月刊，一九八九年十月。）

三、平鋪的真如、縱貫的創生之差異

順著前面而來的論述，我們知道熊十力的確對於空宗的思想有所取擇，他亦深知空宗之所以爲空宗，其可貴處在於它實已越出了一般「執著性、對象化的思考方式」，因而他所要探討的存有學亦與一般傳統所謂的存有學不相同。或許，我們可以說佛家空宗的思想使得熊十力更清楚的檢別出他的形而上學的進路與一般傳統形而上學的進路不相同。他以爲一般傳統的形上學是「知識所行境界」，而他自己的形而上學則「非知識所行境界，唯是反求實證相應故」，當然這樣的檢別力仍然空泛，而熊氏之所以能徹底的檢別開來，明顯的是，他從空宗吸收到了極爲細緻縝密的方法論。或者，我們可以說，他雖然揚棄了空宗的存有論與世界觀，但他卻援引了其方法論將它融入中國哲學傳統的《中庸》、《易傳》以及《論》、《孟》之中。

熊氏以兩個對比的命題來顯示他的「體用哲學」與「空宗」的不同。他說：

「甲、眞如卽是諸法實性

乙、眞如顯現爲一切法」

「甲乙二語，所表示的意義，一經對比，顯然不同。由甲語玩之，便見諸法都無自性，應說為空。因為諸法的實性，即是眞如，非離異眞如別有諸法之自性可得。故知諸法但有假名，而實空無。由乙語玩之，諸法雖無自性，而非無法相可說，由法相即是眞如的顯現故，故於一方面以一切法會入眞如實性，此即『攝相歸性』。」[10]

如上所述，熊氏以為「空宗」是「破相顯性」，它只能談知識論不能談宇宙論，因為他們於一切法無所安立，他對於一切法相形見皆破斥之，而不究問其根源，當然不去說「眞如顯現一切法」，他只破相顯性，而所顯之性即是空性，而不是清淨本然的本性或性智。若如熊氏所說是「破相顯性」則這只是撥除了一切執著性的、對象化的存有這個階層，但並沒有去開啟「存有的根源」，而且將存有的根源與存有的開顯及執定等都分離開來了。「攝相歸性」則是通過了存有的執定，瓦解了存有的封限，進而開啟了存有的根源。將存有的執定與存有的根源通為一體，將概念機能總體與人們的理念機能通而為一。

熊氏同意性體是寂靜的，但其所謂的「寂靜」只是「抒義字」用的寂靜，而不是「實體字」用的寂靜，如下所說，當可以清楚知之[11]：

---

[10] 參見《論著集》，頁三七四。
[11] 參見《論著集》，頁三七九、三八〇。

(甲)「至寂卽是神化，化而不造，故說爲寂，豈捨神化，而別有寂耶？至靜卽是譎變，變而非動，故說爲靜，豈離譎變而別有靜耶？夫至靜而變，至寂而化者，唯其寂非枯寂而健德與之俱也，靜非枯靜而仁德與之俱也。健，生德也，仁，亦生德也。曰健曰仁，異名同實，生生之盛，而不容已，曰健。生生之和暢而無所間，曰仁。」

(乙)「《大易》之書，其言天德曰健，亦名爲元，元者，仁也，爲萬德之首，萬德皆不離乎仁也。性地肇始萬化，暢德無虧，是名亨德，仁之通也。性地肇始萬化，含藏眾宜，是名利德，仁之制也。性地肇始萬化，永正而固，是名貞德，仁之恒也，《易》之言天或性，則以元、亨、利、貞四德顯示之。四德，唯元居首，亨利貞乃至眾德，皆依元德發現，成差別故。」

(丙)「老子云，元德，深矣，遠矣。又曰，生而不有，爲而不恃，長而不宰，是謂元德。夫元德者，生德也。生生不息，本來眞故，如故。生而不染，本圓明故。生而不有，本寂靜故，是則曰眞，曰如，言乎生之幾也。是故觀我生（觀我生一詞，借用《易》觀卦語。夫吾與天地萬物生生之理，豈可向外推求哉？

亦返之我躬而自觀焉，乃自喻耳）。因以會通空宗與大易之旨，吾知生焉，吾見元德焉，此本論所由作也。」

就上所引，我們可以說熊氏他將自家所體會的諸多理解都融成一體，《大易》是熊氏所理解之《大易》，而《老子》亦是熊氏所理解之《老子》，空宗亦然。關於他對《大易》與《老子》理解的異同，這裏暫置一邊，我們只是著重熊氏所要立的是什麼，至於他破斥了些什麼，當與不當，如何衡定，俟諸其後。他一方面同意以「至寂、至靜」這些字眼去描述本體，這說的是那「存有的根源——『X』」，它是超越於執著性與對象化這個層次之上的；另方面，他又以「神化、譎變」等來描述本體之開顯，這說的是那「存有的根源——『X』」之自如其如的開顯，這開顯是不能以執著性及對象化的活動去理解的。或者，我們可以說，熊氏在談及存有的根源時，他所著重的不是「存有」這個層次，而是著重「活動」這個層次，是卽用顯體，是卽活動卽存有的，是承體大用，是卽存有卽活動的。他以爲空宗於此有過，他說：

「空宗於寂靜的方面，領會的很深切，這是無疑義的。但如稍有滯寂溺靜的意思，便把生生不息眞機遏絕了。其結果，必陷於惡取空。……空宗只見性體是寂靜的，卻不知性體亦是流行的。吾疑其不識性德之全者，以此。夫以情見測度性體，而計執爲實物者，此誠不可不空。但不可於性體而言空。若於性體而言空，縱其本意並不謂眞無，但亦決不許說性體是流行的，是生生不息的。……印度佛家畢竟是出世的人生觀，所以於性體無生而生之眞幾，不曾領會，乃但見爲空寂而已。謂空宗不識性德之全，非過言也。」⑫

「空宗應該剋就知見上施破，不應把涅槃性體直說爲空，爲如幻，如此一往破盡，則破亦成執。這是我不能和空宗同意的。」⑬

「印度佛家所謂眞如性體，本是空寂的。雖其所云空寂並非空無，而是由遠離情妄染執，所顯得之寂靜理體，說名空寂，然亦只能說到如是空寂而止，萬不可說空空寂寂的卽是生生化化的，生生化化的卽是空空寂寂的。更申言之，只可以孔德言體，而不可以生德言體，只可以艮背來形容體（《易》艮卦曰：艮其背。艮，止也。背，不動之地也。止於不動之地曰艮背）。佛書談體，曰如如不動是也，而不

⑫ 參見《論著集》，頁三八一、三八二。又唐先生以爲佛教是「離教」，可說是繼承熊先生的進一步發揮，見氏著《生命存在與心靈境界》，下册，第二十二、二十三、二十四三章。

⑬ 參見《論著集》，頁三八三。

可以雷雨之動滿盈來形容體（《易》震卦之象曰：雷雨之動滿盈）。儒家以此語，形容本體之流行，盛大難思，可謂善於取譬。但在印度佛家則不可以流行言體。」⑭

如上所引述，仍然不出原先所涉的「眞如卽是諸法實性」與「眞如顯現爲一切法」。前者指的是那本體與一切現象都是一樣的，它們都是空無所有的；而後者則指的是那本體顯現爲一切現象。前者指的是「破相顯性」，而後者則指的是「攝相歸性」。一般而言，佛家常以爲儒家仍然拘於生滅之場，而認爲只有他們才眞能見得眞如。熊氏則以爲儒家絕不限於生滅之場，儒家亦見得本體，而且此所謂的「本體」不是空無寂然的、無所生化的本體，相反的，它是一生生不息、流行不已的本體。他強調儒家是突破了「執著性、對象化的存有」、進到一「無執著性、未對象化前的存有」，進而通往那「存有的根源——『X』」。就此來說，熊氏以爲儒家洞察了存有的根源，而佛家則未洞察存有的根源。儒家一方面瞭解到那「執著性的、對象化的存有」乃是由於「存有的執定」所造作而成的，這樣的執定是由於人們的概念機能總體的作用而來的執定，它並不是

---

⑭ 見《論著集》，頁三八六，又熊先生這段話所謂「以孔德言體」，他自注「王輔嗣云：孔，空也。以空爲德，曰孔德」，可見其取老子之虛寂義。然或有以孔德當訓爲大德者，此不必辯也。又所引「雷雨之動滿盈來形容體」，說爲「《易》震卦之象」，按此當爲「屯卦」「彖辭」，「彖曰：屯，剛柔始交而難生，動乎險中，大亨貞，雷雨之動滿盈，天造草昧，宜建侯而不寧。」蓋熊先生記憶偶誤也，此亦不須辯也。

存有的實況，存有的實況則必須越過此「存有的執定」才可窺見。越過了「存有的執定」所成的「執著性、對象化的存有」，見及那「無執著性、未對象化前的存有」，這卽是存有的開顯，是由那「存有的根源——『X』」自如其如的開顯而成的存有之實況。這是越過了人的概念機能總體，而發現此概念機能總體原亦只是一執著性所縐起而成的機體，並不是一恆常之本體，它乃是此恆常之本體開顯所縐起的。在此概念機能之總體上，還有一根源性之本體，這已不屬於概念所及的層次，而是理念的層次，概念、理念雖有所異，但通極而言，是一體的。熊氏以爲佛家之所以爲可貴的是，它破除了素樸的實在論的思維方式，它不認爲外在的事物與我們的認識有著符應的關係，甚至說根本上並沒有一個外在的事物；再者，佛家也破除了一般所以爲的唯心論的方式，它雖然強調我們之所以認識而成的外在的對象是由於我們的概念機能總體所執定者，但它又對於此概念機能總體加以破斥，指出此概念機能總體終非究竟。其所究竟者，依佛家看來，乃是究竟空無，所謂眞空是也。熊氏以爲這樣的論點便只停留在對於「執著性的、對象化的存有」的破斥上，而沒有眞正的敲扣存有之門，未見到「存有的根源——『X』」，只是「破相顯性」，未「攝相歸性」，只是「體用分離」，未得「卽用顯體，承體大用，體用合一」。順此而言，我們可以說，佛家之論仍停留在對於「概念」勘破的層次，而未如熊氏所以爲的進到一「理念」建立的層次也。或者說，佛家只著重破斥概念的層次，以爲如此卽可以呈現出理念，而不知去貞定理念，並由是而對於諸概念層次有所制定也。

概念的層次為橫攝的執取，而佛家著重的是破斥此概念的執取；理念的層次為縱貫的開展，儒家強調的是此存有的開展。概念的層次是由於認識的執定，理念的層次則是實踐的要求。依熊十力看來，唯有就我們自身之作為一「活生生的實存而有」這樣的一個存有者的身分進到此生活世界中，我們才能眞正體會到此生活世界原是一活生生實存而有的世界，這時候，我們才能眞見及存有的開顯，依循著那「存有的根源——『X』」自如其如的開顯其自己。明顯的，我們可以發現熊十力義下的「存有學」不是就那「執著性的、對象化的存有」而說的存有學，而是邁越了這個層次，而眞正觸及到了「無執著性、未對象化前的存有」，進而敲扣了眞正的存有之門——那「存有的根源——『X』」，由此存有的根源開顯其自己，這樣的存有學。這樣的存有學是以「人」這個「活生生實存而有的存有者」作為支點，經由實踐而開啟的存有學，這樣的存有學我們當名之曰：「實踐的存有學」，這樣的形而上學，我們當名之曰：「實踐的形而上學」。它不是屬於概念的層次，而是屬於理念的層次，不是認識的執定，而是屬於實踐的要求。如熊氏所言：

「此等問題不是憑量智推求可以下評判的（此中量智，謂理智作用，或知識，亦卽是情見）。我們至少須得有一種清明在躬，志氣如神的生活。……常令此心，廓然離繫，破除種種見網（一切依情見所起的推求或知識與見解等等，總名為見，亦云見網。網者，網羅，不得開解。凡一切見，皆卽是網，故名見網）。方是空寂的眞體呈露。到此，則本體之明卻會自知自證，易言之，卽他自己認識自己空寂的面目。」⑮

熊氏認爲本體是空寂而又是生生化化的，認爲那「存有的根源——『X』」是越過了「執著性的、對象化的存有」，而且也越過了那「無執著性的、未對象化前的存有」而得的。這個「存有的根源——『X』」是自如其如的展開其自己的，它的特點在於一縱面的展開，而不是橫面的執定，這說的是「存有的開展」，而不是「存有的執定」。再者，那「存有的根源——『X』」並不是一虛凌其上的一種存在，它是不離此生活世界的，是不離此活生生的實存而有這樣的實踐者而有的一個存在；換言之，當我們去說所謂的「存有的根源——X」時，這是就人之作爲一個活生生的實存而有，具有主體能動性這樣的一個實踐者的實踐理念而說的，或者更直接的說，「存有的根源——『X』」乃是一實踐的理念。實踐的理念之爲實踐的理念是以其實踐爲理念的，是以活動義、實踐義來規定理念的。換言之，「存有的根源——X」自如其如的開展其自己，實就那具有實踐的理念這樣的實踐者的實踐歷程而說的，這是作爲一活生生的實存而有的實踐者進入到此世界中所開啟的。

⑮ 參見《論著集》，頁三九三。

熊十力一再的提到：

「……佛家觀空雖妙，而不免耽空；歸寂雖是，而不免滯寂（此中觀空一詞，觀者，如理照察義。觀空者，謂照了一切法，都無自性故，皆是空故，因得澈悟一切法之本體，又復應知本體無相無爲，故不可執着爲實物有。此體純淨，空諸執故，亦名空理。如是種種觀察諸法空義，是名觀空。歸寂者，佛家各派皆歸趣涅槃寂靜，離諸擾亂相故）。夫滯寂者不悟生生之盛，耽空則不識化化之妙。此佛家者流，所以談體而遺用也。儒者便不如是。夫空者無礙義，無礙故神，神者言乎化之不測也（非思想所及，曰不測）。寂者，無滯義（滯者，昏濁沉墜，而不得周遍，不獲自在，無滯反此）。無滯故仁，仁者，言乎生之不竭也（無窮無盡，曰不竭），故善觀空者，於空而知化，以其不耽空故。妙悟寂者，於寂而識仁，以其不滯寂故。」⑯

如熊氏所言，佛家是觀空而耽空，歸寂而滯寂，這是說佛家已經越過了存有的執定所成的執著性、對象化的存有，而發現到這些執著性、對象化的存有原是空無的，或者，我們可以說，在此

⑯ 見《論著集》，頁三九一。

執著性、對象化的存有之先乃是一無執著性的、未對象化前的存有，既是無執著性、未對象化前的存有就不是我們的概念機能所把抓得到的存有，因此，相對於我們的認識的機能（概念機能之總體）來說，它是空無的，當然這樣的空無並不是一般相對意義下的空無，而是就其非執著性的、非對象化的存有而說的空無，我們可以說這樣的空無不是針對一定有而說的空無，而是就其無（妙有）而說的空無，所謂「眞空妙有」是也。就此眞空妙有來說，就是佛家所謂的「如」。但這樣的「如」只是平鋪的說，只是就其邁越那概念機能總體所成之存有的執定之限制來說，這是存有之平鋪的如實觀，此是就平面意識的極致而有的如實觀所成者，此即前面所述「眞如即是諸法實性」者也。眞如是空，諸法實性亦是空，眞空妙有本無二致。若就此而言，眞如之作爲體，諸法實性之作爲用，眞如與諸法實性是無二致的，眞如即是諸法實性的話，當亦可說體用一如。但是値得注意的是，熊氏這裏卻強調「佛家者流，所以談體而遺用者也」，這「談體而遺用」又要作如何解呢？當然我們這裏所說的「體用一如」是就其平鋪的說、就其境識俱泯而說的體用一如，不是儒家意義下的體用一如，因爲佛家所說的體是眞如空性，嚴格來說這樣的體只是體狀之體、是體態之體、是體貌之體，而不是實體之體，不是一具有開展性的，能顯現其自身的承體大用之體。因此，雖然我們可以說它是「體用一如」，但這樣的一如仍只是就其爲消極的說，就其爲平面意識之極致而有的如實觀的說，他沒有一縱貫的意識，他不能說其爲創生、說其爲生生化化，他不必涉及於「存有的根源——X」之開顯其自己，而只是就其無執著性、未對象化而說，這樣的體不是一創生之體，因而說其爲「談體而遺用」是也[17]。

熊氏一方面強調要由「空寂」而悟「生化」，但值得一提的是，他亦著重由「生化」而悟及「空寂」，他並以此來區分它與生命哲學的不同。他說：

「從來哲學家談生化者，大概在生化已形處推測，而不知生化之眞須於生化未形處體認。所謂在生化已形處推測者，這種看法似是把生化看做是一種綿延或持續的生力之流。其實，這是從生化已形處看，便似如此。殊不知，生化的本體元自空寂。(此處吃緊) 其生也，本無生，其化也，本無化。因爲生化的力用才起時，卽便謝滅，不是起和滅的中間有個留住的時分，更不是一種持續和擴張的生力之流，如柏格森氏所謂如滾雪球越滾越大。依據滾雪球的譬喻來講，雖時時刻刻創加新的雪片，卻總有故的雪片不滅。生化果是如此，則其生也便非生而不有，其化也便非化而不留。實則，生化之妙，好像電光的一閃一閃，是刹那刹那，新新而起，也就是

---

[17] 以上所論，可參牟宗三先生「證如不證悲」之說，請參見牟宗三《五十自述》，第六章〈文殊問疾〉，鵝湖出版社印行，民國七十八年一月，臺北。又請參看牟先生著《心體與性體》第一册〈附錄〉：佛家體用義之衡定，正中書局印行，民國五十七年五月臺初版。又請參見牟先生《現象與物自身》，第七章〈執相與無執相的對照〉，學生書局印行。

剎那剎那，畢竟空無所有。所以說，生本無生，化本不化，然而，無生之生，不化之化，卻是剎那剎那，新新而起，宛然相續流。又好似電光的一閃一閃，雖本無實物，而詐現有相。因此，或誤計度爲有一種綿延或持續的生力之流，如此誤會，便是從生化已形處推測，不可得生化之眞了。」⓲

姑不論，熊氏是否眞瞭解生命哲學家所論爲何，但就上所述，我們至少可以了解到熊氏一再的要區分「生化已形處」及「生化未形處」這兩個進路的不同。若從生化已形處看，便執泥於跡，這便不得見「本體」，唯有越出了生化已形處，越出了這個跡，才得見到本體。終其極的說，生化是無生之生，是不化之化，是剎那剎那，新新而起，所謂的實在原無實在相，實在相只是「詐現有相」而已。換言之，我們若要眞見得「存有的根源——『X』」，便要擺脫「存有的執定」，離棄那「執著性、對象化的存有」，觸及到「無執著性、未對象化前的存有」，這樣才能眞正去敲扣存有之門。同樣的，熊氏對於一切著重在「生化已形處」，著重在「執著性、對象化的存有」這個層次的諸多論法，都予以嚴重的批評。像對於唯物論者，乃至印度的數論及叔本華，他都予以同樣的駁斥。就存有論及認識論的角度來說，他強調不能泥於「跡」，不能自限於

⓲ 參見《論著集》，頁三九五、三九六。

那「存有的執定」所成的「執著性的、對象化的存有」，就實踐的角度來說，他強調不能泥於「習染」，不能自限於那心知習氣所成的限制之中，去求取眞理。熊氏以爲要去究明眞理，一定要由萬殊證會本體，要滌除情見淨盡，才可能見得本體，而本體實則爲眞理。再者，熊氏認爲眞理是可以有「同證」的，只不過大家爲情見所蔽，才不獲同證。終其極來說，這個眞理是人人本來所同具的，這就叫做「性智」，而且性智總會發露的，這個發露，熊十力將之稱爲「智光」，而智光之體便是眞理，假使哲學家能保任住這種智光，那麼自然會與眞理相應，這就是「智光之自照」，這也是「眞理」之自識其自身。當然人的性智可能爲情見所蔽，但還是有智光微露之時，因此，熊氏特別重視東方哲學的修養方法，努力克治情見，常令胸間廓然無滯礙，時日既久，便能神解超脫，自然能洞達那萬物的本體[19]。

四、從平鋪的真如到縱貫的創生

熊氏雖然極力的駁斥佛家空宗對於本體的理解所帶來的限制，但他在腦海裏，其實是頗著重

[19] 請參見《論著集》，頁四〇〇、四〇一。又熊氏「破相顯性」之說有何不當，而後來牟先生則以「蕩相遣執」來論般若共法，此請參看本書附錄一〈當代儒佛論爭的幾個核心問題——以熊十力與印順爲核心的展開〉，第四節「關於空、有二宗的爭辯」，東方宗教討論會第五屆年會論文，七十九年九月，臺北。

佛家空宗對於存有的理解的；而且，他做的是一「儒佛的會通」這樣的工作，總的來說，我們可以說這樣的一個過程是「從平鋪的眞如到縱貫的創生」。熊氏說：

「若乃儒佛二家號爲互異，但究其玄極，無礙觀同。本體是空寂眞常的，佛家證見如是，儒家亦自見得。但佛家於空寂的意義特別著重，儒家於此只是引而未發，本體是生生化化流行不息的。儒家大易特別在此處發揮。佛家於體上只說無爲，絕口不道生化。兩家在本體上的說法，明明有不同處，究以誰爲是耶？吾以爲二家所皆本其所實證，都無不是。……但是二家各有偏重處，就生出極大的差異來。」[20]

「……會而通之，便識全體。佛家說空寂，本不謂空是空無，寂是枯寂，故知此體空寂，元是生生化化不息眞幾。不空不寂，只是滯礙物，何有生化？儒家言生化亦非不窺到空寂，只不肯深說。故二家所見，元本一理，法爾貫通，非以意爲揉雜也。」[21]

[20] 見《論著集》，頁四〇二。

[21] 見《論著集》，頁四〇三。

本體之爲空寂眞常，那存有的根源乃是越過了一切執著性的、對象化的存有，它指的是一開展的可能性，這樣的可能性不是一限定下的可能性，而是指的存有開展的可能性。佛家與儒家都肯定這是越過了執著性與對象化的階層而見得的；但兩者所不同的是，佛家只是消極的說其爲越過了執著性與對象化的階段，而儒家則更而見及那存有的開展之可能性，熊氏以爲儒佛之異，最後則是由於人生觀之異所造成的不同。儒家沒有出世的觀念，故談本體著重在「生生化化」一面，雖也談到空寂，但不在上面著意。佛家則從出世思想開始，其經論處處表現其不甘淪溺生死海的精神。因此，他著重的是空寂，而不涉及生生化化，甚至要逆遏生生化化。熊氏以爲其所作的功夫是「通之則兩全，離之則各病」。他以爲：

(甲)「儒家雖立說精審，然若不通之以佛，則其末流恐卽在動轉或流行中認取。」㉒

(乙)「吾唯以眞理爲歸，本不拘家派，但新論實從佛家演變出來，如謂吾爲新的佛家，亦無所不可耳。然吾畢竟遊乎佛與儒之間，亦佛亦儒，非佛非儒，吾亦只是吾而已矣！」㉓

㉒ 見《論著集》，頁四〇三。

㉓ 見《論著集》，頁四〇四。

如（甲）所言，熊氏極著意於所謂的動轉流行的陷溺，他以爲若只是論溺在此，這仍未眞體悟到所謂的眞際。因爲如果就只是以此動轉流行爲「體」的話，此體亦立不住，一立不住便易爲外勢所遷，隨順而下，則良知與情識有混雜的可能㉔。又如（乙）所說，可知熊氏不是一般尋常的學問方式，他是以眞理爲歸，是以自己之作爲一活生生的實存而有之進到這個世界中，去體證存有的創生之理爲依歸。在學問的成長過程，彼實有取於佛家，而且可說是從佛家哲學演變而來，但不管怎麼說，這是關聯到熊氏之作爲一個獨立的哲學家而成的㉕。當然，熊氏這樣的儒佛會通論並不是儱侗的、混亂的、任意的合一，他深以「無有統類，雜揉合一」是混亂之病，他強調要「體眞極、辯衆議，辯衆議而會眞極，根據強而統類明」這才叫作會通（同㉓）。如其所言，可知熊氏之論著重在「體眞極」而不是落在衆議的比較上來說，卽使去辯衆議也是爲了體眞極。眞極也者，非一夐然絕對、超於物表，不可知之物也；眞極也者，以一活生生的實存而有之活現。

㉔ 關於此，從陽明學的末流卽可證知，請參見林安梧〈實踐的異化及其復歸之可能——環繞臺灣當前處境對新儒家實踐問題的理解與檢討〉，第四節「宋明新儒家實踐之異化的哲學解析——程朱：以理殺人?!陸王：情肆而熾?!虛玄而蕩?!」，《儒釋道與現代社會學術研討會論文集》，東海大學哲學研究所，民國七十九年十二月，臺灣，臺中。

㉕ 熊氏自己說「如謂吾爲新的佛家亦無所不可耳」，這句話曾引起佛教界的不滿，內學院等人，乃至印順等皆有所論評。其實，熊氏之論不能以學術之家派來論，只能就其證體之究極來論。

生活世界，此整個生活世界之作爲一存有，此存有之根源也。

如上所論，我們發現熊氏其實深有取於佛家空宗的思想，他頗著重本體之爲本體是一空寂眞常，卽如儒家著重在生生化化處立言，也不能離此空寂眞常。換言之，「存有的根源——『X』」之顯現其自己，這是一不可自已的顯現其自己，並不是有一個超絕敻然之體，獨立於現象界之上，由他去生出個世界來。他深知唯有越過了執著性的、對象化的存有，才能進到一無執著性、未對象化前的存有，才能敲扣存有之門；唯有越過了存有的執定，才能見及存有的開展，才能敲扣存有的根源。熊氏一方面將本體叫做「恆轉」，另一方面，他又將本體叫做「功能」，這在在都在說明本體之所以爲本體，乃是一顯現其自己的生發過程。當然，熊氏所謂的「本體」是不離人的「心體」的，本體與心體是通極爲一的。熊氏說及那「存有的根源——『X』」是不離人的生活世界的，而生活世界之所以爲生活世界則因爲人之作爲一「活生生的實存而有」這樣具有主體能動性的存有者，他進入到這個世界中，使得這個世界成爲一活生生、源泉滾滾、沛然莫之能禦的世界。

當然，之於儒家與佛家的異同而言，熊氏所辯的就在於，「甲、眞如卽是諸法實性；乙、眞如顯現爲一切法」，甲、乙這兩個命題的不同。就甲來說，也有某一意義的「體用一如」。但値得一提的是，這樣的「體用一如」是平鋪的說，只是就其邁越那概念機能總體所成之存有的執定之限制來說，這是存有之平鋪的如實觀，此是就平面意識的極致而有的如實觀所成者。當然我們這裏所說的「體用一如」是就其平鋪的說、就其境識俱泯而說的體用一如，不是儒家意義下的體用一如，因爲佛家所說的體是眞如空性，嚴格來說這樣的體只是體狀之體、是體態之體、是體貌之體，而不是實體之體，不是一具有開展性的，能顯現其自身的承體大用之體。儒家所重不是「眞如即是一切法」，而是「眞如顯現一切法」，它著重的是「存有的根源——『X』」之顯現其自己，以生生化化的方式顯現其自己。相對而言，我們可以說佛家雖是「體用一如」，但這樣的一如仍只是就其爲消極的說，就其爲平面意識之極致而有的如實觀的說，它沒有一縱貫的意識，它不能說其爲創生、說其爲生生化化，它不必涉及於「存有的根源——『X』」之開顯其自己，而只是就其無執著性、未對象化而說，這樣的體不是一創生之體，因而說其爲「談體而遺用」是也。

五、結　語

如上諸節所述，我們知道熊氏對於空宗的「破相顯性」頗能欣賞，他以爲這便越過了一「執著性、對象化的存有」這樣的階層，進到一「無執著性、未對象化的存有」這個階層，不過空宗沒有眞正視此「執著性、對象化的存有」這個階層，以爲此階層的存有咸屬空無，這麼一來便會有「無世界論」的傾向，造成了所謂的「談體而遺用」。因此，儘管他破相顯性，但終未得正視

「相」之爲相的正面意義；他企及了眞如，以之爲本體，但這樣的本體是一無體之體，是一體態之體，因而它沒有生發、創造的作用，故熊氏對於空宗的存有論的論點不以爲然。從「破相顯性」的理解中，我們可以發現熊氏一直有一個本體的要求，因此，他無法欣賞空宗之爲空宗當是一「蕩相遣執」的工夫，不必涉及於本體也。熊氏的體用哲學融攝了空宗的思想，代之以「攝相歸性」，一方面越出了那「執著性、對象化的存有」，但另方面又承認此「執著性、對象化的存有」實不異於「無執著性的、未對象化的存有」，它們都是存有的根源自如其如的開顯而已。「攝相歸性」如此一來便將空宗的存有論觀點遮撥掉了，而將空宗的方法論觀點接引了進來，融攝到自家的體系中來，《新唯識論》之過於以前宋明新儒學者正在於此。

第七章　從橫面的執取到縱貫的創生：對於有宗的批評與融攝

一、前　言

如上章所述，我們可知佛家大乘空宗乃是一平鋪的眞如世界，此不同於熊氏所主張的體用哲學之爲一縱貫的創生的世界。平鋪的眞如世界，是經由一破相顯性或蕩相遣執的工夫，遮撥了一切執著性、對象化的存有，而進至一無執著性、未對象化的存有這個階層，而且卽此存有階層之爲一平鋪的眞如世界，所謂「眞如卽是諸法實性」是也。這樣的平鋪的眞如世界，它以爲一切執著性的、對象化的存有當皆在所遣之列，既爲所遣，則只有此「無執著性、未對象化的存有」平平展開而已，所謂「實相一相，所謂無相，卽是如相」是也❶。

❶ 語見《般若經》，這裏値得我們注意的是「如」這個字眼，依牟先生說，「如」不是個實體字，如就是實相，就是空，是抒義字，是抒緣起法之義，而緣起卽是性空。見牟宗三《中國哲學十九講——中國哲學之涵蘊及其問題》，第十三講〈二諦與三性：如何安排科學知識〉，頁二六九，筆者在這裏卽以之稱爲「平鋪的眞如世界」也。

縱貫的創生世界則不同於此，它越出了此「執著性、對象化的存有」這個階層，進到「無執著性、未對象化的存有」這個階層，但他並不認爲此「執著性、對象化的存有」必當在遣除之列，他認爲此執著性、對象化的存有是一必要而當然的，是那存有的開顯所必至，而且是必要的，只是此執著性、對象化的存有易滋生染執，習氣乘權，造成存有的遮蔽、異化，這便須得遮撥遣除，化染爲淨，如斯而已。再者，它最後則必指向存有的根源自如其如的開顯其自己，翕闢成變、剎那生滅滅生，無有止息。如此一來，便不是如空宗一樣的「實相一相，所謂無相，即是如相」的方式，不是「眞如卽是諸法實性」，而是著重由「存有的根源——『X』」縱貫的創生其自己，著重「眞如之顯現爲一切法」。

就以印度佛教的歷史看來，將空宗理解成「破相顯性」，只是一往遣相，卽眞如實相亦在所遣之列，這顯然的是以龍樹、提婆之後的空宗末流作爲批判對象的，我們這裏姑且不論熊氏這些批評是否道地❷，我們想進一步說明的是熊氏之所以這麼批評是因爲如果一切歸本於寂，而又是

❷ 印順法師於〈評熊十力的新唯識論〉一文中亟力詆斥熊先生關於空宗「破相顯性」之說，認爲熊先生之所破乃惡取空者，見氏著《無諍之辯》，頁二三，妙雲集下編之七，正聞出版社，民國六十一年二月重版，又請參見林安梧編《現代儒佛之爭》，頁二四〇～二四一，明文書局，民國七十九年六月，臺北。又印順之見解自有獨見，但空宗之爲遮詮或破相顯性此論點與唐代之華嚴佛學宗師宗密理解相同，彼於所著《原人論》中頗有論及，見石峻等編《中國佛學思想資料選編》，第二卷，頁三九一～三九二，四三四～四三五，中華書局印行，一九八三年，北京。印順亦未全把握熊先生之意見，蓋雖言空宗爲「破相顯性」，此不當，但空宗之爲「蕩相遣執」，則屬恰當，見牟先生《佛性與般若》上册，第一章〈大智度論與大般若經〉，頁六〇～六三，學生書局印行，民國六十六年，臺北。

一平鋪的眞如世界，而沒辦法對於存有有所執定，如此一來，這可能導致一個可能的情形——一切歸本於寂，萬有一切的存在都無實體，都只是空無所有而已，這麼一來，可能造成「無世界論」的傾向，也就是我們所說的「惡取空」這樣的境域。

大乘有宗便針對空宗以上這些弊病，而提出其針砭。但由於他們仍然守著「本體不可說爲生生化化的物事」這樣的原則，強調本體只是無爲的，無起作的，但這麼一來，又要強調有個宇宙，便得另找根源，他們便在眞如之下另立「種子」之說，種子是多元的，故又立阿賴耶識含藏一切種，在種子生現行這樣的格局下，熊氏以爲這已悖離了佛家緣起論的立場，而陷入了構造論的窠臼之中。再者，一方面由阿賴耶識去構造這個世界，另方面則又另立一無爲的凝然眞如，作爲歸本於寂的依止之所，這便造成了兩重本體之過❸。熊氏批評有宗「種現二分」、「雙重本體」在客觀的論據上是有問題的，但更重要的是熊氏這些批評若不純以學術史的研究視之，而以哲學的角度看來，卻也自成理緒，值得注意❹。筆者以爲從他對「種現二分」以及「雙重本體」的批

❸ 熊十力的老師歐陽竟無以「雙重體用」之說來闡釋唯識學，此當可避免所謂的「構造論」傾向，而熊氏則強調有宗「種現二分」、「雙重本體」之過，雖不見得切當，但亦有其見識，只是兩個人的思考路數剛好相反而已。歐陽之說，請參見歐陽竟無〈唯識抉擇談〉，收入張曼濤主編《唯識問題研究》，大乘文化出版社印行，民國六十七年五月，臺北。又請參見郭朋等著《中國近代佛學思想史稿》，第五章，頁六〇～一一〇，巴蜀書社印行，一九八九年十月，四川。

❹ 學術史的角度著重在客觀的理解，而哲學的角度，尤其以熊十力看來思修交盡這樣的哲學角度，則著重在主觀的建構，但這亦不是說可以任意理解，而是說熊氏爲了要去探索一嚴格而眞切的問題，因而有其不同的理解向度，這樣的理解向度，是爲了要去達到其哲學的建構功能的。

評中，不難看出他批評的是「體用分隔」，而他也在批判的過程中對於大乘有宗的思想義理有了一番新的融鑄與改造，他將雙重本體通而爲一，將實踐理念的層次與認識概念的層次通而爲一，他泯除了種子生現行的格局，而轉化了眾生多源的論點，而爲眾生同源[5]。體用一源、顯微無間的體用合一哲學於焉造就。

在本章中，我們將從熊氏所理解的「三性說」到「唯識說」論起，指明熊氏所欲破斥的是「體用分立」，而他又如何的由「體用分立」轉而爲「體用一如」這種縱貫的創生下的哲學構造。講明了體用，區分了功能與習氣，敲扣了存有的根源之門。尤須一提的是，我們將可以藉此講明而點示出熊氏已邁越了意識哲學對於存有的處理方式，而進到一種實存哲學的方式來處理意識與對象的種種問題；而此正可以用來說明前面諸章所說之「活生生的實存而有」這樣的存有學之構成的深一步意義。

二、橫面的執取之瓦解與體用分隔的打通

[5] 關於眾生多源與眾生同源之問題是熊氏哲學發展中的重要關鍵，這是從《唯識學概論1》、《唯識學概論2》轉而爲《唯識論稿》、《新唯識論文言本》的長期發展，如以《唯識學概論2》之轉爲《唯識論稿》，約在一九三〇年前後。請參見蔡仁厚《熊十力先生學行年表》，明文書局，民國七十六年八月。

如上所說，我們可知就空宗所主張乃是一平鋪的眞如世界，而不是一縱貫創生的世界，這麼一來，空宗就不能談宇宙論，而且其末流有走向無世界論的傾向。之後，有宗便對空宗有所矯正，其於「三性義」有宗不同於空宗，空宗不談宇宙論，而有宗則談宇宙論，熊氏順著思想的發展，首先論及「三性」，再論及「唯識」。所謂「三性」是：遍計所執性、依他起性、圓成實性。熊氏說❻：

(甲)「『遍計』指的是意識，意識周遍計度，故云遍計。所執者，謂遍計之所執，如依五蘊而計爲我，實則於一一蘊上本無我相，但由意識妄計執著爲有，故說我相是遍計之所執。又如依堅白等相而計爲整個的瓶子，實則堅等相上都無瓶子，亦由意識妄計執著爲有，故說此瓶子相是遍計之所執。」

(乙)「依他起性，他謂眾緣，如世間計執心或識是實有的，不悟心法只依眾緣而起。云何眾緣？一者，因緣，……二者，所緣緣，……三者，次第緣，……，四者，增上緣，……又復應知心法既說爲依他起性，而色法卽物質現象，亦是

❻ 以下所引見《論著集》，頁四一二。

依他起性，自不待言。」

(丙)「圓成實性，此謂眞如。圓者，圓滿，謂眞如體遍一切處，無虧欠故，說爲圓滿。成者，成就，謂眞如體本自恒常，非是生滅法故。宇宙萬象都是有生有滅的東西，卽名生滅法。今此眞如則非是生滅法，故名成就。實者眞實，亦云眞理，謂此眞如是一切法眞實性故，猶云宇宙的實體，故名萬法眞理。」

如(甲)所言，所謂的「遍計所執性」便是如前我們所說的那「執著性的、對象化的存有」這個階層，這是由於我們所作的「存有的執定」而成的一種存有狀況，這個狀況是由於意識的執著性而成的，是由於概念機能總體對於對象的執著與決定所造成的。

如(乙)所言，所謂的「依他起性」是就那「執著性的、對象化的存有」這樣的「存有的執定」之何以可能而作的解析，這樣的解析告訴我們不但對象之爲對象是爲我們的概念機能總體所執著而成的，因此對象並不是眞實的。再者，那概念機能總體也是因緣和合而成的，它也不是眞實的。

如(丙)所言，圓成實性之不同於依他起性、不同於遍計所執性，它已越出了概念機能之所攝的層次，它已越過了依因待緣而成的層次，它實已進到一理念的層次，問題是這裏所謂的「進到」仍只是消極意義的，它是通過一「蕩相遣執」的方式來呈現那「理念」的層次，並不是經由一活生生的實存而有的進到這個層次，去敲扣這個「存有的根源——『X』」，讓它自如其如的開顯其自己。或者，我們可以說，它是平面的，如實的說其爲空有不二，一切萬有都是法爾自然，萬法皆空，一切都無自性。換言之，這裏所說的「圓成實性」絕不同於儒家的「生生之謂易」的「本體」，回到熊氏所作的那兩個命題的區分，圓成實性只能就「眞如卽是諸法實性」這個命題來說，但不能就「眞如顯現一切法」這個命題來說❼。

熊氏作了以上的分析之後，更進一步的說，空宗的三性說是：

「初性但遣所執，次性盡遣所執之所依一切法相，然後一眞之體揭然昭顯，故終之以第三性。夫於法相而計爲法相，則不能睹其本眞。情存於有相，故不得無相之實也。次性遣相，而後可顯圓成，此般若了義也。空宗說三性，實則初及二並在所遣，唯存第三。」❽

❼ 牟先生卽說：「《般若經》只是憑藉已有之法，而說般若之妙用，未曾予一切法一根源的說明，般若俱足一切法，此並非說一切法皆豎生地根源于般若，以般若爲最初的根源，一切法皆由之而得一生出之說明。龍樹之論釋以及《中論》之緣起性空皆不過秉承《般若經》之旨趣反覆申明諸法實相，亦未嘗以般若爲最初之根緣，一切法皆由之而生起也。」，見氏著《佛性與般若》，上册，頁七八，學生書局印行，民國六十六年，臺北。

❽ 見《論著集》，頁四一三。

「空宗三性，依它與所執俱遣，由遣依他故，卽於法相不見爲法相，所謂萬象森羅元是一眞法界，其妙如此（一眞法界，卽圓成之別名）。故遣依他者，乃卽依他而悟其本是圓成，故無依圓二性對立之過，此空宗所爲不可及也。」❾

這是說如果我們將初、二兩性俱遣，離一切相，對於一切法皆目爲圓成實，我們一旦越出了「執著性的、對象化的存有」這個「存有的執定」的階層，我們知道一切對象之爲對象乃是概念機能總體所締結而成的，而且此概念機能總體亦是依因待緣而成，其性亦是空無所有的。換言之，存有之所以爲存有乃是一「無執著性、未對象化前的存有」，這乃是空宗所謂的「圓成實性」的「存有之實況」，空宗所謂的「圓成實性」乃是就此蕩相遣執，平鋪的，不立其本體的、如實的觀之而有的一個說法。它不必涉及於「存有之開顯」的問題，不必涉及於「存有的根源——『X』」的開顯也。

熊氏以爲有宗從無著以來所強調的非有、非空的中道之教，與空宗有很大不同，其最爲顯著的不同在於有宗認爲：

❾ 見《論著集》，頁四一四。

「三性中，初性純是所執，是誠非有。依他不應說無，圓成則是眞實有，故通依圓，總說非空……空宗說依他，元是遮撥法相，有宗說依他，卻要成立法相。……成立法相，便有宇宙論可講。兩宗的歧異只從依他性出發。」❿

熊氏以爲有宗爲了矯正空宗之偏，當初似猶未甚失空宗之旨，對於空宗原先所遮撥的改以幻有稱之，但到了無著所創發唯識之後，建立了種子之說，熊氏以爲這麼一來便將「緣起說」一變而爲「構造論」⓫，首先，我們姑且不論熊氏對於空有二宗所作的這些論斷恰當與否，我們得先就其所論加以解析，指出其所論的是什麼？

熊氏以爲空宗乃以遮詮爲法，而有宗則改爲表詮，表詮與遮詮是有極大不同的，表詮承認諸法是有，而以緣起義來說明諸法所由成就。遮詮則欲令人悟諸法本來皆空，故以緣起說破除諸法，卽顯諸法都無自性⓬。或者，我們可以簡單的說，問題的癥結在於「依他起性」上頭，空宗

❿ 見《論著集》，頁四一五。

⓫ 熊氏這樣的論點幾乎到處可見，熊氏曾在《佛家名相通釋》（甲）載有法相宗古師種子義，與無著世親之唯識論種子義，全不相同。古師的種子義，只依諸行而假立。並謂諸行本身有能生功用，它自身是剎那生滅、不曾暫住的，就其前前的剎剎，皆望後後的剎剎，作爲其能生的因，以這種前望於後，而說名爲種子，那後之望於前，便是前所生的果。換言之，古師的種子義，不是離諸行外而別有自體藏於賴耶識中，熊氏以爲無著世親派的唯識論變更法相古師的種子義，弄巧成拙。見《十力語要初續》〈仲光記語〉，頁三〇四，明文書局印行，民國七十九年，臺北。

⓬ 見《論著集》，頁四一七。

遣除了依他起性，但有宗則承認依他起性，並且將「因緣說」改造成「構造論」。熊氏認爲從無著的《攝大乘論》便可以清楚的窺見這個消息。他說⓭：

「尚考無著造《攝大乘論》，始建立功能，亦名種子，復建立阿賴耶識，攝持一切種。於是以種子爲宇宙萬有的因源。《攝大乘論》有言，於阿賴耶識中，若於第一緣起，或有分別自性爲因，或有分別夙作爲因，或有分別自在變化爲因，或有分別實我爲因，或有分別無因、無源，復有分別我爲作者、我爲受者。」

「若不了解種子爲諸行之因者，卽由無明成盲，不悟正理。將於宇宙的本體或因緣，純任臆想亂猜，亦如盲人猜象也。」

如上所引述可知，熊氏以爲到了無著的手裏，卻將因緣義改造，而成爲玄學上最根本的原因。他建立賴耶識來含藏種子，卽由此賴耶中一切種爲心物諸行生起之因。熊氏對於有宗自無著、世親以下，乃至護法、玄奘、窺基等，都視爲一個流派，他對於所謂的「唯識學」內部的爭論並不完

⓭ 見《論著集》，頁四一九、四二〇。

全明其所以，而只是將他們打成同一個流派來處理⑭。因爲如熊氏所理解的，有宗儘管內部的紛爭有所異同，但是明顯的，他們都是以種子作爲現行的根源，都在現象界之上找尋其究竟的原因，儘管他亦遮撥外道的本體論，避免了無因與外因等過，這樣的種子說可以說是多元論——就其種子是個別的，則說爲多元，亦可以說是二元的——就種子是無漏與有漏而言，但不管如何，他所建立的阿賴耶識以含藏種子，認爲種子是現行界的本體，熊氏以爲這便犯了與西方哲學家同樣的過錯。姑且不論熊氏所理解的西方哲學家究何所指，但我們要去說的是熊氏之所反對的「唯識學」到底爲何。顯然的，熊氏所要反的是「種現二分說」——種子之作爲現象界的本體，現象界乃是種子的顯現。再者，依佛家原來對於眞如本體的理解，眞如是無爲法，絕不許說眞如或無爲法底本身是個生生化化或流行不已的物事，只可說它是無起作的。如此一來，一方面，我們說

---

⑭ 熊氏亦約略瞭解唯識古師與唯識今義的不同，但他以爲這個轉變當在無著、世親身上，也就是說無著、世親已是唯識今義，已是構造論，而不是緣起說。但就一般的理解，無著、世親之後十大論師興起，有唯識古學與唯識今學的爭議，這爭議或叫做「無相唯識義」與「有相唯識義」的爭辯，大體說來，「無相唯識」主張「一重能所」（能分別的依他性與所分別的分別性）及「識緣說」（識以非識爲自性，顯現爲境），最後則歸結爲「性相卽融」——對於現象界無有二取（能取、所取）的執著，卽是眞實性的現證。相對來說，「有相唯識」則主張「雙重能所」（內外二緣的能所）及「識變說」（「種生現」的因能變之轉變義，「識體轉似相見二分」的果能變之轉變義。）其歸結則是「性相永別」。熊氏在此所反的是唯識今學（卽「有相唯識」），而在行文脈絡上，他則逕稱之爲「唯識舊師」以別於彼爲新唯識學也。請參見曹志成〈眞諦的唯識古學、玄奘的唯識今學與熊十力新唯識論之唯識思想初探〉，見《中國佛教》，第三十三卷第三、四期，民國七十八年，臺北。

種子之作爲諸行或宇宙的本體，另方面又談眞如，這不生不滅，無起作的本體。這兩重本體的關係究何處理，並未有恰當的處理，這便造成了「兩重本體」的過錯。熊氏以爲這「種現二分說」與「兩重本體」便是有宗的最大問題⑮。

相較於空宗與有宗兩派而言，熊氏以爲空宗只談本體是空寂的，就其意旨絕不許說本體亦是生化流行，因此空宗有「遺用談體」之失，但空宗遮撥宇宙萬象，令人自悟空寂的眞體，這並沒有本體與現象不得融而爲一之過。此卽前面，筆者所做的分疏，說空宗一方面若如熊氏所以爲的「遺用而談體」，但另一個意義下，則亦可說其爲「體用一如」，只不過這樣的「體用一如」不是承體大用的體用一如，不是眞如顯現爲一切法的體用一如，而是眞如卽是諸法實性的體用一如。熊氏以爲有宗一方談眞如本體，說它是不動不變的，另方則又建立種子作爲現界的根源，這雖有意矯正空宗墮入空見的危險，但卻又陷入種現二分，兩重本體之過。我們可以發現熊氏基本上是有取於空有二宗的，他一方面同意空宗之遮撥一切法相，而證得眞如，但同時揚棄空宗以眞如爲一平鋪的、如實的，無爲、無所作，這樣的眞如本體，他將此改造爲具有生發力及創造力的眞如本體。至於有宗，熊氏之所取在於有宗是要講宇宙論的，熊氏也是要講宇宙論的，熊氏將種

⑮ 大體說來，唯識哲學的確有像「轉識成智」這樣的困難，故其理論終必發展，由唯識轉而爲眞常心系統，熊氏則更而改變爲一儒學的縱貫創生系統。又關於唯識學之理論的困難，請參見吳汝鈞《唯識哲學——關於轉識成智理論問題之研究》一書，佛光出版社，民國七十八年，高雄。

現二分與種現互薰的理論改造成他自己的體用合一論，這便克服了眞如、種子兩重本體之過。

或者，我們可以用現在的哲學語詞來對於以上的論點有所新的論略，依熊氏所理解的空宗思想，他所強調的是萬法無自性，一切的存有都沒有它自家的本質，也無實體可言。我們一旦去說所謂的「存有」時，這些存有之爲我們所能把握，是因爲這些存有是以一「執著性的、對象化的存有」這樣的方式爲我們所把握。這樣的存有是經由我們概念機能總體所執著而成的，這是所謂「存有的執定」，而不是「眞正的存有」。空宗之爲可貴的是越過了此「存有的執定」所成的「執著性的、對象化的存有」這個階層，而進到了那「無執著性、未對象化前的存有」這個階層，空宗不但破解了我們一般所把握到的存有，而眞見到其爲一虛幻的、無實在性的存有，他破解了概念機能總體，見到它只是依因待緣而起的暫時性機能而已。究極而言，這樣的存有卽是空無所有的，眞如本體與一切法是同一的，他們都是空無所有的，所謂「萬法皆空」是也。

依熊氏的理解，有宗的問題癥結在於「種現二分」，在於「雙重本體」。先就「種現二分說」而言，這是說有宗一方面在現象界之上尋求了種子作爲根源，這便將原來的「境識」——「對象與主體」的關係，由認識論的層次轉而爲存有論或者宇宙論的層次，將原先的橫面關係轉成了縱面的關係，這是將我們的概念機能總體從認識論的層次轉爲存有論的層次，我們可以說這是概念機能的存有論化，這麼一來，便以爲那概念機能總體是一切存有的根源。再就「雙重本體」之說而言，這是說有宗一方面以那存有論化的概念機能總體之作爲一切現象界的根源，但這仍然停留在概念的層次，並未進到理念的層次，就理念的層次，他另立了一個無爲、無造作、如如不動的「眞如本體」。理念層次的本體是沒有活動義的，而概念層次的本體則有活動義，這兩重本體成了斷裂的狀況。

從熊氏對於種現二分、雙重本體的諸多批判中，我們可以發現他眞切的見到那作爲執著性、對象化的存有之所對的概念機能總體而成的認識主體並不是究竟的，它只是作爲一橫攝的、認識的、執取的「權體」（暫時之體），而不能作爲一縱貫的、存有論的、創生的「常體」。他認爲唯識學者未能正視到「權體」之爲權體在本質上是空無的，以其爲空無的、透明的，所以它必然的要調適上遂於更高的層次，不能停住於此也。換言之，不當有二重本體，而只有唯一的本體，而且所謂的本體亦不是一夐然絕對的超絕之物，本體也者，即其當下之用而顯現其體也，承其體而現爲大用是也。橫攝的、認識的、執取的作用這樣所成的概念機能總體既只是一個「權體」，它是可以拆掉的，「種現二分說」亦因之必然要瓦解，體用分隔打通，體用一如於焉建立起來。

三、縱貫創生的展開與體用義的釐清

顯然的，熊氏所要針對的是空有二宗的弊病，他不只要去破解概念機能總體，而顯現出其體用一如，他不只要越過「執著性的、對象化的存有」，而進到一「無執著性的、未對象化前的存有」這個階層。他更要去敲扣存有之門，豁顯那「存有的根源——『X』」之自如其如的開展，他眞切的正視到那「無執著性的、未對象化的存有」的優先性，他扭轉了一般認識論上本末倒置的情形，眞正視到原來那「執著性的、對象化的存有」乃是經由概念機能總體而有的存有的執定，並不是存有之實況，而是作爲一個存有的表象，作爲一個認識的對象而成立的。至於存有的實況則是卽用顯體、承體大用的，是由那存有的根源自如其如的開顯其自己，那是一無執著性的、未對象化的存有。熊氏在論及本體時，用了諸如「恒轉」、「功能」等詞，這在在是要說明那「存有的根源——『X』」並不是一靜態的、超越的存在，而是一動態的、生發不已的存在。熊氏運用了「翕、闢」這組詞去說「存有的根源——『X』」是如何的開顯的。熊氏說⑯：

> 「……所言用者，略以二義顯示。一者，剋就一翕一闢的動勢名之爲用。翕闢只是一個動勢的兩方面，並不是實在的物事，故名爲用。二者，此一翕一闢的動勢是才起卽滅的，是無物暫住的，是新新而起的，是流行不息的，故名爲用。綜上二義，可知剋就用言，應說大用流行是非空非不空的。」
>
> 「云何說非空呢？翕闢成變故，刹那頓現故。變動之力，昔未嘗留以至今，今亦不

⑯ 見《論著集》，頁四三三、四三四。

可留以往後，剎那剎那，都是頓現，譬如電光一閃一閃，勢用盛故，故說非空。云何非不空呢？翕闢非有實物故，剎那剎那都不暫住故。旣不暫住，卽無實物，譬如電光一閃一閃，赫赫輝爍地，實卽寂寂默默地，畢竟無所有故，故說非不空。」

如上所說，那「存有的根源——『X』」自如其如的開顯其自己，這開顯是以翕闢這兩方面的動勢而展開的，這兩方面的動勢其實只是同一個動勢的兩方面，並不是實在的物事，因此，叫做「用」。這個「用」字，可以理解成「大用流行」，它可以說是一「活動義」，是一不可自已的自如其如的開顯其自己。這樣的翕闢成變是才起卽滅的，是無物暫住的，這也就是說「存有的開顯」是一不可自已的歷程，這樣的歷程是無執著性的、未對象化的，若就我們一般所以爲的「存有」都是一定執的有來說，那無執著性的、未對象化的存有則非定有，但這樣的非定有亦非眞正的空無，而只是說其非暫住罷了。

關於存有的開顯，熊氏運用了兩對詞來說明他的體用合一論，「一曰：卽體而言，用在體」，「二曰：卽用而言，體在用」。如熊氏所說的「體至寂而善動，至無而妙有」，因爲是寂是無，所以「其德恆常而不可易也」，因爲是動是有，所以「其化至神而不守故也」，而恆德所以顯神化，神化所以顯恆德。這德之恆、化之神，所以爲眞實之極也。這寂與無說爲體之本然，但動有則說爲體之妙用。本然不可致詰，而妙用有可形容，是故顯體必於其用。我們知道動有是沒有痕跡的，便於動有而知本體是寂無的，這也就是所謂的「卽用顯體」，而且是「卽用卽體」，所謂的「卽體而言，用在體」，這「在」字指的是「卽是」的意思，並不是說有一個東西在另外一個東西之中，「用在體」指的是「用卽是體的顯現」，並不是有別異於體而獨在的用。前面所談是就體而言，若就用來說，萬化皆是一眞，體原不異用，正因爲體不異用，所以能變與恆轉及功能等詞，就是大用之殊稱，也可以說是本體或眞如的別名。因爲體與用原是不相異的，因此，可從用來立名。更簡單的說，熊氏以爲這是：「攝動有歸寂無，泊然無對，會寂無歸動有，宛爾萬殊⑰。」如果順著前面所作的分疏，我們可以說那存有的根源與存有的開顯原是一件事。因爲，「存有的根源——『X』」所指的正是一開顯的可能性，當我們說「存有的根源——『X』」時，所指的是那存有的開顯，這是不二的。不過，如果我們只是這麼說的話，我們仍然還沒有眞正解決如熊氏所說的「本唯一眞而含萬化，萬化皆是一眞」，或者說「眾漚卽是大海水，大海水卽是眾漚」的問題。只是就存有的開顯來說，並沒有論及一存有的執定，則仍無萬殊可言。因爲存有的開顯是無執著的、是未對象化的，既無執著、未對象化，便無可論定其爲何，換言之，這便沒有一決定的定象以作爲認識執定的對象，這便無所謂的「萬殊」可言。熊氏論及「體用合一」的問題時，一再的論及「一本萬殊」，或「眾漚及大海水」等問題，可見他的體用

⑰ 見《論著集》，頁四三四、四三五。

合一論不只是就存有的根源及存有的開展者兩個層次立言而已，而且他還包括了存有的執定這個階層。從存有的根源到存有的開顯，這是縱面的展開；而由存有的開顯到存有的執定，這是橫面的攝取。前者是存有論或者是本體論，而後者則是認識論，前者是基於一實踐的理念而開啟的，後者則是基於一概念的機能總體所繳起的。

依熊氏看來空宗是談體而遺用，而有宗則是妄執於用，終成「種現二分」，繼而又肯定凝然眞如，終成兩重本體，這都不了體用之義。須知體用如如不二，眞正了解「用」義的人不應妄執從「用」發生萬有，須知萬有本來空無，唯依用卽動勢而假說之故。這是說，整個「存有的開顯」是由「存有的根源——『X』」自如其如的開顯其自己而成的，這是由於具有此實踐的理念那個活生生的實存而有的活動所彰顯的歷程；而不是由於認識的概念機能總體所作的「存有的執定」。就大用流行來說，熊氏以爲：「雖本無實物而有跡象詐現，依此跡象而可以施設物理世界或外在世界，如此便有宇宙論可講，而且可以予科學知識以安足處⓲。」換言之，就存有的開顯來說，它原是一無執著性的、未對象化前的存有，它是無對象相的，是非吾人所得認識的，但通過吾人概念機能總體的執著與決定，而可以使原先詐現的跡象有所執定，使之成爲一個決定的定象，這些決定的定象不再是絕對性的存在，而是一相對性的存在，這麼一來，便將相對性攝於絕

⓲ 見《論著集》，頁四三六。

對性之中，兩者非對立。熊氏一方面認爲以科學知識的方式來施設宇宙是必要的，但同時他又強調經由這種「存有的執定」的方式所成的宇宙畢竟是因詐現之跡而成的，並不是由「存有的根源——『X』」所自如其如而開展的。它是經由人的概念機能總體所執成的、幻僞的世界，熊氏以爲像這樣的世界，在玄學上是要加以遮撥的，因爲玄學之爲玄學並不是在那存有的執定下的「執著性的、對象化的存有」，去探索此存有之所以爲存有究何所由，因爲像這種執著性的、對象化的存有並不是存有之實況，存有之實況乃是一無執著性的、未對象化的狀態的存有，這是存有的開顯，是依於存有的根源自如其如的開顯，玄學之本務是要處理這樣的問題。換言之，熊氏以爲眞正的形而上學乃是一本體學，而這樣的本體學是不外於現象的，而且就是本體之顯現其自己，這種「見乃謂之象」⑲。這樣的現象學，這種本體的現象學是越過了「執著性的、對象化的存有」，是超過了知識而趨歸證會⑳。

關聯著如上所說的「體用合一」之說，熊氏對於「理氣問題」有了一個新的解釋，他極力的

⑲ 「見乃謂之象」語出《易繫辭傳》（上），按原文前後爲「……是故闔戶謂之坤，闢戶謂之乾，一闔一闢謂之變，往來不窮謂之通，見乃謂之象，形乃謂之器，制而用之謂之法，利用出入，民咸用之謂之神」，其實這段話很能表現出中國哲學之終極智慧，而熊氏自謂其學是大易之學亦可由此見其一斑。

⑳ 牟先生嘗謂：西人之論現象學（phenomenology）者則有兩病，一是只及於現象界（phenoumena），而不及於睿智界（noumena），另一則是渾成此分際，而成現象一層論者。這裏所謂之本體現象學（ontological phenomenology）則可免此弊病。

區分所謂的「氣」不是空氣之氣，不是氣象之氣，熊氏以爲：

「氣乃是一生生的動勢，或勝能的意思，此氣是無所積的，動相詐現，猶如氣分，故名爲氣（言氣卽顯無實物故）。詳覈此所謂氣，正是本論所謂用。至於萬有或形氣，唯依動轉的跡象，假爲之名，非離一切動勢，有實形氣……理字，本具有條理或法則的意義，但不可如宋明儒說是氣上的條理。宋明儒中，許多人把氣說爲實有的，因以爲理者只是氣上的條理。如此，則理的本身竟是空洞的形式，只氣是實在的。明儒持這種見解的更多，卽在陽明派下，也都如此主張。他們陽明後學一面談良知，不得不承認心是主宰，一面談氣是實有，理反是屬於氣上的一種形式，頗似心物二元論，甚乖陽明本旨。」㉑

大體說來，宋明儒者，尤其程朱學派多數論及「理氣」問題時，「理」是形式性原則，而「氣」則是材質性原則，萬有一切乃是理氣二者的和合，在理論上，朱子以爲是理先氣後，但落實而言，則仍是理氣合一㉒。其實，這樣的合一，乃是先作一超越的分解，別出理與氣，然後，再談

㉑ 見《論著集》，頁四四〇。

㉒ 關於朱子學「理氣」的問題，請參看林安梧〈知識與道德的辯證性結構——對朱子學的一些探討〉，收入《現代儒學論衡》第八章，頁一四五～一六七，業強出版社印行，民國七十六年五月，臺北。

理與氣的辯證合一。我以爲這樣的理氣合一觀乃是一辯證的合一觀。辯證的動力乃是趨向於合一，而不是趨向於開展，程朱之學所含的實踐動力，我以爲是一後返的實踐動力，這不像陽明致良知之教所含的實踐動力是一開展的實踐動力㉓。

就宋明理學的統系來說，熊氏實有取於陽明者多，而取於朱子者少，他對於理氣的問題，很明顯的是採取一辯證的開展觀，而不是採取一辯證的合一觀。眞如熊氏所言，「氣乃是一生生的動勢」，或者說是「勝能」的意思，這樣的氣是無所積的，但卻又是動相詐現的。這樣所說的「氣」其實就是「體用」的「用」，他指的是一翕一闢的動勢。氣既不是一受動的、被摶成的、材質性的原則，「理」當然也就不是落於氣上說的形式性原則，既不是超越的形式，也不是即於氣上說的條理之理這樣的形式性原則。當然，若順著「理氣的辯證的合一觀」將會有這樣的情形，一方面以「理」之作爲一創造性的原則，而說其爲良知，爲造化的精靈，但另方面則又以「氣」之作爲一受造性的原則，而說其爲人欲，爲萬物造化之所可摶成者。終而強調要由理來管束氣，心來管束身，這樣便形成一道德的暴虐之可能。熊氏的理氣的辯證的開展觀則可以破除這個弊病，這是值得我們去注意的㉔。

㉓ 關於此問題，請參閱林安梧《當代新儒家的實踐問題》一文，《鵝湖》月刊，第一七九期，民國七十九年五月，臺北。

㉔ 辯證的合一說之不同於辯證的開展說，在於前者之體是一超越之體，而工夫落在由下及上，由外返裏，如朱子所謂「格物致知，主敬窮理」是也。辯證的開展說則強調那超越之道體與內在的心體是同一的，故著重在存養與擴充，著重在「致良知於事事物物之上」。其詳，請參閱前揭文。

關聯著熊氏的體用哲學，他以爲：

「理之一詞，是體和用之通稱，氣之一詞，但從用上立名……就體而言，原是寂然無相，而現似翕闢萬象，卽衆理燦然已具，故此體，亦名爲理……體之爲言，是萬化之原，萬物之本，萬理之所會歸，故應說爲眞理，亦名實理，也可說是究極的道理就用而言，翕闢妙用，詐現衆相，卽此衆相秩然有則，靈通無滯，亦名爲理，卽相卽理故，或相卽是理故。」㉕

這是說：就那存有的根源來說，它可以開展爲萬有一切，而且它也是一切存在之理之所會歸，所以叫作眞理，也叫作實理，這就叫究極的道理，這是經由活生生的實存的體驗而有的究極之理，也可說是存有的究極之理。更簡單的說，「理」所指的是那「存有的根源——『X』」及此「存有的根源——『X』」所開展而成之理，前者是就「體」上說，而後者則就「用」上來說。就體上說的「理」是「一本實含萬殊」之理，而就「用」上說的「理」則是「萬殊還歸一本」。換言之，這樣所說的「理」就已不只是有別於那作爲材質性原則、受造性原則的「氣」，而說的形式

㉕ 見《論著集》，頁四四〇。

性原則，或者創造性原則的理，而是作爲「存有之根源」及「存有的開展」的理。顯然的，這樣的「理」著重的在於「活動義」，而不是「存有義」，或者說：這樣的「理」是卽存有卽活動的，是卽活動卽存有的。或者用熊氏體用哲學的語詞，我們可以說：這樣的「理」是卽用顯體的，是承體大用的。理之爲理，旣著重在其活動義，當然這也就不只是個虛空或者空洞之理，而是包含著「氣」而說的「理」，理與氣本來不二的，它只是用來說明存有的開顯的兩個概念範疇而已，這都是用來說明體用不二，體用如如的。顯然地，就上所述的「理氣的辯證開展觀」來說，我們將可發現熊氏反對「心物二元論」，反對「理氣二元論」，他強調的是「心物合一論」，是「理氣合一論」，或者更恰當而徹底的說，他強調的是「心物不二論」，是「理氣不二論」。

如上所述，可知熊氏的理氣一元、體用不二，都是通極於「存有的根源——『X』」而說的，是就「存有的根源——『X』」自如其如的開顯其自己而說的，這是縱貫而創生的、存有論的展開，不是橫面而執取的、認識論的執定；但這並不意味說除此縱貫而創生的存有論展開，便不需要有橫面而執取的認識論之執定，而是說縱貫而創生的、存有論展開，在理論上是優先的，橫面而執取的、認識論之執定在理論上則是其次的，縱貫而創生的、存有論的展開是一「無執著性、未對象化的存有」，它必得經由橫面概念的執取始成一「執著性、對象化的存有」，而人的生活世界則亦如此而交融的展開。

四、功能與習氣的區別

如前節所述，熊十力的體用哲學究極來說，是以「存有的根源——『X』」自如其如之顯現來涵攝一切，而此乃是一縱貫的創生的、存有論的展開，由此展開而進一步有橫面的執取的、認識論的執定，既攝用歸體，又稱體起用，體用合一，理氣二分的格局於焉破解，一切通而爲一。值得注意的是，這樣的通而爲一並不是如前所說只是一辯證的合一，而無辯證的展開，而是卽展開卽合一的。在展開的過程中，我們肯定了橫面的概念的執取之爲必要，但這執取則已非原先「存有的根源——『X』」自如其如的開顯，而是一轉折與執定，它既已非本體之功能，而爲概念之執所執取的一個暫時之體，這體便與一般的根身習氣乘權作勢，而形成另一個動源，這樣的動源當然不在可直接通極於存有的根源，而是自成其勢的，就此自成其勢的動源來說，則其有別於「功能」，而特別名之爲「習氣」。

熊氏對於本體功能之說作了簡單的論略與概括，他說㉖：「一曰：本論功能卽是眞如，無二重本體過。」「二曰：本論依功能假立諸行，無體用分成二界過。」「三曰：本論功能是渾一的

㉖ 見《論著集》，頁四四一～四四八。

全體，但非一合相的，亦非如眾粒然。」「四曰：本論功能、習氣，不容混同。」現且根據如上的標示，再行疏理以爲補充：

「一曰：本論功能卽是眞如，無二重本體過」，如熊氏所言，「功能乃是本體之異名」，在他所建立的體用哲學來說，是一本論而不是二元論。那存有的根源卽是所謂的「眞如本體」，不像有宗一方面承認阿賴耶緣起，而另方面則又強調有一凝然眞如，造成兩重本體（按：熊氏這樣的理解或不必允當也，因爲他對於有宗的了解嫌片面），這是說他不認爲那概念機能總體足作爲一切存在的基礎，而去說明一切的存在，再者，他亦不將概念機能總體與實踐的理念分而爲二，他深切的通過個人活生生的實存而有的體驗，體認到一切存有之所以爲存有，乃是因爲人這個具有主體能動性的活生生的實存而有這樣的一個存有者，他之進入到這個世界之中，而去開啟這個世界，使得這個世界也活生生、實存而有的開顯其自己。

我們作了這樣的疏解之後，便可以更進一步的說「二曰：本論依功能假立諸行，無體用分成二界過」，這是說：熊氏從「存有的根源——『X』」以翕闢這同一個動勢的兩個不同的面向，自如其如的開顯其自己來說明萬有一切的存在，他不需要像有宗另立種子以爲一切現行的依據，他不必以阿賴耶緣起的方式來建構一切萬有的存在。如此一來，他就不必在「用」上另立一個凝然不動的「體」，不會造成體用二界之過。顯然的，熊氏特別著重的是存有的根源自如其如的開顯其自己，「功能」一詞特別標示出存有的活動義，因爲他特別著重此活動義，故他不在流行之上另立一個夐然絕對的凝然眞如。他雖然採取的是整體論，但這樣的整體論並不是一味合同，毫無分別相的整體論，也不是許多粒子所集聚而成的總體這樣的整體論。

熊氏以爲「三曰：本論功能是渾一的全體，但非一合相的，亦非如眾粒然」，這是因爲熊氏以爲眞正的全體與部分並不是相互對立的，而是彼此相互攝入的，是由於無窮無盡的部分互相涵攝，互相融貫而成爲渾一的整體的。熊氏常用「眾漚與大海水」來作爲比喻，眾漚指的是部分，而大海水指的是全體，眾漚卽是大海水，大海水卽是眾漚，全體與部分相卽不二，諸多部分都以其全體而成其爲部分，而全體則又是因爲部分與部分之間的彼此相互攝入，而成爲全體㉗。

更値得注意的是，熊氏所建立的「功能」之說，不只是作爲存有的開顯之所以可能的根源，功能之說同時是作爲實踐的根源性動力。這樣的根源性動力是不同於一般的習氣的，因此，熊氏說：「四曰：本論功能、習氣，不容混同」。熊氏以爲有宗將習氣與功能混爲一談，一方面建立「本有功能」，以爲它是無始法爾本有的，是從原始以來就自然本有的，是無待而然的。另方面，他又建立「新薰功能」，這是說人們會因前七識的流行與運化而各各發生習氣，以潛入第八賴耶識中，令其受持勿失，而又成爲新的功能，前七識是能薰，而第八阿賴耶識是所薰，習氣藏於阿賴耶之中，便成爲一新的勢力，能够生未來一切心物諸行，因而叫做「新薰功能」。就佛家

㉗ 關於此，請參見《論著集》，頁四四六。

思想的遞衍，自世親以下，或主本有，或主新薰，到了護法折中眾議，主張本新並建，到了中國的玄奘、窺基就成了定論。熊氏對於這種本有新薰並建的說法頗不以爲然。在熊氏的看法中，「功能爲渾一的全體，具足萬德，無始時來法爾全體流行，曾無虧欠」㉘，但這並不意味熊氏不注重「習氣」，而是他要區分「功能」與「習氣」。熊氏以爲：

> 「凡人意念乍動之微，與發動身語或事爲之著者，通名造作，亦名爲業。一切造作，不唐捐故，必皆有餘勢續起而成爲潛存的勢力，是名習氣。這千條萬緒的習氣，所以各各等流不絕者，就因爲人生有儲留過去一切作業，以利將來之欲。這個欲雖不顯著，而確是凡有情識的生類所同有的。……凡業起時，必恆有保留之希欲與俱。因此，所作業雖方生方滅，而此業滅時卽有餘勢續生，名爲習氣。」㉙

如上所述，我們知道所謂「習氣」是後起的，是由於造作所成的業，這股潛存的勢力是伴隨吾人的具體存在而存在的，它儲留了人生過去種種的作業，同時也指向未來，以利未來的發展，當然也有可能阻滯未來的發展。像這樣子，人生必然是由習氣互相倚伏，成爲我們生活的內在的深

㉘ 見《論著集》，頁四四九。
㉙ 見《論著集》，頁四五〇。

淵，我們可以將這叫做「習海」（按：習海是相對於性海而得名的）。熊氏以爲習海一方面可能爲吾人所取資，而另方面，亦可能淪沒吾人。我們的生命原是那存有的根源的開顯，而這樣的開顯過程必然得藉由好的習氣作爲其顯發的資具，如儒者所謂的「操存涵養」、「居敬思誠」種種功夫都是淨習。淨習是有助於生命之自如其如的開顯其自己的。但也有壞的習氣，姑名之曰：染習，它會侵蝕生命，甚至取而代之，若不幸人生常與壞習爲緣，便陷入可悲的境地。功能與習氣須得分開，功能是就本體來說，此是就「天事」說，而習氣則就衆生無始以來所成之業的儲存來說，此是就「人能」說。熊氏之所以一再的斥責將習氣與功能混成一片，以人混天，以後起同所本有，這就會使得人類從無始以來便陷入形氣所拘、業力所陷的境域之中，人類若無法認得「性眞」㉚，便無法眞正去見得存有的根源是一源泉滾滾、沛然莫之能禦的動能，無法認得這動能隱含著一根源性的實踐動力，那麼人們便陷溺在業習的深淵之中，人類之能否復性無亦保證，這麼一來，人便喪失了根源性的動力，成爲一浪生浪死的存在。

熊氏嚴分能習之辨，舉出三者以爲區分㉛：「一曰：功能即活力，習氣但爲資具。」「二

㉚ 見《論著集》，頁四五一。又關於功能、習氣之問題，支那內學院歐陽竟無學生劉衡如曾有《破新唯識論》之作，指出七點疑難，後來熊氏又作《破破新唯識論》，以爲回應，請參閱林安梧編《現代儒佛論爭》，頁八四～二一二，明文書局印行，民國七十九年六月，臺北。又請參閱林安梧〈熊十力與支那內學院之爭——以「破論」與「破破論」爲核心的展開〉。

㉛ 見《論著集》，頁四五一～四五九，《新唯識論》（文言本），頁四一～四五。又「習氣但爲資具」一語，「文言本」作習氣有成型，其意義相同。

曰：功能唯無漏，習氣亦有漏。」「三曰：功能不斷，習氣可斷。」如熊氏所說：「功能者，生之寶藏，其神用之盛也，精剛勇悍，任而直前，此固盡性者之所反可躳而自喻也。故謂之活力也㉜。」功能實卽爲本體，它卽是那「存有的根源——『X』」，如前所說，這個「存有的根源」乃是一實踐的理念，它必然的要以一縱面的創生性活動開展其自己，這種縱面創生性活動不只是一本體論的生起論的活動而已，而且它是一活生生實存而有的活動，這活動是由於人的縱貫意識所促成的，這是由於人這個作爲一個主體能動性的活生生的實存而有這樣的一個存有，他之進入到這個世界中所促成的。換言之，當我們說那「存有的根源——『X』」之爲一實踐的理念時，這已不落在認識的層次上立說，而是越過了認識的概念機能總體的階段，而更進一層至理念的層次，而此理念的層次，已非認識的概念機能所能掌握，因爲認識的概念機能所對的是一「執著性的、對象化的存有」這個階層，而理念則已越過了這個階層，它不是「執著性的、對象化的」，它是超乎其上的。理念的層次乃是一實踐的層次，是由於人這個活生生的實存而有之進入到世界中所開啟的活生生的世界。簡單的說，那「功能」指的是人這個活生生的實存而有的根源性之實踐動力，它與習氣是迥然不同的。功能指的是那「存有的根源——『X』」之自如其如的開展，這樣的存有的開展是越過了「執著性的、對象化的存有」這個階層，而回到一「無執著

㉜ 見「文言本」，頁四一。

性、未對象化前的存有」這個階層。相對而言，習氣則落在「執著性的、對象化的存有」這個階層。就存有的開展與落實而言，這是在「存有的執定」上立說的，就知識論而言，這是在認識的概念機能總體所執著而成的一個認識的對象，是一執定的定象，這個層次上立說的，就實踐哲學而言，這是落在一執定的、成型的境域下而立說的，它雖有所限，但同時它亦是那根源性的實踐動力之落實必然要依倚的資具。如熊氏所言「習氣者，自形生神發而始起，暨夫起已，則隨逐有情，儼若機括，待觸卽發，以爲生之資具」㉝，習氣是後天的，它一旦成了勢力便有了極大的影響力，或者我們可以說，習氣一旦形成便成了功能落實的開顯必然要憑依之場。儘管，熊氏嚴分習氣與功能，但這並不是說要將習氣與功能徹底割裂，實則，如熊氏之言，是以習氣爲場，而以功能爲開顯的動力。

再者，就那本體之功能而言，它是就其「存有之根源——『X』」自如其如的開展，這是邁越了「執著性的、對象化的存有」這個階層，而進到一「無執著性的、未對象化的存有」這個階層，進而去敲扣存有之門。用熊氏的語言來說，這是：「法爾神用不測之全體，吾人稟之以有生，故謂之性，亦云性海。性海光明晃耀，無有障染，故說功能唯無漏性㉞。」作爲一個具有主體能動性這樣活生生實存而有的人，他順著那根源性的實踐理念，也就是順著「存有的根源——

㉝ 見「文言本」，頁四一。

㉞ 見《論著集》，頁四五五。

『X』」自如其如的開展其自己，便是「淨習」，便是善的；相反的，若違逆此根源性的實踐理念，便是「染習」，便是惡的。如前所說，習氣爲場，而功能爲開顯之動力，人之落實於此活生生的生活世界中，便不是純是性的表現，不是那本體功能之在其自己的表現，這裏必然牽涉到那本體具現的問題。一談及此存有之具現，則必然要有所落實，這不只停留在「性」的層次，不只停留在「功能」的層次，而一定得涉及到「習」的層次，或者說是「習氣」的層次。依熊氏看來，所謂的「習」是「從吾人有生以來，經無量刼，一切作業，餘勢等流。……等流不絕，以此餘勢爲過去所慣習故，故名爲習」。又這樣的習氣，「遺於種族，卽名種族經驗，亦卽心理學上所謂本能。其播於社會者，謂之風氣」㉟。

顯然的，「功能」是就存有的根源說，而「習氣」是就存有的開展與執定說，「功能」之說著重在其超越性、根源性，而「習氣」之說著重在其歷史性與社會性。熊氏固然著重一實踐的根源性與超越性，但彼亦深切的重視此歷史性與社會性也。

熊氏功能、習氣之分有過於宋明儒所作「義理之性、氣質之性」之分者，依熊氏看來：

「氣質之本然之性言，則其所具之理，本無弗同也。然不言同而言近者，正以此性

㉟ 參見《論著集》，頁四五六。

既非離氣質而別爲一物，性卽是凝成此氣質者。但氣質之凝成變化萬殊，難以齊一。且既已凝成，亦自有權能，雖爲本性表現之資具，而不能無偏，固不得悉如其性矣。」㊱

一般言「義理之性」與「氣質之性」的區分，極易成爲二元論，以爲在氣質之性之外還有一義理之性，熊氏則認爲在氣質之性以外並無其餘，義理之性原不外氣質之性，就「氣質之本然之性而言，其所具之理，本無弗同」，就本體之功能來說，它既是實踐的理念，亦復是存有開顯的根源，實踐的根源性、超越性是與存有的根源性、超越性同一的，所不同的是一落在存有的開展與存有的執定便有所異。換言之，邁越了存有的執著性與對象性，而進到其無執著性、未對象化前的階段，存有之自如其如的開展，正同於那活生生的實踐的動力之自如其如的開展。用歷史圖象的比喻，這便是「堯舜性之」之謂也；也就是孔子所說的「生而知之、安而行之」這個層次。堯舜之爲堯舜，若落在歷史社會的事實來說，自亦不可說其爲生知，其爲安行，只是我們此處所說的堯舜乃是一理想化的堯舜，是躍出了那執著性的、對象化的存有的執定的階段，而更進一步的就其爲存有的根源來說，而一涉所謂「存有之根源」，此蓋理念之層次也，理想之層次也，非現

㊱ 見《新唯識論》（文言本），頁四三～四五。

實之層次也。如上可見熊氏「性、習」，「功能與習氣」之分實有過於宋明理學家所作「義理之性與氣質之性」的分別㊲。

如前諸節所述，存有的根源不同於存有之執定，它是跨過此執著性的、對象化的階段而更進一層者，它是就一實踐的理念而說的，不是就認識論之層次而說的，這是就其爲縱貫義的創生義而說的，不是就其爲橫攝義下的認識義說的。存有之根源義指一無限可能性、無限開展性，此即前所說之「存有的根源——『X』」之特地標示出一「X」的理由。至於存有的執定則有所限制，它是通過概念機能總體之攝受而凝成一執著性的、對象化的存有，隨著概念機能總體而有斷有常。再者，所謂的概念機能總體則又與人的實存境域有密切的關聯，與人的歷史性與社會性有密切的關係。簡單來說，我們可以說概念機能總體與人的實際的生命機能及存在的境況有密切的關係，正因如此，我們可以發現熊氏他將其「知識論」與「習染論」通統而言之，因爲它們都是落在存有的執定這個具有執著性的、對象化的存有這樣的階層來立言的，這是落在平面的、橫攝的層面來說的㊳。這樣的層面不若從存有的根源來立言，它不是就那縱貫的、創生性的階層來立

㊲ 熊氏性習之論大體說來是繼承著二王之學（王陽明、王船山）的論點而來的，他既一方面著重陽明所著重的根源性與超越性，另方面則注重船山所著重的歷史性與社會性，他善巧的將兩者合而爲一，既注重根源性、超越性，亦注重歷史性、社會性。

㊳ 關於此請參閱陳來〈熊十力哲學的明心論〉第一節「習染論」，當代新儒學國際會議，民國七十九年十二月，臺北。

言，不是就生生化化之不容已處說，因此，如熊氏所言「功能不斷，習氣可斷」。熊氏說：

(甲)「功能者，體萬物而靡不貫，本無定在，故乃無所不在，窮其始則無始，究其終則無終。執常見以擬議，便成巨謬，執斷見以猜卜，尤爲大過，或復計言，如人死已，形銷而性卽盡，豈是人所具功能得不斷耶。應答彼言，形者，凝爲獨而有礙，性者，貞於一而無方，人物之生也，資始於性，而凝成獨立之形，形者質礙物，固非復性之本然已。但此性畢竟不物化，其凝成萬有之形，卽與衆形而爲其體，自衆形言，形固各別也。自性言，性則體衆形而無乎不運，乃至一而不可剖，不可壞，不可剖與壞者，貞也，性之德也。若乃人自有生已後，其形之資始於性者，固息息而資之，非僅禀於初生之頃，後乃日用其故，更無所創新也。」

(乙)「易言之，是性之凝爲形，而卽以宰乎形，運乎形者，實新新而生，無有歇息之一期，然形之旣成，乃獨有礙之物，故不能有成而無壞，但不可以形之成乎獨且礙，而疑性之唯拘乎形，遂謂形壞而性與俱盡耳。」

(丙)「性者，備衆形而爲渾一之全體，流行不息，形雖各獨而性上元無區別。形雖有礙，而性上元無方相，以形之必壞，而疑性亦與形俱盡者，是不知性者，大化流行，原非有我之所得私，執形以測性，隨妄情計度，而迷於天理之公，死生之故，所以難明耳。故功能無斷，理之誠也。如其以斷，乾坤便熄，豈其然哉！」[39]

如(甲)所言，「本體的功能」即那「存有的根源——『X』」，它開顯爲天地萬物，這樣的開顯是一縱貫性的創生，它是無不貫串爲一體的，就其存有的開展而言，在存有之執定前，它是無執著性的、是對象化前的，它不是一定象性的存在，它是無所不在而具有無限可能性的。一旦存有的開顯再經由概念機能總體的執定便成爲一存有之執定的定象，這樣的定象便有所限制，所謂「人物之生也，資始於性，而凝成獨立之形，形者質礙物，固非復性之本然已。」即指此。一個存有之執定既是執著性、對象化的存在，它便有所限制，已不是原先存有之根源自如其如的展現，但這樣的一種存在並不即是有所限制而不能通極於存有之根源的存在。因爲，若就存有之根源來說，它是一切存在創生的源頭，是不可剖與不可壞的，這已不再是概念性的機能所能認知

[39] 見《新唯識論》(文言本)，頁四五～四六。

與把握的，而是一種道德實踐的理念，所謂「貞也，性之德也」即指此而言。

如（乙）所說存有之根源一旦開顯便成爲一存有之執定，經由概念之機能總體而有的執定，但整個來說，它還是由此存有之根源所主宰的，這是一種創生性的、縱貫的主宰，非橫攝的、概念性的執定的主宰。它運乎一切存有之中，對於那執著性的、對象化的存有，它仍然有其默運在其中，因所謂的執著性的、對象化的存有仍然不外於那無執著性、未對象化的存有，甚至我們可以說，就一切存有之本然而言，並無所謂「執著性、對象化的存有」與「無執著性、未對象化的存有」之分，或者說，這兩階層的存有其實是同一存有之根源的開展。

如（丙）所言，存有之開顯原是無已的，是無執著性的、是無對象性的，是流行不息的，落在存有之執定上，雖有所制限，有成住壞空，但我們並不能以此成住壞空來理解那存有之根源，因爲存有之根源已越出了存有的執定這個階段，不爲所限也。存有的執定有所制限故有斷，但存有的根源則無所制限故無斷也。

熊氏「性習差違」、「功能與習氣異趣」的論點顯然是落在「存有的根源」與「存有的執定」這兩個不同的階層上立言的，存有的根源是就實踐的理念立說，而存有的執定是就概念機能總體的認識論層次上立說。這裏所強調的「功能」、「存有的根源」隱含了一「根源性的實踐動力」的肯定，這樣的肯定是作爲一個活生生的實存而有這樣的人而來的肯定，這樣的肯定是一實踐的、理念上的肯定，不是作爲一認知上所理解之概念上的肯定。熊氏認爲就那存有的執定來說，必然落在一具體的生活世界，是具有歷史性與社會性的，這便是所謂的「習氣」的層次，這習氣「雖屬後起，而恆展轉隨增，力用盛大，吾人生命內容，莫非習氣，吾人日常宇宙亦莫非習氣」㊵，這麼一來概念機能總體的作用便落在歷史性與社會性之中，知識論便與其習染論關聯爲一。熊氏基本上肯定知識的重要性，但他更進一步注意到知識的習染問題，知識既有習染便有惡的可能，因此，便要有所化。這裏我們可以看到他所掘發的存有之根源的實踐動力是具有絕對優越性的，它運乎一切之中，對於一切存有的執定乃至由此而來的習染咸能有所化，但值得注意的是，熊氏強調這樣的活動是從「習氣」發生的，儘管其根源性是在那「存有的根源——『X』」而這根源乃是理論上的根源性，就其實際的發生脈絡來說，則仍是從我們生活周遭的「習氣」所成之生活世界開始的。熊氏說：

「無事於性，有事於習，增養淨習，始顯性能，極有為乃見無為，盡人事乃合天德，習之為功大矣哉！」㊶

這是說對於那「存有的根源——『X』」而言，它既是越出存有的執定，上溯至存有的開展，再

㊵ 見《新唯識論》（文言本），頁四六。
㊶ 見《新唯識論》（文言本），頁四七，又請參見《論著集》，頁四六一～四六二。

進至存有的根源，這既非執著性的、非對象化的，便不能有所事於其上，故云「無事於性」，作功夫處乃在於「存有的執定」上，乃在於習氣上，在於社會性上，在於歷史性上，在整個存在的處境上作一縱貫性、創生性的處理，使得那存有的處境能由存有的執定通極於那存有的根源，無所阻礙，無所疏離異化，那存有的根源也就自如其如的開顯其自己，這便是他所謂的「極有爲乃見無爲，盡人事乃合天德」，習氣之功正在於使得存有之開顯能自如其如而無所罣礙也。

五、結語

如上所述，我們大體可見熊氏所論「功能」乃專就「存有的根源——『X』」來立說，這是就實踐的理念來立說，是就那活生生的實存而有的實踐理念來立說，這是就縱貫的、創生性的層次立說；它不同於就那存有的執定來立說，存有的執定是就那概念機能總體的執取與攝受而立說，這樣的立說是就橫面的、執取的層次來立說。當然，熊氏並不是只著重這根源性的理念之層次，他也極注重那存有的執定的層次，他不只注重「功能」而且還極注重「習氣」，因爲「習氣」正是「功能」開顯之場，那存有的執定正是那存有的根源開顯之場。熊氏總結的說[42]：

---

[42] 見《論著集》，頁四六三～四六五。

(一)體用二詞，雖相待而立，要是隨義異名，實非如印度佛家以無爲及有爲，析成兩片，亦非如西洋哲學家談實體及現象。

(二)至眞至實，無爲而無不爲者，是謂體，無爲者，此體非有形故，非有相故，非有意想造作故。無不爲者，此體非空無故，法爾生生化化、流行不息故。

(三)用也者，一翕一闢之流行不已也。翕闢勢用，刹那刹那，頓起頓滅，本沒有實在的東西。然而刹那勢速，宛有跡象，如旋火輪。因此，不妨施設宇宙萬象。

(四)宇宙萬象，唯依大用流行而假施設，故一切物但有假名，都非實有。

(五)窮神順化，卽於流行而識主宰，於跡象而見眞常，故不待趣寂，而生無非寂也。生生之妙，無有留滯，所謂生而不有，生亦寂也。

這是說：

(一)就那「存有的根源——『X』」來說，若著重其存有義則名之爲「體」，若著重其活動義則名之爲「用」，然而卽存有卽活動，卽活動卽存有，是通而爲一的，這樣的體不是枯寂無用之體，而是一活生生實存而有這樣具有活動義的存有，這樣的用不是無源的無體之用，不是爲存有之執定所限的執相的、定在的活動，而是一通極於存有的活動。

(二)當我們說「體」時，說那「存有的根源——『X』」時，這不是落在一執著性的對象化的存有之執定這樣的階段，它不是落在概念機能總體橫攝而執取的階段，因此我們說它是無所造作的，但這並不是說它是一死寂空無之物，而正說明這是一無限開展的可能性，存有的根源就在這樣的場景下，生生化化，自如其如的開顯其自己。

(三)存有的開顯是就一相反而相成的方式展開的，凝聚與開發是兩個相反而相成的動力，頓起頓滅，它是超乎一般概念機能所執定的時間相與空間相，但它卻宛有跡象，吾人可以在此「宛有跡象」上，作一「存有的執定」來施設宇宙。

(四)宇宙一切存有，作爲吾人認識的對象這樣的存有，都是由存有的根源自如其如的開顯其自己而進一步所作的存有的執定，經由概念機能總體的執取而成的執定，這是一「執著性、對象化的存有」，而不是一眞正「根源性的存有」。

(五)要去敲扣存有之門，要去疏通存有的根源，這得從存有的開展上來著析，從存有的執定下功夫，越過了「執著性的、對象化的存有」這個階層，而進到「無執著性、未對象化前的存有」這個階層，進一層而溯及於「存有的根源——『X』」，這是通貫爲一體的，那存有之根源自如其如的開顯其自己，卽存有卽活動，存有的執定所成的習氣之場，正是存有的根源，亦卽本體的功能之具現之場。

第八章　存有對象的執定

——存有的轉折與概念的執取

一、前　言

在上述諸章中，我們大底清楚的闡明了熊十力體用哲學的規模，它強調眞正的形而上學乃是起於一「活生生的實存而有」這樣的探討。這樣的探討是越過了「執著性的、對象化的存有」這個階層，而進到一「無執著性的、未對象化的存有」這個階層，終而觸及到「存有的根源——『X』」，這是越過了「存有的執定」，邁向「存有的開顯」，終而敲扣了「存有的根源之門」（道）。值得注意的是，熊氏這些探討都起於人這個當下的「活生生的實存而有」，由於他具有主體能動性，他一旦進入到這個世界中來，他便以其活生生的實存動力開啟了這個世界，使得這個世界成爲一活生生實存而有的世界，那存有的根源之門在他的敲扣之下，自如其如的開顯其自己。

熊氏用本體的恆轉、功能等名稱去闡明「存有的根源」及其自如其如的開展，建立其卽用顯體、稱體起用的體用哲學，同時通過「體、用」這組概念範疇，將存有的三階層通統爲一，建立一「大海水卽是衆漚，衆漚卽是大海水」體用合一的哲學。他同時遮撥空、有二宗，以爲空宗只能談「眞如卽是諸法實性」，而不能談「眞如顯現一切法」，空宗只能談「破相顯性」，而不能談「攝相歸性」。這是說，他以爲空宗只強調要越過「執著性的、對象化的存有」這個階層，而進到一「無執著性的、未對象化前的存有」這個階層，他並未要求去敲扣存有的根源之門。他只是遮撥的指出萬法皆空，他一方面指出了吾人認識對象本身的虛幻性，另方面他又指出那作爲存有的執定的概念機能總體也是因緣所生的，它亦不免其虛空幻有，一切既是虛空幻有，便只是平鋪的、如如的，無所罣礙爾矣！這仍然不足以凸顯一「活生生的實存而有」這樣的生活世界的眞實，無法樹立一縱貫性、創生性、根源性的道德實踐理念，無法闡明存有的根源自如其如的開顯其自己。他以爲有宗雖然遣除了「遍計所執性」，但畢竟對於「依他起性」有所執取，有宗雖然清楚的越過了那「執著性、對象化的存有」這個階層，但他們對於「存有的執定」背後的概念機能總體卻執著爲眞，他們建立阿賴耶識含藏一切種，來作爲一切存在根源的解釋，這是將原來的緣起論轉成構造論，是將原先所作知識的、概念機能總體這種橫面的執取方式轉成一存有論的決定方式，這終而陷入了種現二分說的格局中。再者，他既在概念的執取這個階層樹立一「本體」，以這概念機能總體而成的主體作爲本體，用這樣的方式來說明萬有一切法，但另方面，他又在阿賴耶識之上，另立一眞如本體。換言之，他是在此概念機能總體上另立一理念以爲一切的歸依，至於眞如本體與阿賴耶識的關係若何，那終極的理念與概念機能總體的關係若何，並不能給予恰當的說明，造成了雙重本體之過。

儘管熊氏對於空有二宗的駁斥頗有以偏概全之病，甚至犯了邏輯上所謂的「稻草人謬誤」，但我們知道彼之破是站在自家的立場，希望有所立；因此，其「破」縱或不當，我們從其「破」，而知其所「立」，我們知道熊氏所強調的是徹底的一本論，是一體用合一，強調辯證的開展，一多相攝，如如無礙，又辯證的交融爲一體這樣的「一本論」。這是將實踐的理念與認識的概念機能總體通統爲一的一本論，這是以「存有的根源——『X』」這個實踐的理念作爲一切存有開顯的動源點，由於人這個「活生生的實存而有」的參與，而敲扣了存有之門，參贊了存有的開顯，這純是一本體的顯現其自己，它是無執著性的、未對象化的；再者，由於具有實踐活動力的人，爲了實用的要求，慢慢的凝成一慣習的方式，在這「習海」之中，人們相應於歷史性與社會性，而有其固定的概念性認識的方式，有其一定的「執著性的、對象化的存有」的執取，有其相應的「存有的執定」的方式。當然，存有的執定是不外於存有之開顯的，它是在存有的開顯之後才形成的，那無執著性、未對象化存有階層是先起的，而執著性、對象化的存有階層則是後起的，前者是以一縱貫的創生的方式展開，而後者則以橫面的、識心之執的方式執取，前者是一「活生生的實存而有」動態的辯證展開，而後者則是以一「定象性的存有」靜態的執取決定。顯然的，從

「存有的根源——『X』」自如其如的開顯其自己這樣的「存有的開顯」到「存有的執定」，這裡有一個轉折，這是從「無執著性的、未對象化的存有」這個階層到「執著性的、對象化的存有」這個階層的一個轉折，這是由縱貫面到橫攝面的一個轉折，這是由實踐的理念到概念機能的執取的一個轉折，這是由「活生生的實存而有」動態的辯證展開，到「定象性的存有」靜態的執取決定這樣的一個轉折。依熊氏看來，這樣的一個轉折並不完全是由於概念機能總體的執取而造成的轉折，相對的來說，是因為存有的開顯本身具有其轉折的可能，所以使得概念機能總體對之能有所執取，因而造成這樣的轉折。換言之，概念的執取與存有的轉折是一而二、二而一的。由於存有的轉折與概念的執取才可能有一存有的對象之執定，本章的目的便是要清理出熊氏是如何論述存有的轉折與概念的執取，亦因之才能對存有的對象有所執定。

二、存有的開展與轉折及執定之可能

熊氏是通過對空、有二宗的融攝與淘汰及儒家《易經》、《中庸》、《論語》、《孟子》、《大學》的匯通而建立其龐大的體用哲學系統的。他將空宗原先的存有論的論定的方式轉成一方法論上的運用，頗收蕩相遣執之功，進而他藉之以破相顯性，轉無為眞如為創生本體。再者，他將有宗原先的存有論化的概念機能總體的執取，排遣殆盡，然後給予一恰當的因假施設，指出概念機能總體亦爲虛空幻有，是由於識心之執而成的，這仍宜進一步揚棄之，由揚棄之進而超昇之，進至一實踐的理念階段，以本體之恆轉功能綜攝之，開啟一存有的根源之門，使之能自如其如的開顯其自己。終極言之，存有的轉折與概念的執取仍須從此存有之根源之自如其如的開顯來立說。熊氏說：

「我以爲物質宇宙是本來無有，而不妨隨俗建立。我要說明這個意思，又非從宇宙眞際說起不可。眞際者，恆轉也。恆轉是至無而健動的。……恆轉亦名眞如，非異恆轉別有無爲法可名眞如也。又此恆轉，亦截然不同舊師所謂種子。……本論所云恆轉，則直就生生化化不息之實體，而強爲之目，所以異彼種子。」❶

「恆轉亦名功能，……功能是渾一的全體，但不是一合相，而是有分殊的。……功能既有分殊，卽不妨於全體中假析言之，而說爲一個一個的，或許許多多的功能。換句話說，卽是一爲無量。亦復應知，無量功能互相卽，互相涉，而爲渾一的全體，非一一功能各各獨立而不相涉不相卽之小粒子。」❷

❶ 見《論著集》，頁四七三。
❷ 見《論著集》，頁四七四。

如上所引述可知，熊氏以爲就存有的根源之開展，無所謂物質宇宙，物質宇宙是就世俗諦說，而不是就眞諦說，是就存有的執定說，而不是就存有的根源說，它是一執著性的、對象化的存有，而不是一無執著性的、未對象化的存有，但它是根源於最後的存有，是由那活生生的實存而有所開啟者。那「存有的根源——『X』」乃是一縱貫的創生的本體，它自如其如的開顯其自己。這樣的一個縱貫的創生本體並不是超絕於現實之上的獨立體，也不是一密合不動的死寂之體，而是渾一的全體，所謂的「渾一」指的是整體與部分的融合相攝相即而爲一，一既是部分單一之一，是一個一個之一，也是整體渾全之一，是全部無量籠總之一。換言之，熊氏仍然堅持萬有一切都是此本體的開顯，所謂「無量是一」是也，所謂「眞如顯現一切法」是也。部分與整體是通同爲一的，而這裡所謂的「通同爲一」乃是經由一辯證的、動態的通同爲一，不是靜態的、套套邏輯的說其爲同一。大體說來，其問題的關鍵點在於「本體的開顯」，而不在於識知的執定。

就「本體之開顯」來說，此「存有之根源——『X』」自如其如的開顯爲一「無執著性的、未對象化的存有」，它不是我們平常的概念機能所認知到的存在，它不是一執定的存有。熊氏爲了充分說明此存有之開顯，他藉用「翕、闢」之說來詮釋。熊氏以爲：

(甲)「翕、闢只是同一動勢的兩方面，元非實在的東西。故假說爲動圈，這種動圈的形成，就因爲翕的勢用，是盡量收凝。我們可以把每一個收凝的動勢，均當作一單位。這種單位，不可說是凝成了一小顆粒，也不是成爲一道圈子的相狀。然而我們謹防人把他當做顆粒來猜想。所以勉強用動圈一詞來形容之。」❸

(乙)「這種莫破的動圈，我在上卷裡曾名之爲形向。形向者，謂其未成乎形，而有成形的傾向也。每一形向，元是極微小的凝勢，可以名之爲小一。此小一或凝勢，是刹那刹那，生滅滅生，流行迅疾，勢用難思，可以名爲勢速。」❹

(丙)「凡諸小一，都是刹那詐現。一刹那頃，才起卽滅，本來無有絲微的物事可容暫住，故云詐現……一切小一，各各均是刹那頓現。實際上沒有那一個小一是可以當做一件物事看待，及可以說他是刹那刹那，生滅滅生，自類相續的。我們推想他是自類相續者，其所以錯誤，大概由誤計小一爲實物故，卽賦予以時相和空相。意味此小一雖是每刹那頃，才生卽滅，但刹刹續生，卽刹刹皆有所據，刹刹相續，是時相，刹刹有所據是空相。……這種意計，確然是有時空觀念從中作祟。」❺

❸ 見《論著集》，頁四七四。
❹ 見《論著集》，頁四七五～四七六。
❺ 見《論著集》，頁四七九～四八一。

如（甲）所說，「存有的根源——『X』」是經由「翕」與「闢」這「健進」與「凝歛」兩個不同的動勢，相反而相成的開展其自己的。熊氏通過「翕」這個收凝的動勢來說其自成一個單位，而這樣的一個單位並不是一個可以執定的顆粒，而勉強用「動圈」來形容它。如（乙）所說這樣的動圈未成形而有成形之傾向，因此又稱之爲「形向」，它極微小，非可執定其爲一對象物，所以也叫做「小一」，剎那剎那，生滅滅生，無時間相，故亦名「勢速」。這裏，所言及之「動圈」、「形向」、「小一」、「勢速」，其立名互有所異，但是所指雖同，而義上則稍有所別，各有所重也。「動圈」是就翕闢成變而成的單位義，此單位義著重其由相反相成的兩個動勢而成，是著重由活動義來立其單位義。「形向」則言此動圈之單位有成形之傾向也，這比起「動圈」一詞，更有存有義的氣息在。「小一」則無疑的著重在存有義上說，然此存有非一「執著性的、對象化的存有」，而是一「無執著性的、未對象化的存有」。「勢速」一詞，則顯然著重在活動義上立說。「小一」、「勢速」、「動圈」、「形向」等既皆爲存有的根源自如其如的顯現，彼等皆非一「執著性的、對象化的存有」，故剎那頓現，生滅滅生，無有絲毫物事可容暫住，它都不是一具體成形的事物，因此，熊氏說其爲「詐現」。就此「詐現」來說，它是不同於「自類相續」，或者一般生命哲學家所以爲的「綿延觀」；一般來說，由柏拉圖、亞里士多德以下的西洋哲學傳統，大體是以空間攝時間，以一執定的存有、一執著性的、對象化的存有作爲其形上學探索的起點，而生命哲學家如柏格森者則改以時間攝空間，以一相續不已的生命之流作爲其哲學的重心所在。熊氏在這裏的論點，顯然不同於西洋哲學傳統的大流，亦不同於生命哲學家。熊氏的形上學是越過了時空的限制，進而去敲扣存有的根源之門，這一點是值得我們注意的。

熊氏對於「小一」、「勢速」、「動圈」、「形向」等的見解既如上述，這會不會產生一個嚴重的問題——一切小一，猶如空華？刹那幻現，都無法則？熊氏以「衆漚及大海水」爲譬喻，認爲一一漚皆攬大海水爲其體，因此不應再爲漚去尋一根據。「小一」等雖爲幻化，非如空華無體，因每一「小一」，其體都是「眞如妙性」之故，這裏可見小一不是無體法。這是說就每一個小一而言，都不是一「執著性的、對象化的存有」，如實來說，任何一個「小一」都沒有其固定的體性，都不是一個與外在隔絕的單位，而是在大化流行中的生生不已之流而已。「小一」沒有固定體性，不與外在隔絕，但這並不意味「小一」是無體的存在，而是以那整體爲體，以眞如本性爲體。這是說，我們說那「無執著性的、未對象化前的存有」，雖非吾人能以「執著性的、對象化的」方式去思慮它，但這並不是說這樣的存有是一「空無」，而相反的，我們要說這樣的存有狀況乃是先於那「執著性的、對象化的」方式而有的存有。這樣的存有是以那存有的根源作爲其依據的。再者，我們既然說它是以那「存有的根源」爲其根據，則其刹那幻現，亦非毫無法則。不過，這裏所說的法則並非一般日常落在「執著性的、對象化的存有」這個階層而說的法則，因爲這樣的法則並不是存有開顯的法則，而只是落在「存有的執定」這裏說的法則。熊氏以爲「神化之妙，乃天則自然」，並非無則，「大用之行，只是唯變所適而已」❻。如上所說，我們對於「小一」之刹那頓現既有所說明，自亦可斷定小一與小一之間亦無「相承義」，亦無「相似義」❼。大用流行，唯變所適，神化之妙，天則自然，如是說來，存有的開顯只是自如其如，並無什價值意味，這如何能成爲整個實踐哲學之根底，這問題是一極重要的問題，不可不解決。

因爲當我們說，存有的根源是如何的以自如其如的方式開顯，這都未說明此天則自然有何價值意味，只說那存有的開顯是一「無執著性的、未對象化的存有」，經由人的概念機能總體的認知，才凝成一「執著性的、對象化的存有」，這實亦難說那「無執著性的、未對象化的存有」會比「執著性的、對象化的存有」在價值上有任何的優先地位。換言之，若純就「存有的開顯」來說，雖比「存有的執定」在存有的實況上更爲根源性，更爲優先，但這並不意味它在價值上爲優先也。但是，我們要說，當你這樣的立論時，你已先有所預設了，你先預取了「是可以單就存有來論存有的，這樣的存有是一實然的層次，而不必是應然的層次」。仔細考量的話，我們會發現這樣的論法是落在「執著性的、對象化的存有」這個階層來說的，即使它說要躍出此階層來思考問題，但仍會陷在這裏頭來思考。換言之，如果我們以一「執著性的、對象化的」思考方式，通過概念機能總體對於事物的執取這樣的思考方式，來思考問題的話，儘管我們強調要躍出那「執

❻ 請參見《論著集》，頁四八三、四八四。
❼ 請參見《論著集》，頁四八四～四八六。

著性的、對象化的存有」，但這樣的躍出仍只是對翻的躍出而已。經由這種執著性的、對象化的思維模式，而有一對翻的躍出，這樣的躍出仍逃不出如來佛掌也。換言之，我們對於那「無執著性、未對象化的存有」是不能通過概念機能總體去執取它的，它不是屬於一橫攝的、識知的、執取的境域。

由上段所作的疏解，或許我們可以更清楚的說，當我們說「無執著性的、未對象化的存有」時，這「無執著性、未對象化的存有」一詞，實含有兩層的意思，其一是直接對翻於「執著性的、對象化的存有」而說的「無執著性的、未對象化的存有」，另一則是由概念機能總體的執取習慣中超越出來，進而以一實踐的理念之要求，突破了那「執著性的、對象化的存有」的限制，而邁向了一「無執著性、未對象化的存有」這個階層，這裏又隱含一種根源性的實踐動力，要人們去敲動存有的根源之門。依熊氏看來，這樣的根源性實踐動力既是人們自家的實踐動力，同時也是整個宇宙開顯的實踐動力。

關於「小一」之論，熊氏又注意到小一與小一之間的融合與溝通，熊氏說：

> (甲)「一切小一，互相望爲主屬。……如甲小一望乙小一，及餘無量小一而爲主故，乙與無量，皆爲甲之屬。同時，乙小一望甲小一，及餘無量小一而亦爲主，甲於無量，又皆爲乙之屬。一切小一互相望皆如是。……夫互爲主，則非

頑然一物，譬如眾耀齊明，百靈交遍。一一微塵，是一一佛。」❽

(乙)「大用原是渾全的，但隨凝勢卽所謂小一者，而見爲分殊耳。每一小一皆有健進的勢用涵運其間，決無有孤凝而不具健勢之小一。故就健勢言之，雖本渾全，但隨小一便成分殊。然健進乃大用之本然。」❾

如以上所述，(甲)指的是那「小一」與「小一」之間是彼此相爲主屬的，換言之，任何一個「小一」都不是一頑然、凝然孤絕的東西，而是彼此有其相應相感的。如(乙)所說，它們之所以會有相應相感的能力，則是來自那大用渾全的，當然那大用渾全實不外乎自身，因爲所謂的「大用渾全是眾小一彼此相含相攝而成的大用渾全」，並不是離此「小一」有另外的「大用渾全」也。這也就是說，當我們說那「存有的根源——『X』」之開展時，它是自如其如的開展，它的開展是以「翕凝與健闢」這兩個相反相成的動勢開展的，這「翕凝」的動勢便有一展開的轉折，它轉折到「小一」，這小一便有走向一「存有的執定」的可能(按：僅止於可能而已，非一往不復的走向此也)，這樣的可能由於加上概念機能總體的作用終而可以完成一恰當的存有之轉折。所謂

❽ 見《論著集》，頁四八六。

❾ 見《論著集》，頁四八八。

「存有的轉折」義指由「存有的根源——『X』」依其自身的根源性動力開展其自己，這樣的開展乃是一動態的、縱貫面的、創生性的開展，轉折而爲一「存有的執定」，經由那概念機能總體對於原先所開展的「無執著性的、未對象化的存有」給予一概念的執定，這樣的執定不是縱貫的、不是創生的、而是橫面的，是靜態的認知的執取關係。

(丙)「造化有心而無意，吾已言之矣。健而不可撓名心，神而不可測名心，純而不可染名心，生生而不容已名心，勇悍而不可墜墮名心。……意者，謂如人作動意欲，起籌度故，不任運故。我們可以說用之本體名爲心，卻不能道他有意。大用流行，不能不先有所凝，此乃神化自然，非有意造作也。」⑩

(丁)「造化本無作意故，無量小一，有相摩以比合而成一系，有相盪以離異，因別有所合，得成多系。此玄化之秘也。……小一相摩盪，而成各個系。系與系相摩盪而成各個系羣，於是顯爲萬物，所以萬物無自性，只是無量凝勢，詐現種種跡象，因名萬物而已。」⑪

⑩ 見《論著集》，頁四九〇。
⑪ 見《論著集》，頁四九〇～四九二。

如（丙）熊氏所說「造化有心而無意」，那存有的開顯是自如其如的，不是經由意欲的造作與籌度而成的，然而這樣的自如其如並不是一平平的、無心的散開，而是經由一根源性的動力開展出來的，這樣的根源性動力卽是所謂的「心」，心是健而不可撓的，是神而不可測的，是純而不可染的，是生生不容已的，是勇悍而不可墜墮的，心卽是彼所謂的「闢」，是那來自本體的根源性動力。與此「闢」俱起的是那「翕」這樣的根源性實踐動力，它使存有的開顯導向一存有的執定之可能。這卽如（丁）所說，由無量小一，相摩以比合而成一系，相盪以離異，別有所合，得成多系，系與系相摩盪而成各個系羣，顯爲萬物，這些無量的凝勢便詐現爲種種跡象，這時經由人們概念機能總體的執取，終而可以「對萬物有所稱名」，這時存有之爲存有乃是一決定的、定象性的存有，因此，存有的對象因之而有所執定，存有的轉折因之而成立。

三、從存有之轉折及執定的可能到概念的執取之完成

如上節所述，存有的開展原是自如其如的，是無所執著的，是無所定象的，從「存有的根源——『X』」到「存有的開展」到「存有的執定」，這是經由一「無執著性、未對象化的存有」階層到「執著性、對象化的存有」這個階層，這裏便隱含著一個重要的轉折，這樣的轉折，我們

名之曰：「存有的轉折」。但單只是這樣的由存有的開展所可能帶來的轉折，仍不足以闡明「存有的執定」，它只是一「存有的執定的可能性」但非已執定也。它必得經由概念機能總體的執取，才得完成也。值得注意的是，依熊氏的「境識俱泯」與「境識俱起」的立足點，他所謂的「經由概念機能總體的執定」就不是空由一主體對於對象的把握，而是在主客俱起的情況下，經由概念的執取而起了主客的了別作用，進而開始對於那存在的實況起了一個執著性的、對象性的把握。熊氏說：「吾人對於物的知識之所由可能之客觀基礎，其在知識論或認識論，則謂之範疇。」「卽自知識言之，吾以爲範疇亦不能純屬主觀，亦當兼客觀」❶❷，熊氏這樣的立論所要強調的是：「知識」並不是由於人們的認知主體對於認知對象的把握，而是由於人們以其活生生的實存而有這樣的一個具有主體能動性的存有進入到世界之中，開啟了存有的根源使得存有能自如其如的開顯其自己，這樣的開顯是無主客之分的，是無執著性的、是未對象化的，但它卻具有著走向一對象化的可能，這樣的可能經由人們概念性的執取，終而走向了存有的執定，客觀知識由是而成。

依熊氏看來，關於人們的知識之所由構成，他以爲「感識」是先於「意識」的，而所謂的「感識」是無分別相的，「意識」才有所分別，但意識與感識並不是截然二分的，意識亦只是感識

---

❶❷ 見《論著集》，頁四九三。筆者以爲熊氏對於康德並未全解，有所誤會，今於此暫略不論，只就熊氏之論爲何提出詮釋，至於彼與康德之問題則俟之他日。

更進一步的發展而已。他首先舉出存在事物的五個範疇，以爲事物存在的基礎，這五個範疇是「空時」、「有無」、「數量」、「同異」、「因果」，除此事物存在的五個範疇外，熊氏又提出本體流行的三個範疇，它以爲此時空時與因果兩範疇是不可說的，其他三範疇是「數量」、「同異」、「有無」，筆者以爲從熊氏這些立論中，我們可以進一步瞭解到本體的流行（存有的根源的開顯）與存有的轉折與執定是如何的關聯起來的，現且分疏如下⓭：

（一）空時：

（甲）「談空時雖是講關於事物的認識，而不可謂這種範疇於事物的本身上全無所據。」

（乙）「由空時不單從主觀的一方現起故，故說諸小一系羣，各具此等形式，而各個小一系羣相互間又別自形成各個空時系列。」

（丙）「感識冥證境物，無分別故，不起物相及空時相。」

（丁）「意識繼感謝而起，憶持前物，加以抉別，遂於識上現似物相及空時相。如此

⓭ 見《論著集》，頁四九六、四九七。

慣習之久，遂構成抽象的概念，這種概念不自覺的推出去把空時當做了客觀的實有，就是絕對的空間、絕對的時間。反不自察其為只是自心所構之概念也。」

(戊)「絕對的空時的觀念，並非無用。在感識中於所冥證的一切事物，本不作外界想，不作固定的物來想。此種境界，難以形容。但以其泊然絕慮，無物為礙，或可以體神居靈四字擬議之。乃卒經過意識作用而成為客觀者的，則正賴有絕對的空時觀念，直將感識中親證之有，箝入兩大格式之內，令其忽然固定化，而成為客觀的事物了。科學知識於此始有可能。蓋意識分別作用，將感識所冥證之有，令其固定化。此時，便從體神居靈的境界中墜落下來，於眞理上是不相應，而於實際生活上未能免此。然以此歸咎分別則不可，若於物但分別而不迷執者，則物理自不喪其神也。」

(己)「雖不遮絕對的空時的觀念，要不可過任主觀。何者？就主觀方面言，空時觀念元初自是由歷物得來，並不是偏由主觀一方面自構。其後，習之既久，遂若不待經驗，宛然現作絕對的空時，遂為外在世是成立二大基柱。此固實際生活上不能避免之勢。然實事求是，則空時不單從主觀一方幻現，頗有其客觀的依據。質言之，空時亦是事物上所具有之一種形式，如前說訖。若純依主觀而談，畢竟是陷一偏。」

如（甲）、（乙）所列，我們可以發現熊氏對於空間與時間並不全認爲是主觀所給出的範疇，而是於事物上亦有所據。在由「存有的根源」所開顯的諸小一系羣中便具有此等形式。就（丙）所言，則又可知「感識冥證境物」無所分別，這時便不起物相及空時相。如（丁）所言，直到意識繼感識而起，憶持前物加以抉別，才顯現時空相，而且久而久之，則此時空變成一抽象的概念，就以爲空時是一客觀的實有，就是絕對的空間、絕對的時間。這裏的意思是說：由於人們以其活生生的實存而有的實踐動力進入到世界之中，而開啟了存有的根源，使得存有自如其如的開顯其自己，相應於翕闢成變而有小一迅疾的發展，進而凝成諸小一系羣，人們的認識機能則由感識漸轉而爲意識，由冥證境物進而有所了別，時空相亦由之而起。明顯的，熊氏對於時空範疇給予一動態的、辯證的進展與說明，而這些都立基於活生生的生活世界之中。再如（戊）、（己）所言，絕對的空時觀念，亦有其作用，它使得那存有的開展眞能有所轉折而執定，但空時觀念，依熊氏看來畢竟是「由歷物得來」，不是偏由主觀一方面自構。由於慣習既久，才會以爲不待經驗，宛然現作絕對的空時，成爲外在世界成立的兩大基柱。

（二）有無：

「此中有無二詞，取互相反為義。有者無之反，無亦有之反。故云互反。有無這種範疇，就物的方面而言，便是物所具有的一種型範，也兼含有徵符的意義。凡物，具有某種相用等等，是名為有。既具有如是相，同時不更具他相用。物各得其所有，卽各無其所無，如地球具有橢圓形，則方形是其所本無。舉此一例，餘準可知。」⑭

如（一）所言，我們是經由時空這樣的概念範疇而能有了別與認識，（二）所言，則是說一且所謂的了別便是說某一物之爲某一物，不爲另一物，也就是說經由概念機能總體所執定的對象則成爲一定象，這樣的「定象」是一恆定的定象，此定象之所以爲恆定乃因爲概念之執定故也。

（三）數量：

「數量者，謂一多或小大等數也。……一切物互差別而又互相關聯，因此才有數量。沒有差別固無數量可言，假如只是差別，完全沒有關聯，亦無所謂數量。須知，數量的意義，就是於差別中有綜合，而綜合卻是相關聯相對應的。如云八大行星，這個數量把諸行星綜合在一起，不獨顯示諸行星的差別，而實重在顯示諸行星的關聯。又如說無量星體，則無量數的這個數量，便把太空中一切星體，都綜合在

⑭ 見《論著集》，頁四九七、四九八。

一起，也是因它們相互間有一種普泛的關聯。舉此二例，可概其餘。所以說數量是於差別中有綜合，就因為物是互相差別而又互相關聯的緣故。可是一層把一切物數量化，才能馭繁以簡。然若過於信任此種簡單，卻恐未能透入物的內蘊。」⑮

如㈢所言可知，熊氏所謂的「數量」這個範疇，指的是由諸多存有的執定而成的一一事物，彼此有所差別、關聯與綜合、統一。

㈣同異：

「同異二法以互相反而得名。……今試卽同異之一存乎一切物者言之，夫萬物繁然，一一自相，莫不互異，但舉共相，又莫不齊同。然自共相，亦由互相觀待，現差別故。由斯同異，因物付物，非是離物別有定法，理不容疑。如依現前桌子說為自相，此桌子與椅子、杯子等等，各各互異，然桌子與椅子、杯子等等器具，並屬人造物，則人造物是共相。卽依共相，應說皆同。然說桌子為自相，若更析此桌子為一一元子電子，則一一元子電子為自相，而桌子復為共相。如此，則前之以桌子

⑮ 見《論著集》，頁四九八。

> 與椅子、杯子等等相待成異者，今對其所含一一元子電子，便復為同。又上說人造物為共相，然以人造物對自然物言，卽人造物復為自相。但人造物與自然物並屬於物，則物為共相。如此，則前之斥人造物名同者，今對自然物成異。如上所說，同異依自共相顯，自共相又隨其所觀待如何而為推移。故自共相不固定，同異亦非死法。佛家說為假法，足正勝論之謬。……總之一切事物，無有異性，則莫由予以解析。無有同性，則莫由致其綜會。此云同性異性之性字，卽中譯佛籍中自體一詞。此詞須隨文取義，如云色性，卽此自體是質礙法。今云同異本是假法，以何為自體耶？應知，由假設故，如云同便知不異，故知同有自體。不爾，言同豈不與異混耶。言異便知不同，故知異有自體。不爾，言異豈不與同混耶。故同異性之性字，不可誤解，言同性者，此性字卽斥同而言之，異性準知。」⑯

如（四）所論，我們可以清楚的了解到「同異」之爲同異是落在存有的執定上所說的同異，這是由其「假施設」而可以致之，故說同異之性是乃就假施設之自體而言也。但這樣的自體只是假施設下的自體並不是眞有一自體也。

（五）因果：

---

⑯ 見《論著集》，頁四九八～五〇二。

「因果只就事物之互相關係而假立，每一事物在其極複雜的或無窮的關係之中，必有其相依最切近者。以故，吾人欲甄明某一事物之因，唯取其所依最切近的事物，假說為因。……吾並非不許有因果，只是不許有固定的因果而已。如果建立有能生的勢力為因，決定能造生果者，則一切事物悉是固定的、各立的、實在的。此說不應道理，一切事物，非實在，非各立，非固定，只是互相關係而有的。是故從其關係假說因果。……我所謂切近，只明因果但依最切近的關係上假立。汝不必聯想到時空來解釋，須知，不一方言切，相卽故謂近。……不一而相卽，故名因果關係。由不一而相卽義故，便隱示因之成果，大概是事物之內在變化。」⑰

因果之爲因果只是就其「假施設」而彼此相關的關係而說的，因果法是假法，並不是實體法。其爲切近，指的是「不一而相卽」，此不一相卽指的是事物的內在變化，而不是說有一能生的勢力爲因，它決定能造生果。究其極來說，所謂的「因果」是通極於整體大全而說的，但在這裏，則專就那「存有的執定」來說的。

⑰ 見《論著集》，頁五〇二～五〇五，又關於不一而相卽義，熊氏有極深入的分析，見頁五〇六。此暫略。

以上所舉這五個範疇，熊氏以爲並不全是主觀的，或是客觀的，是「兼屬主客的」，這樣的論點是很自然成理的。因爲就這裏所謂的範疇乃是使得那存有的根源所顯現的「無執著性的、未對象化的存有」能得因之而有所執定，成爲一「執著性的、對象化的存有」，範疇之爲範疇並不是落在那「執著性的、對象化的存有」這個階層而說的，範疇是使得這「執著性的、對象化的存有」能得成立的根據。但當我們一談及所謂的「主觀」或「客觀」，便得落在那「執著性的、對象化的存有」這個階層來立言，因此，熊氏這裏所謂的「主客兼屬」根本上是超乎主客對立之上的。若相對而言，因假施設，說有主客，「在主觀方面，只是含有無窮分理，隨宜發現之可能的裁制力，並不是豫儲就若干有限的格式，在客觀方面即事物上決定具有與主觀的裁制相符應之法則。因此，主觀的裁制乃因物曲當」⑱。換言之，對於事物的裁制之所以不妄而可徵，是因爲事物本身就具有與此裁制相符應的法則，而這裏所說的法則並不是一超乎事物之上的大原，而是隨事物而言其呈現，隨在皆有軌範或形式，「蓋事物云者，從其顯現而言之，法則云者，從其顯現有序而言之」。這是說：當我們說任何一存在的開顯所成之事物，姑不論其爲執著性對象化與否，它之自如其如的開顯，一經人心的了別作用，便進入「存有的執定」之中，此便隨在皆有軌範或形式，我們說所謂「事物」的時候常是就存有的開顯與轉折及其執定而立說，至於說「法則」

⑱ 見《論著集》，頁五〇八。

時，則就存有之開顯成爲一執著性的、對象化的存有彼此的關係而說。熊氏更爲完整的說：

「總之，範疇本兼主客，在客觀方面，名爲範疇，在主觀方面。亦名爲裁制（亦之爲言，意顯在主觀方面非不名範疇也）。所以者何？物上具有種種軌範和形式或法則，是名範疇。此其屬客觀方面者也。心緣物時（緣者，攀緣及思慮等義），物之軌則，頓現於心，而心卽立時予以製造，是名裁制。此裁制，卽物上範疇經過心思的營造而出之者也。心之攝取物上範疇，並非如照相器之攝影而已。故範疇不唯屬物或客觀，而亦屬心或主觀。但在主觀方面，範疇乃成爲活活的、有用的，並且變爲離事物而獨立的東西。可以把感識中未經分別的事物呼喚出來，使之客觀化，而予以控制。此知識之所由可能。」⑲

如上所述，範疇本兼主客，在客觀方面名爲範疇，在主觀上名爲裁制。這是說，究極來說，範疇是先於主客的，是無所謂主客的，若因假施設，方便的、對等的來說，客觀方面說是範疇，主觀方面則說是裁制，其實範疇與裁制並非爲二，兩者本爲一體。他之所以定要分作主觀、客觀是因爲吾人內心的了別作用而有的。大致說來，它的整個情形是如此的，由於作爲一活生生的實

⑲ 見《論著集》，頁五一〇。

存而有這樣的我們之進入到這個世界之中，開啟了存有的根源，使得存有的根源自如其如的開顯其自己，再進而經由識心之執的作用使得那存有因其轉折所具有的可能性，而導致了存有的執定，在這過程中，是當下的，無時間歷程的。我們可以說：從存有的轉折到存有的執定，經由概念機能總體的執取而成爲一決定的定象，而所謂概念機能總體的執取之能成爲一決定的定象是因爲兼爲主客的範疇之功能，由範疇之攝受萬物，而得裁制也，因之而成⑳。這樣子，就如熊氏所說的「可以把感識中未經分別的事物呼喚出來，使之客觀化」這便是使得知識所以可能的理由。

如上所舉五範疇：時空、有無、數量、同異、因果，這分明是就存有之開顯，及其轉折，還有由此而來的執定之可能，再由此可能因之而有的概念機能總體的執取與決定必然要有的因假施設，這樣的因假施設，於客觀而言，名爲範疇，於主觀而言，則爲裁制，而裁制與範疇實爲同一件事物之所以要成立兩個不同的面向。時空是物之存在的形式，有無則爲一切物必然具有的兩種型範，數量則爲對於事物之複雜的散殊的方面，能行其質測，同異則可爲彙同亦可爲別異，因果則爲科學所待以成立之條件。總而言之，這五範疇乃是那存有之執定之所待以成的根據，而此根據是主客兼屬的。以上所論，蓋專就那「執著性的、對象化的存有」這個階層而立言，至若追本

⑳ 勞思光先生以爲這種雜多必在理解之潛在運行下被範疇所範鑄，始能成爲經驗對象（見勞思光著《康德知識論要義》，頁一〇三，河洛圖書出版社印行，民國六十三年，臺北）。這裏所用的「範鑄」一辭頗爲傳神，與熊先生這裏所謂的「裁制」一詞相近。

溯源，越過此「執著性的、對象化的存有」，上及於那「無執著性的、未對象化的存有」，進而去敲扣「存有的根源——『X』」，就此「存有的根源——『X』」亦可假說範疇，而彼之所以爲假說，乃因爲就其存有的根源來說，則心行路絕，言語道斷，本無範疇可說：若權宜施設，依本體之流行，假設言詮，則亦可有範疇可說。熊氏於此剃除了空時及因果，而只談數量、同異、有無三範疇。熊氏說㉑：

（甲）「數量：吾國先哲談數理，以爲數立於無，不倚於物。故嘗以一來表示道體。如《易》曰：『天下之動，貞夫一者也』，言此一，爲萬變之所由起，故萬變中自有貞固之德，而不憂夫變之或窮，以一故也。一者，本體也。此以一爲道體之目，亦含有範疇的意義。因爲一之爲言，表示是絕對的。此絕對義，卽本體上所具有之軌範也。又如《易》及老氏以一生二、二生三，說明本體流行。本論轉變章，頗可闡發，可以覆按。故知數量一範疇，於本體流行上，應說爲有。」

（乙）「同異：依本體流行而言，翕闢相反，故異之一範疇，是其所由。翕以顯闢，

㉑ 見《論著集》，頁五一一。

闢以運翕，反而相成，歸於合同，故同之一範疇，是其所有。」

(丙)「有無：絕待故，眞實故，圓滿故，成大用故，應說爲有。淸淨湛然，遠離妄識所計種種戲論相故。應說爲無，故有無二範疇，是本體或本體之流行上所具有的。」

以上所論的三對範疇與前所論的五對範疇標目之相同者相比較，我們可以明顯發現標目雖同，然內容頗異，因就前五對範疇所標之相同者而言，乃就「執著性的、對象化的存有」而立言，此處所論之三對範疇則是就「本體」、是就「存有的根源——『X』」而立言的，前者著重其別異與區分，而後者則著重其開展於顯現之動力。前者是對比而區分的說，後者則是對比而辯證的說。前者著重於存有的執定，而後者則著重於存有的根源自如其如的開展。

四、結　語

如上諸節所述，我們可以淸楚的了解到熊氏他一方面由「存有的根源——『X』」自如其如的開展其自己論起，而另方面則又注意到相應存有的開展，有其不同的知識論結構，一是本心，一是習心。本心乃是相應於存有之本然的、自如其如的開顯其自己，本心與宇宙本體是有其內在的同一性的，本心乃是人之作爲一活生生的實存而有這樣的一個存在，他之進入到這個世界中，去敲扣存有的根源之門，去啟動存有的動源，這樣的動源是邁越了執著性的、對象性的存有階層，而進到一無執著性的、未對象化的存有這樣的階層，才得去啟動的，這是將那「存有的根源——『X』」這樣的實踐理念，內化於吾人心身之中，而成的一個心源動力。習心則不然，習心所指是經由吾人實用之要求而慢慢形成的一個慣習，這樣的慣習指的是由存有的開展、轉折，終而存有有所執定，由那「無執著性的、未對象化的存有」轉折、執定成一「執著性的、對象化的存有」，這是經由人們的感識功能，進而意識功能，終而使得概念機能總體通過範疇，而對於事物有所裁制，形成一概念性的決定，成爲一被決定的定象。

由存有的開顯到存有的轉折及其執定的可能，繼而由概念機能總體的執取決定，終而穩立了存有的執定所成的對象。這裏處處可見，熊氏匠心獨運，他破斥了傳統的知識論上的符應說，他不是一柏拉圖式的觀念論，也不是亞理士多德式的實在論，也不是康德式的批判哲學，雖有同於柏格森式的生命哲學，但骨子裏卻有甚大的差異。他自己建立了一套活生生的實存而有的存有學，一套由本體開顯爲現象這樣的本體現象學，相應於這樣的存有學及本體現象學，他又建立了一主客互融，範疇裁制一起完就的知識論。這樣的一套論點，明顯的成就了兩層的存有的論點：一是「無執著性的、未對象化的存有」，另一是「執著性的、對象化的存有」，前者是就「存有的根源——『X』」自如其如的開展而說的，後者則就存有的開展因之導生的存有的轉折，及因之而有的存有的執定之可能，加上概念機能總體的執取決定而成的。我們在談存有的開展、轉折與執定時，有所謂的範疇之說，這樣的範疇之說，一是就「存有的根源」說的，一是就「存有的執定」上說的，前者是就一直貫的、創生的活動而說的，後者則就一橫攝的、認知的執取而說的。

再者，如上所論，我們可知熊氏摒除了以氣爲材質，理爲形式，存在是理氣之合這樣的論調，因爲既分理氣、既分形式與材質便屬執著性的、對象化的層次，這是二元分立的論述方式，此熊氏所不取也。因在此二元對立之上，原是渾淪一片的，整全不分的，熊氏之「存有的根源」蓋由是而立論也。姑不論其爲存有的執定——經由存有的轉折與概念的執取，或是存有的開顯；姑不論其爲「執著性的、對象化的存有」與「無執著性的、未對象化的存有」，此存有都是存有的根源自如其如的開顯，若欲論其歸本，則皆以「存有的根源——『X』」爲其歸也。

第九章　存有的根源與根源性的實踐方法論之穩立

一、前　言

在前一章中，我們對於「存有的對象之執定」已有所論略，我們清楚的知道存有的對象之得以執定並不全是主體的概念機能所凝成的，而是相應於主體的概念機能總體之執取，有其相應的存有之轉折及其執定的可能作為根底，若無此根底，則存有之執定為不可能也。這也就是說，那橫攝的、概念機能的執取這樣的知識論層面的問題是與那縱面的、本體功能（存有的根源）的開展這樣的存有論層面的問題相應相承的。那「執著性的、對象化的存有」與「無執著性的、未對象化的存有」這兩個不同的階層是相應的，是同一體之兩面，前者是經由概念機能總體而成的存有的執定，而後者則是由存有的根源而成的存有的開顯，此存有的開顯隱含一存有的轉折，由此存有的轉折，故而有存有的執定也。

我們這樣去論那「存有的對象之執定」，終極來說，則仍通極於「存有的根源——『X』」，由此存有的根源自如其如的開顯，而可以有存有的執定也。以前，我們在文脈中亦隨文點示的說，那存有的根源之能自如其如的開顯其自己，乃是因爲人之作爲一「活生生的實存而有」這樣的一個具有主體能動性的存有，他之進到這個世界中來，因而開啟了存有之門，使得這個世界成爲一活生生的實存而有的世界，人是整個宇宙存有開啟的契機，而歸結的說，我們又說，這樣的契機其源動力則在於所謂的「心」。人與宇宙有其內在的同一性，因而人的「本心」與那宇宙創造根源的「道心」是通極爲一的。

再者，我們要更進一步去探索的是：除了去敲扣存有的根源之門以外，在存有的開顯、轉折乃至存有的執定，這裏人們的「心」仍然扮演著一個重要的角色，他既是存有開顯的動力，是那縱貫性、創生性的動力，他又是存有的轉折乃至執定的動力，是那橫面的、識心之執的動力。除此之外，由於人之作爲一個活生生、有血有肉的人，他的存在是具體而眞實的，因之他在這個活生生的生命之場中，有可能因爲存有的執定，因之而造成了存有的封閉與異化，而之所以會造成此種情形，亦因爲心之習染所致。對於此存有的封閉與異化的克服，亦得經由「本心」之復歸以挽救之。換言之，存有的開顯有翕闢，隨之而行之心亦有昇降、染淨、順逆等等。存有的執定可只是概念機能總體的執定而成就一客觀性，亦可因之而進一層的轉爲存有的封閉與異化，前者是順那縱貫面、創生性的展開，而啟現的「無執著性的、未對象化的存有」之進一步的轉折與執定爲一「執著性的、對象化的存有」，這樣的「執」是一知識上的執，是一必要的執，是一客觀的執，亦可以說是一「淨執」。後者則是由於存有的執定導生了存有的封閉，這便使得那「執著性的、對象化的存有」失去了其「無執著性的、未對象化的存有」那一面相，使得存有的根源性因之而斷送了，這樣的「執著性、對象化的存有」便成了一染執之執的存有，是一異化的存有。顯然的，這些問題牽涉到極爲複雜的存有論、宇宙論、知識論、實踐論等層面的問題，它們是密不可分的，以前諸章或許亦隨文點說到，但有必要總的作一番疏清，本章的目的卽在此。

二、本心、習心的區別

熊氏在論及佛老時，一再的指出唯有儒家是體用兼賅，卽用顯體，承體達用，佛老都有談體而遺用的傾向，尤其他在論及佛家空、有二宗時，認爲空宗破相顯性，多少已破除了存在對象的定執性，並且也遣除了概念機能總體的實體性，使之一切歸於空，但畢竟耽於空，而不能談創生義的有。熊氏這樣的論調也不是說空宗是落入斷見的空，而是說空宗只能談「眞如卽是諸法實性」，而不能談「眞如顯現一切法」，這是說空宗已能越過一切「執著性的、對象化的存有」這個階層，而眞見到一平鋪的、如如的、無所作意的、無所起執的世界，這是一個當體卽如的世界，這亦可說是體用一如，只是這樣的體用一如乃只是一橫面的、平鋪的說的體用一如，非一縱面的、立體的、創生的說的體用一如。有宗則重在對於外在一切存在對象給予一安立與說明，然而熊氏以爲其說明應只能是一橫面的、概念機能總體識知執取的說明，這是一知識論式的說明，但有宗之無著、世親乃至護法、玄奘、窺基則將之轉成一存有論式的說明，既是存有論式的說明又不是一創生的、立體的說明，終而落入他所謂的構造論之中，這樣的構造論是依倚於阿賴耶含藏一切種子識而成的，阿賴耶作爲一切存在對象的本體。種子生現行，現行薰種子，種現分爲二，而又相薰，這裏有體用爲二之嫌，熊氏對之嚴予批評。再者，有宗除建立阿賴耶含藏一切種子識作爲現行之本體外，又另立一凝然眞如作爲本體，這便造成了雙重本體之過。當然，純就學問來論學問，熊氏對於佛家空有二宗的批評不見得應理，但是我們卻也可從中見出熊氏所欲建立者爲何。

他擺脫了空宗存有論化的層面，而儘將之視爲一方法論上的應用，這麼一來，他便將空宗融攝了進來；再者，他又將有宗唯識之論所含的存有論的層次，繼續提昇至一眞心的地步，與眞如本體通統爲一，但同時又保留了其方法論層面的可能，認爲在眞心本體的開展下可轉爲一概念機能總體的識執之心。這些論點最重要的改造動力，一方面是來自於熊氏個人生命上的要求，另方面則來自於中國傳統儒學典籍的激發，如《易經》、《中庸》、《論語》、《孟子》等等皆是。這麼一來，一方面立基於那道德實踐的理念，以一縱貫性、根源性的展開，另方面則又轉折爲概念機能的執取，以一橫面性、識知之執取的方式展開。前者爲本，後者爲末，本末通貫爲一，但畢竟以前者爲主，熊氏說：

(甲)「夫心者，恆轉之動而闢也。蓋恆轉者，至靜而動，至神而無，本未始有物也。然其神完而動以不匱，斯法爾有所攝聚，不攝聚則一味浮散，其力用無所集中，唯是莽蕩空虛而已。大化流行，豈其如是。故攝聚者，眞實之動，自然不容已之勢也。攝聚乃名翕，翕便有物幻成，所以現似物質宇宙，而恆轉至是乃若不守自性也。實則恆轉者，眞實而不可渝，純白而無染，剛健而不撓，豈果化於物而不守自性者乎。其動而翕也，因以成物而卽憑之，以顯發其自性力。明宗章說：『本體是遍現爲一切物，而遂憑物以顯』，此非深於觀化者，則信解不及也。」❶

(乙)「翕闢同屬恆轉之顯現，雖旣現而勢異，但翕中從闢，健順合而成其渾全，本旣不二，用乃故反，而實沖和，故翕闢不可作兩片物事看去。又翕則分化成多，而由闢運乎一切翕之中，無所不包通故，故多卽是一，闢則恆是渾一，而

❶ 見《論著集》，頁五四五、五四六。

以行乎翕或分殊之中故，即一亦爲多。知此者，可與窮神。」❷

如（甲）所言，「心」乃是那存有的根源啟動之動勢的一個面相，若就那存有的根源來說的話，它超乎一切執著相的囂擾分亂，但這並不是說它是死寂的靜，而是既是寂然靜然的，但卻又是神動無方的，其之神動無方，故無所執著、無所囂擾，這當然不落在那執著性的、對象化的存有這個階層來說。也因爲它是跨過了這個階層，而是在那無執著性的、未對象化的那個存有的階層，所以能「神完而動以不匱」，因爲就存有的根源來說，它是自如其如的開顯其自己的，是永不停歇的，除非人自己隔斷了存有的開顯，造成存有的封閉與異化，否則存有之開顯是生生不息的。所謂「宇宙內事乃己分內事，己分內事乃宇宙內事」❸便是這個意思，「天地之大德之謂生」、「生生之謂易」❹都可放在這裏來加以理解。值得注意的是，熊氏這裏更進一步提出「攝聚」這個重要的關鍵點，這是說由「存有的根源——『X』」自如其如的開顯其自己，這必然的會經由一「存有的轉折」，因而導致一「存有的執定之可能」，進一步，經由認識機能總體的識知執取，終而有一存有的執定，執著性的、對象化的存有於焉成立，作爲一認知的決定的定象因之而

---

❷ 見《論著集》，頁五四七。

❸ 見《陸象山全集》，〈年譜〉，頁四八九，商務印書館印行，民國六十八年四月臺一版，臺北。

❹ 分見《易經》〈繫辭〉（上）、（下）。

建立起來。再者，這決定的定象所成的一個執著性的、對象化的存有，它將又成爲那存有的開顯之場，存有之開顯是「憑物以顯」，是依憑著那執著性的、對象性的存有而開顯的。如（乙）所說，可以視之爲對於（甲）的補充說明，「翕闢」之作爲存有之根源的動勢之兩方，一旦顯現，則其動勢互有所異，但畢竟是以本體的開發、創造一面的健動之勢力作爲主導的，它必然的要作用於由翕勢所成的「存有的執定」這個層次，而有所進境也。「存有的根源」是「一」，「存有的執定」則是「多」，「一」必然要開顯，而「一」之開顯必然走向「多」，「多」其實只是此「一」之開顯而執定罷了。

順著我們對於（甲）、（乙）的分殊，我們大概可以清楚發現到熊氏所著重那作爲存有之開顯的動力的「心」，不只是憑空而說的心，而是落實於存有的執定而說的心，這意思也就是說，熊氏義下的實踐並不是一抽象而空洞，停留在本體（或者說存有的根源）這樣的實踐，這比起清末民初康有爲、梁啟超乃至章太炎等人所提出的實踐義涵有甚大之不同，值得注意❺。

熊氏融通了佛老，收攝了道家的道心、佛家的法性心，認爲此皆與儒家所謂的「本心」相近，當然這裏所謂的相近並不是說彼此所談一樣，而是說彼此屬於同一個階層。相對於本心的，則是習心，本心習心的對舉是與前面論到存有的開顯時，以功能、習氣對舉相應的。本心是就本

---

❺ 關於此，筆者曾有〈「抽象的感性」下的變革論者——以康有爲爲例——一個精神現象學式的解析〉一文，請參看，見《中國新文明的探索：當代中國思想家》，正中書局，民國八十年，九月。

體之恆轉之動而闢說的，本心是就那存有的根源自如其如的開顯其自己而說的。本心、本體、恆轉、功能、性智這些字眼，其實是相通的。「從人生論與心理學的角度而言，則名以本心。從量論的觀點而言，則名爲性智。」就宇宙人生統體而言，則名爲本體，就此本體之變動不居，則名之曰恆轉、功能。這是就越過了那「執著性的、對象化的存有」這個階層，而進到一「無執著性、未對象化的存有」這個階層，終而敲扣了存有的根源之門，就此存有的根源之作爲一實踐的理念，我們說它是本心或是性智。相對的來說，所謂的「習心」或「量智」，它是與熊氏所謂的「本心」與「性智」迥然不同。熊氏說❻：

(甲)「依本心的力用故有，而不卽是本心，畢竟自成爲一種東西。原夫此心雖以固有的靈明爲自動因，但因依根取境，而易乖其本。」

(乙)「本心之發現旣不能不依藉乎根，則根便自有其權能，卽假心之力用，而自逞以迷逐於物。故本心之流行乎根門，每失其本然之明。是心藉根爲資具，乃反爲資具所用也。而吾人亦因此不易反識自心，或且以心靈爲物理的作用而

❻ 見《論著集》，頁五四八～五五〇。

已。」

（丙）「心理學家每從生理的基礎如神經系絡等來說明心，或徑以心理作物理觀，亦自有故。夫根既假本心力用爲己有，而迷以逐物。卽此逐物之心，習久日深，已成爲根之用，確與其固有靈明不相似。而人類皆認此爲心，實則非本心，乃已物化者也。此心既成爲一物，而其所交接之一切境，又莫非物也。」

（丁）「吾人生活的內部之千條萬緒互相結合之叢聚體，是故喻如暴流，此紛紜複雜，各不相亂，而又交相涉入，以形成浩大勢用的暴流，當其潛伏於吾人內在的深淵裏，如千波萬濤鼓湧冥壑者，則謂之習氣。卽此無量習氣有乘機現起者，乃名習心。」

如（甲）所言，習心其實並不是在本心之外有另外一個心，習心亦是依持於本心的，但所不同的是「習心」是「依根取境」的，習心是經由感官而執取外在的事物而成的，因此容易乖離其本心。此正如（乙）所說，本心的顯現必須藉感官而顯現，而感官本身就有其權能，這權能雖不同於本體之功能，但他卻也能迷以逐物，就因這個執迷的特性，使得本心之流行常失其本然之明，心本來是藉著感官作爲資具，結果常爲資具所奪，這時候由這資具所奪的心便夾雜著習氣，而形成一個機體，此便是所謂的「習心」。如（丙）與（丁）所說，心理學家所以爲的「心」便是落在這層次而說的，但這樣的「心」並不是本心，這是熊氏一再強調的。

如上所論，本心與習心的差別並不是類屬不同的差別，而是層次不同的差別，本心是就「存有的根源」而說的，然而「習心」則落在此「存有的根源——『X』」之自如其如的開展所成之「無執著性的、未對象化的存有」之後，再經由概念機能總體的執定所成的「執著性的、對象化的存有」這個階層而說的。換言之，習心是不外於本心的，但是它本身因假根身而起，所以它自己形成一權能（暫時之能），由此權能而成爲一股勢力，形成一個世界，這樣的世界，我們可以說是習氣所成的世界，這世界同時是資具，但卻又可能與那存有的根源形成一異化的關係。一旦異化，便無得繼續開顯，這麼一來，存有的開顯所成的存有的執定，成爲一存有的封閉，存有一旦封閉，則惡由是而生也。

經由這樣的疏釋，我們勢將發現熊氏不同於佛家之以世間事物爲無明風動而起，對於世間事並不採取否定的立場，相反的，他眞正視到此世間的積極性，他認爲存有要開顯必得依待此世間作爲資具、作爲其開顯之場。或者，我們可以說，熊氏肯定那「執著性的、對象化的存有」這個階層，以爲這是存有的開顯所必得依待的。就此而言，他不同於佛家空宗所採萬法皆空的觀點，他不採取「破相顯性」的觀點，他採取的是「攝相歸性」的論點。他亦不同於佛家有宗的觀點，以為萬法唯識，一切的存在都是由於概念機能總體所變現出來的，都是由阿賴耶識所變現出來的，他認為概念機能總體並不是一終極之體，仍只是依因待緣而起的一個「機能」而已，就其實而言，它仍是空無的，眞正作為終極之體的唯那存有的根源而已，唯是那作為實踐的理念的存有的根源而已。熊氏所關心的不是要去破斥此「執著性的、對象化的存有」，而是如何的去成就此「執著性的、對象化的存有」，因為此存有於此雖為一「執著性的、對象化的存有」，但畢竟它是不外於存有之根源的顯現的，它並不是一消極性的存在，它仍然是一積極性的存在，作為這樣的存在，它成為存有的開顯之場。不過，要注意的是，這樣的存在卻也可能成為習染之場，而之所以習染，則是因為存有的封閉所成的。存有的封閉是因為那存有的執定所成的「執著性的、對象化的存有」經由人們感官的執取所成的蔽障而來的。該用功夫去除的是這樣的習染與蔽障，而不是那「執著性的、對象化的存有」，熊氏這裏顯然作了一個極為恰當的區分，這樣的區分是有進於宋明新儒家的。這當亦是當代新儒家之所以為新儒家最為重要的地方❼。

前面所言「習氣」是假根身而起，成為人生的資具，但這又可能成為一勢力極大的「權能」，甚而障蔽了存有的根源，使得它成為一存有的異化。但熊氏這樣的論點並不是說個人的生

❼ 後來的張君勱、徐復觀、唐君毅、牟宗三諸位先生等繼續這個理路，於一九五八年發表〈中國文化宣言〉，對於科學知識與民主社會的開出有進一步的安排。關於此，請參見林安梧《現代儒學論衡》，第二章〈當代新儒家在中國思想史上意義之理解與檢討——對一九五八年「文化宣言」的一個省察〉，頁一九～五〇，業強出版社印行，民國七十六年。

命機能是造成這異化或障蔽的起因，他只是說這樣的異化或障蔽乃只是在存有的開顯過程中，人所欲造就的存有的執定，在一動態的過程中，有所差失，因之而成的。換言之，人生之有惡的一面，這是因爲存有的開顯過程中，一種詭譎的變化昇降而已。是由於人的習染暫時凝成的而已，並不是說有一惡的本質與善相對也。因此，熊氏並不採取善惡二元論，他採取體用合一的一本論。換言之，熊氏並不採取氣質爲惡這樣的論點，而是深入的去探索「根身」，指出它是如何的轉向「權能」，而有「染習」，熊氏採取的不是一定性的、本質的、靜態的說法，而是一功能的、作用的、動態的說法。熊氏認爲「根身」是「最勝自在義」，是「清淨色」，而所謂的「色」是相用義，非質礙義，清淨色是能顯其相用微妙的，這樣的相用是非目所見，而且其力是不可測的，它不是機械性的作用，它是無所滯礙的，這樣的根身既非本心，亦非物，而是介乎心和物之間的一種東西❽。如此說來，根身並不是一感官的機能而已，它是介乎那無執著性的、未對象化的存有到執著性的、對象化的存有這樣的一個機能，這樣的機能既不是本心，也不是概念的機能，如果要說的話，應說是一感識的機能。這種機能的作用，熊氏卽名之曰：「見聞覺知」，如熊氏所說：「它元不是本心，只是根身假借心之力用，而幻現一種靈明，以趣境云爾」，但這並不是說見聞覺知是外於本心的一種覺知，如熊氏以爲的，「夫心之在人，本無時或息，然其流行於一身

❽ 見《論著集》，頁五五七、五五八。

之中，隨感而應，要不能不藉乎根，若無有根為此心發現作機括者，又從見得心。夫根者，只是生命力健以進，所形成的一種資具而已」❾。作了這樣的釐淸之後，我們可以淸楚的知道，熊氏一方面著重「本心」，但另方面又著重「根身」，本心是作為實踐理念之追求的一個根源性動力，而「根身」則是那本心發現必經的資具，相應於存有論而言，前者正相當於「存有的根源——『X』」，後者，則正相當於那概念機能總體所造成的「存有的執定」。熊氏總結其要點，作出以下的結論❿：

(甲)「作用者，卽剋就見聞覺知等等而名之也。」

(乙)「此見聞覺知等等作用，實卽心之力用，發現於根門者，故此，不卽是心體（心體是獨立無對的，沖寂無朕的，故不可說見聞覺知卽是心體），但心體亦非離見聞覺知而獨在（心體亦是流行不息的，若於力用發現者如見聞覺知之外，而欲別覓心體，則心體又安在耶）。」

(丙)「見聞覺知等等，通名作用，固如上說，但如嚴格言之，則見聞覺知等等，固

---

❾ 見《論著集》，頁五五九、五六〇。

❿ 見《論著集》，頁五六一。

有不得名爲作用者。夫作用之云，乃言夫本體之流行也。故心之力用，依根門而發現，爲見爲聞爲覺爲知，而非根所障，非習所錮者，卽此見聞覺知，名爲作用。需知，心之力用，流行乎根門，而根假之以自逞其靈明，卽根乃乘權，而心之力用始受障礙，且根乘權，則染汚習氣與之俱行，益以錮蔽此心。唯有守護根門而不放逸者，方不爲根所障、習所錮耳。若乃根假心力以自逞，而挾習俱行，由此而發爲見聞覺知，雖在通途亦名作用，實則此等見聞覺知，已不是本體流行，但是根與習用事故，卽不成爲作用也。故談作用，應當簡別。」

(丁)「作用義，旣經刊定如上，則作用見性義，亦不待深談而可知已。夫作用者，卽本體之流行而言之也。流行則未卽是體之固然。何者？流行是用，體者用之體。夫體無差別，而用有分殊。故自用言之，不卽是體之固然也。然體要不離流行而獨在，以舉體成用故，不可離用覓體故。是故於流行識體。」

如上所述，我們可以淸楚的知道本心的力用與見聞覺知是不二的，實踐的理念功能與概念的執取能力是不二的。與本心的力用、實踐的理念功能相應的是「存有的根源——『X』」(亦卽本體)，而與見聞覺知、概念的執取能力相應的是由「存有的開顯」到「存有的執定」，這麼說來，由存有的根源到存有的開顯到存有的執定這是通貫爲一的，它們是不二的。但值得注意的是由「存有的開顯」經「存有的轉折」到「存有的執定」，這個歷程中可能有一詭譎的發展。它可能會有所歧出，甚至反控，而形成一「存有的封閉」，或者「存有的扭曲」。熊氏以爲這個關鍵點並不是落在外在的客體物上，亦不是追溯於那「存有的根源」，而是由於人心的遮蔽所造成的。

就見聞覺知作用之本然而言，這原是本體之流行。換言之，由感識乃至意識的作用實不外於本體之功能也，概念機能總體之執取原亦不外於理念之實踐功能也。問題在於本心的力用，本體的功能通過根身而有的見聞覺知的作用，卻可能因爲根身的假藉自逞其靈明，於是根身乘權，心的力用便受到了障礙，於是成了一染污的習氣，因而錮蔽了人的本心。這時候的見聞覺知便不是能通極於功能本體的作用，而是根身乘權，習氣遮蔽而成者。

經由以上所作的疏釋，我們可以更進一步指出，熊氏的體用合一論，之所以能說體無分別，用有分殊，這是因爲那本體的流行與根身的乘權所扭轉而成的。或者，換個語言來說，那存有的根源自如其如的開顯其自己這原是無分別的，它是一「無執著性的、未對象化的存有」，既爲「無執著性的、未對象化的存有」則它便不是可以分殊的，既爲分殊，則已經由「存有的轉折」而到「存有的執定」，這是經由人的覺知而進到這個世界之後，再由概念機能總體所凝成一個認識的對象化的、執著性的存在。顯然的，這樣的一種「執著性的、對象化的存有」是不同於那「無執著性、未對象化的存有」的，是不同於原先的存有的根源自如其如、剎那剎那、生生不息的開顯者，那「執著性、對象化的存有」乃是經由概念機能總體而執定了那存有，因而它成了一確定的認識之對象，這是一決定的定象之存在，這樣的存在當然不是一恆久不變之存在，而是一暫時性的定在，此卽是所謂的「權」，或者所謂的「假」，它不是「常」，不是「眞」。這樣「權假」的一種「執著性的、對象化的存在」它由於其凝固性，因而積之以成勢，終而由權假而遮蔽了眞常，由那暫時性的定在所形成的勢力，終而遮蔽了本體之流行。熊氏一再的強調必須區分淸楚本心功能與習氣作用，因而他對於陽明後學之由發用處說良知，以作用見性爲性體，頗不以爲然，認爲他們有可能混情識爲良知⓫。

或許，我們亦可以說「本心」乃是就意識的本然狀態而說，「習心」則就意識之相涉於存在，並因之而起一執著性而說者，本心之爲意識的本然狀態，它初時是不與境相涉的，在「境識俱泯」的情況下，「境」與「識」各處在「在其自己」的狀態下，這時的意識之本然狀態乃是一「透明性」與「空無性」的狀態（此透明性與空無性又隱含著自由性與明覺性）。再者，境識相涉，一時俱起，初時乃因感識作用，只是根身之用，它是淸淨而無質礙的，它是神妙而不可測的，這是一境識俱起而未分的狀態，意識仍不失其透明而空無也。直到由感識轉而爲意識的緫

⓫ 見《論著集》，頁五六二。

成，一個執著性、對象化的認識主體於焉形成，這時意識已不停留在其本然的狀態，而是陷在一定象性、執著性的狀態中，或許我們可以說它處在一「染執性」與「權體性」的狀態之中。值得我們注意的是就此染執性、權體性之衍帶而有質礙性與障蔽性，而就此於意識之本然而形成一對比的張力而意識之本然的「明覺性」與「自由性」亦因之而開顯，其開顯是與時俱起的。或許，我們亦可說一般就認識層次而說的「意識」，乃是那本心（卽意識之本然）之陷在一定象性的執著之體上而成的；究其極來說，本心、習心非兩個不同範疇之心也，而是同一個心的兩個階層的表現，前者爲意識之本然，而後者乃此意識之本然的「坎陷」而說也，但皆可通極於一⑫。

⑫ 如牟先生所說，知體明覺之自覺地自我坎陷卽是其自覺地從無執轉爲執自我坎陷就是執。坎陷者，下落而陷於執也。不這樣地坎陷，則永無執，亦不能成爲知性（認知的主體）。參見牟宗三《現象與物自身》，第四章〈由知體明覺開知性〉，頁一二三，臺灣學生書局印行，民國六十四年，臺北。又今人常爲「坎陷」一詞起議論，實則「坎陷」一詞出自《易經》「坎卦」，其卦辭曰：「習坎，有孚，維心亨，行有尚。」朱熹釋曰：「習，重習也。坎，險陷也。其象爲水，陽陷陰中，外虛而中實也。此卦上下皆坎，是爲重險，中實爲有孚心亨之象，以是而行，必有功矣，故其占如此。」（見《易本義》，頁二七，世界書局印行，民國七十二年十一月七版，臺北。）就此來說，坎陷一詞非僅無偏曲義，反而是「有孚心亨」之義，牟先生之用此詞，蓋正視知性主體之客觀性也，筆者以爲這在熊先生的體用哲學中已略見此義，又熊先生對於「坎卦」之解，請參《論著集》，頁五二〇，又關於《新唯識論》與《易經》在熊先生的體系中究何關聯，請參看《讀經示要》（下）之卷三，頁六〇四～七四二，明文書局印行，民國七十三年七月，臺北。

三、根源性的實踐方法論之穩立

從以上關於本心、習氣乃至作用、功能的分析與闡明，我們可以更進一步去探索熊氏的實踐方法論。大體說來，熊氏的實踐方法可以名之曰：「根源性的實踐方法」，是越過了執著性的、對象化的存有而上及於無執著性的、未對象化的存有，進而敲扣了存有之門，讓那存有的根源自如其如的開顯其自己。這樣的實踐方法看起來好似一歸返之路的實踐方法，但這並不就是歸寂（歸於寂然）的實踐方法。因爲在熊氏說來，歸返之路卽是開顯之路，卽用顯體，承體達用，體用如如不二，熊氏警告說：

「夫佛家之學，無論小宗、大乘，要皆歸趣證體，略小談大，空宗形容本體空寂，甚深微妙，窮於贊嘆。然諸大乘師談本體，頗表現一種超越感，卽對於至高無上的至善的眞理，而有無限的莊嚴之感。同時起一種極懇重的欣求，如故是謂超越感。這種感固極可貴，吾人所以破現實生活之桎梏者，全賴乎此。然復須知，若學者由諸大乘師之所啟示而發生此種超越感，便謂已至究竟，此則大謬。夫諸大乘師，以言說方便，引令學者發生超越感，固非以此爲究竟。而在學者當發生超越感時，其自身猶未能與眞理爲一，蓋未免心外有境。」⑬

由那執著性的、對象化的存有超邁出來，對於那存有的根源起一個嚮往之情，這是可貴的，但若執著於此，則可能將這存有的根源對象化了，而以之爲一超絕的存在物，這麼一來，極可能便陷溺在那被你凝成的存有根源之中，這時的「存有的根源」變成了一個僵固之體，置之彼岸，它便無所開顯，這便是所謂的「談體而遺用」。熊氏對於大乘空有二宗皆有所批評，但獨喜禪宗，他說：

「禪家與，而直指本心，心卽是理，理卽是心，於是心外無境，吾人自身雖復隨俗說爲在現實世界中，而實乃夐然超越。以在己之心，與遍爲萬法實體的理，旣是一而非二，則稱眞而談，當體超越，豈於自身外，別有一超越之境爲所感者哉。夫超越在己，卽超越不是感。宗門直指本心，其視大乘空有二輪，又進而益親切者也。」⑭

⑬ 見《論著集》，頁五六四。
⑭ 見《論著集》，頁五六五。

值得注意的是熊氏之喜禪宗是就其直指本心、稱眞而談、當體超越而說的，熊氏理解這些話頭時是從自己的體用哲學的角度來理解的，不必是禪宗的本義。就上所引，可知熊氏所強調的功夫既是超越的證會本體，又是當下的切入。對於一切的存在而言，作爲一現實世界中的存在都是一執著性的、對象化的存在，這樣的存在是一分殊的存在，是經由吾人的了別心起了別作用而成的存在，是經由感識的投入，境識一體，再經由概念機能總體的執取把握而成的一執著性的、決定性的定象。這是由存有的根源自如其如的開顯，因之而轉折，再而形成的存有的執定，它們本然上是不二的；因此，所謂的「當下切入」並不是以一對象化的方式去執取一個認識的定象，而是以一逆反的方式，從一定象性的存在中超越出來，而回到存有的根源。此存有的根源即所謂的本體是也。如此說來，「當下切入」與「證會本體」原是二而一，一而二的，是一體之兩面。換言之，這樣所說的「超越」乃是一來自於自家生命根源的一個動力，這是一種根源性的實踐動力，它並不是對於一對象物的感知，所謂「超越在己，卽超越不是感」，正指的說：超越乃是一自發的力量，是歸本自身而來的根源性力量，不是一由外在的對象物或者超絕的對象物所感而起的力量。筆者以爲熊氏所提出的「根源性力量」對於中國當代思想的危機頗有克服的力量，這是整個中國在救亡圖存中，特別值得重視的精神資源。

講明了這個根源性的實踐動力之後，我們要更進一步去究明它的方法，熊氏說：

「夫神明沖寂，而惑染每爲之障，眞宰無爲，而顯發恆資保任。嚴矣哉！保任也。眞宰不爲惑染所障而得以顯發者，則以吾人自有保任一段功夫耳。保者，保持，任者，任持。保任約有三義：（一）保任此本心，而不使惑染得障之也。（二）保任的工夫，只是隨順本心而存養之，卽日常生活，一切任本心作主，卻非別用一心來保任此本心也。（三）保任的工夫，既是隨順本心，卽任此心自然之運，不可更起意來把捉此心。程子所謂未嘗致纖毫之力是也。若起意，則是妄念或習心竊發，而本心已放失矣！」⑮

就此「保任」的工夫看來，它是卽工夫卽本體的，它是由日常生活所遭逢的事物作爲切入點的，是一種「當下的切入」，由於此當下的切入，因而邁越了執著性的、對象化的存有，邁越了存有的執定，而進到一無執著性的、未對象化的存有這個階層，見到了存有的開顯，遭逢了本體的流行，進而得以敲扣那存有的根源之門，進而得因之以見體。「當下的切入」與「證會本體」原只是一體之兩面，作工夫仍只是保任而已。誠如熊氏所說：

⑮ 見《論著集》，頁五六五。

「只是保任，原非於本體有所增益，但勿爲染習所縛，勿順軀殼起念，而使本心恆爲主於中，則大明朗乎無極，性海淵兮絕待，斯以靜涵萬理，動應萬變，動應則神不可測，靜涵則虛而不屈，是爲動靜一原。」⑯

這也就是說，保任本體才叫「工夫」，超越了存在的執定，揭露了存有的根源便叫「工夫」；然而這個「保任的工夫」乃是本體的自明自覺，亦卽工夫是由本體而發，並不是別有一段工夫來保任那本體；換言之，所謂去揭露存有的根源，這裏所說的「揭露」其實是來自存有的根源，自如其如的動力，並不是由另一個存在去揭露存有的根源。工夫與本體是不二的，如熊氏所言：

(甲)「無工夫而言本體，只是想像卜度而已，非可實證本體也。唯眞切下過工夫者，方實證得本體卽自本心，無待外索，無工夫，則於此終不自見，不自承當，唯以一向逐物的知見去猜測本體，是直以本體爲外在的物事，如何得實證。實證乃本體之自明自了。故本體如被障而不顯，卽無實證可言，若知工夫切要，而未知工夫卽本體，是工夫皆外鑠，而昧其眞性，此之謂冥行。又且如

⑯ 見《論著集》，頁五六六。

無源之水，求免於涸也不得矣！」⑰

(乙)「遠自孔子已揭求仁之旨，仁者本心也，卽吾人與天地萬物所同具之本體也。至孟子提出四端，只就本心發用處而分說之耳。實則四端統是一個仁體。後來，程伯子〈識仁篇〉云：『仁者渾然與物同體，義禮智信皆仁也。』此則直演孔子《大易》『元者，善之長也』意思。《易》以乾元爲萬物之本體，坤元仍是乾元，非坤別有元也。楊慈湖深得此旨，元在人而名爲仁，卽是本心，萬善自此發現，故曰『善之長』，逮陽明作《大學問》直令人返諸其內在的淵然而寂，惻然而感之仁，而天地萬物一體之實，灼然可見。羅念菴又申師門之旨，蓋自孔孟以迄宋明諸師，無不直指本心之仁，以爲萬化之原，萬有之基，卽此仁體，無可以知解向外求索也。」⑱

(丙)「明儒許魯源曰：『唯仁者性之靈，而心之眞，凝於沖漠無朕，而生意盎然，洋溢宇宙，以此言性，非枯寂斷滅之性也。達於人倫庶物，而眞體湛然，迥出

⑰ 見《論著集》，頁五六七。

⑱ 同前揭書，頁五六七、五六八。

塵累，以此言心，非知覺運動之心也。故孔子專言仁，傳之無弊。』魯源此說，可謂得儒家之旨。」⑲

如（甲）所言，此是申明即工夫即本體之義，強調工夫不待外鑠，當實證其體，說眞正的工夫乃是去揭露存有的根源，而所謂去揭露存有的根源其實就是存有的根源自己揭露其自己而已。亦唯有這樣的工夫才是一有本有源的工夫，這樣的實踐方法論乃是一根源性的實踐方法論，是一存有的根源自己揭露其自己的方法論。如（乙）所言，可見熊氏以爲徹頭徹尾，儒學的實踐方法論都是此即工夫即本體的實踐方法論，孔子所謂的「仁」，便是吾人與天地萬物所同具的本體，而孟子所提出的四端則就本心發用處來說，四端根本上就是一個仁體。這樣的一個仁體是與宇宙的源頭之體合而爲一的。如（丙）所說，「仁」是性之靈，是心之眞，凝於沖漠無朕，而生意盎然，這也就是說，「仁」是作爲人這個存有的源動處，是開啟存有的動源處，這樣的一個「動源處」它卽便是宇宙本體的動源處，存有的根源因之而自如其如的開顯其自己，刹那刹那，生生不息。如上所論，顯然的，熊氏是將道德實踐的工夫與存有論、宇宙論的生發與創造等同爲一。所謂的即工夫即本體，此本體不只是心體而且是宇宙之道德，兩者是通而爲一的。

⑲ 同前揭書，頁五六八。

我們或許會問：像熊氏這樣的將道德實踐的工夫與存有論或者宇宙論的本體等同起來，這是否犯了範疇誤置的毛病。或者更為粗淺的說，孔子之學都是教人在實事上致力，曷嘗談到本心、仁體呢！你現在硬是要談仁體本心，這根本上是自己添加的。其實，這兩個問題是相關的，先就後者來說，孔子之學大體而言是就實事上如何致力而教人，但這並不意味他不談到本體、本心、仁體等等。因為如《論語》所載，子貢所說：「夫子之言性與天道，不可得而聞也[20]。」這分明只可說「不可得而聞也」，並不是說孔子不說「性與天道」，而且子貢這樣的說法，就其語句的記載看來，是承認了孔子「言性與天道」，只不過他個人或者許多學生不可得而聞也罷了。再說，我們從《論語》中的記載，亦可知孔子是通過一生活世界中的事物，當機指點，而其指點的總會歸是「仁」。顯然的，「仁」不只是一個實際的德目而已，我們常說「仁」是眾德之全，但這「眾德之全」一詞，若不善會將可能帶來甚大的錯誤[21]。當我們說「仁是眾德之全」，這裏所謂的「眾德之全」並不是說「仁」這個字眼是用來作為涵蓋其他各德目的一個共相式的概念，而是說「仁」這個字眼可以說是一當下活生生實存而有的一個實踐的活動，這樣的活動是通極於天地人我，無所不在的，它是一種根源性的實踐活動，既為根源性的實踐活動，所以可以涵蓋其他各

---

[20] 見《論語・公冶長》篇。

[21] 關於「仁與眾德」之論題，請參看蔡仁厚《孔孟荀哲學》，卷上「孔子」之部，第五章，頁八三～九九，臺灣學生書局印行，民國七十三年十二月。

個小的德目。如果，我們依然用熊十力衆漚與大海水的體用合一的比喻，我們可以說「仁」是大海水之全，而其他諸德，如「義、禮、智、信」等等，則如衆漚，即此衆漚便都是大海水的顯現，衆漚與大海水是不二的，體與用原是合一的。

誠如熊氏所言：

「孔子答門下問仁者，只令在實事上致力，易言之，即唯與之談工夫，令其由工夫而自悟仁體，卻不曾剋就仁體上形容是如何如何。一則此非言說所及，二則強形容之，亦恐人作光景玩弄。」㉒

這卽如前面我們所說「當下切入，證會本體」，這是在事上指點，而所謂的指點，正要顯其本體也，這是當下的在存有的執定中往上探索，而見得本體之流行，見得存有的顯現，進而敲扣存有的根源之門。這樣子來說的「仁體」便不是一個現實存在事物上的規範，而是由此現實存在事物的規範，進而發現此規範之爲規範的特質乃在於是一活生生的實存而有的一個動源的展開，規範乃只是一因應存有的執定而有的權定而已，它之所以爲合理乃因爲是由此活生生的實存而有的動

㉒ 見《論著集》，頁五六九。

源所展開的，它是通極於此活生生的實存而有的動源的。或者，我們可以簡單的說：存有的根源性動力卽是作爲人的根源性的實踐動力。當然，這樣說的存有的根源性並不是一往外推開的說，不是一種客觀知識的探討，因爲任何必須論及所謂「存有的根源性」這樣的論題時，絕對不是一知識的執取所能盡其事的，相反的，存有的根源性的探討必然的要越過了概念機能總體所執取而成的知識層次，它是屬於一實踐之理念這樣的層次，而且當我們說其爲「實踐的理念」時，是卽其爲實踐而言其理念的，是卽其理念而說爲實踐的，是卽實踐卽理念，卽理念卽實踐的，理念與實踐合而爲一。如此說來，我們要說，作爲「存有的根源性」之探討這樣一門叫作「存有學」或者叫作「本體學」的學問，乃是一由我們這個「活生生的實存而有」進到這個世界之中而開啟的。原來，「仁體」之「體」就不是一凝然不動之體，而是一「體現」之「體」，是一「體會」之「體」，「體」這個字眼乃是一實踐的活動，而不是一靜態之物，熊氏之以「恆轉」、「功能」等詞來說本體正是由於如此。

上來說到孔子是當機指點仁的，而仁體卽此本體之體、本心之體，這是由當下切入而證會本體的，並不是只在當下停當討個便宜行事而已，孔子之學乃根源性的實踐之學，非世俗之禮儀軌範而已，孔子之所以爲孔子以其有天地萬物爲一體之氣象也，無此氣象何足以爲孔子。

再者，須得一提的是熊十力並不是一味的要排斥佛家的思想，他之作《新唯識論》爲的是要融會儒佛，他強調[23]：

(甲)「本論析儒佛之違而會其通，以契應至理為歸，而於佛家別傳之旨，尤覺其與儒者直徹心源處特有吻合（心源謂本心或本體）。是故會寂與仁，而後見天德之全。」

(乙)「會通佛之寂與孔之仁，而後本體之全德可見。夫寂者，眞實之極也，清淨之極也，幽深之極也，微妙之極也。無形無相，無雜染，無滯礙，非戲論安足處所，默然無可形容，而強命之曰寂也。仁者，生生不容已也，神化不容測也，太和而無所違逆也，至柔而無不包通也。」

(丙)「本體具備萬德，難以稱擧，唯仁與寂可賅萬德，偏言寂，則有耽空之患，偏言仁，卻恐末流之弊只見到生機，而不知生生無息的眞體，本自沖寂也。夫眞實、清淨，生生所以不容已也；幽深、微妙，神化所以不可測也，無方相乃至無滯礙，而實不空無者，唯其仁也。」

㉘ 以下甲、乙、丙三者俱見《論著集》，頁五七四。

如上所引述，熊氏雖然一再的提出佛家談本體畢竟於寂靜的方面，提揭獨重，此不同於儒家其談本體，畢竟於仁或生化的方面提揭獨重；但他卻又強調禪家的「作用見性」與儒家的「卽工夫卽本體」其意旨有相通處。再者，他以爲根本上佛家是遺倫物，獨處淸閒，壹意收攝精神，趣入本眞，反求自性，高材故易證眞；相對的來說，儒家是於人倫日用、萬物酬酢處致力，雖云隨處體認天理，而精神發散易，收攝較難，如非上等根器，又深於涵養者，則日用踐履處，幸免差忒，而大本透脫不易[24]。正因爲他見到了佛儒之異與限制，因此，如（甲）與（乙）所述，他著重的是要「會通佛之寂與孔之仁」，他以爲如此本體之全德才可見，而所謂的「寂」是「眞實之寂」、「淸淨之寂」、「幽深之寂」、「微妙之極」，它是無形無相，無雜染，無滯礙，非戲論安足處所，默然無可形容，勉強名之曰：寂。所謂的「仁」是「生生不容已」、「神化不可測」、「太和而無所違逆」、「至柔而不可包通也」。顯然的，這裏所謂的「寂」與「仁」，是通而爲一的。「寂」之所指正可以如上節筆者所提的「意識的空無性與透明性」相應，而所謂的「仁」則是隱含於此空無性及透明性之後的「自由性」與「明覺性」，意識之本然的空無性、透明性與自由性、明覺性是通而爲一的。再者如（丙）所述，如果偏言寂，便有耽空之患，偏言仁，卻恐末流之弊只見到生機，而不知生生無息之眞體，本自沖寂也。

[24] 見前揭書，頁五七二。

這是說，如果只注意到「存有的根源——『X』」，以爲它就是一個凝然堅住的事物，或者只就那存有的開顯所成之無執著性的、未對象化的存有這個階層，以爲此即是那眞如本體，也就是說以爲「眞如卽是諸法實性」，而喪失了「顯現」這個動力，忘記了存有之爲存有乃必得談一存有之開顯，如此方可以談那存有，停在那凝然堅住的本體裏，則便是談體而遺用，或者迷在那一體平鋪、自如其如的體用一如，而無一縱貫的創生性、根源性的實踐動力，這便會導致對於世界的遺忘，儒家之特別重視所謂的「參贊」之義，正在於可免此病也。不過，熊氏於此特揭儒家末流可能之病是「只見到生機，而不知生生無息之眞體，本自沖寂也」，就這段話，我們可知熊氏的確有取於佛家之空與寂，其學實不同於所謂的生命哲學家之言也。這是說，如果我們忘記了由「根身乘權」可能累積的習染，造成的業勢，它可能導致存有的遮蔽，一意的以爲當下皆是良知的發露，則很可能會以情識爲良知，以根身乘權所成之習染爲天理之流行。熊氏之一再強調要融佛之寂以會易之神、儒之仁，乃是因爲佛家所謂的「寂」，著重的是邁越了存有的執定，深入存有的開顯，佛家對於一切「執著性的、對象化的存有」皆予以遮撥、超越，終而得進入一「無執著性的、未對象化的存有」，這樣的一種路數多少可以給儒家一些幫助，因爲儒家的隨處體認工夫，若不小心，便會隨處而流蕩無歸，或者端在隨處上大大著力，只是作個現實規範的奴隸而已，佛家特重超越意識，卻可於儒家之病有所針砭也。

如上所述，可見所謂的「超越意識」並不是一隔絕於倫常日用的意識，而是卽於倫常日用間，當下切入，由執著性的、對象化的存有這個階層翻越而上，進至無執著性的、未對象化前的存有，終而敲扣存有的根源之門，使得存有得以自如其如的開顯其自己，如如無礙。換言之，超越並不是指向外境，而是透向內裏，進至化境，尋得根源。如熊氏所見，如果窮際追求，拼命向外，終不返本，其流害甚大，約略來說，有以下數端㉕：

(一) 眞性無外，而虛構一外境，乖眞自誤。

(二) 追求之勇，生於外羨，無可諱言，外羨之情，猶存功利，惡根潛伏，烏知所及。

(三) 反本則會物歸己，位育功宏，外羨則對待情生，禍幾且伏，如何位育。

(四) 外羨者內不足，全恃追求之勇為其生命，彼所謂無住生涯，無窮開展，雖說得好聽，要知所謂開展者，只恃外羨之情，以鼓其追求而已。畢竟虛其內，而自絕眞源，非眞開展。

熊氏以為所謂的「反本之學」重在「去客塵而復自性，是乃轉捩間事，古德所謂『一念迴機，便同本得』是也。」，他以為由於被客塵所錮蔽，因而迷失自性，如果能「乘性覺而返識本來，則恆保任此覺，俾得日益顯發，方可刮去客塵，性覺顯發一分，客塵方得去一分，顯發十分，則客塵可去十分。乃至全體顯發，則纖塵淨盡」。而總的來說，所謂的轉捩就在「返本一幾」，如果斥絕了本，這樣便不識自性，只是懸個鵠的在外頭，窮際追求，這樣的話，所說轉捩就不知要轉

㉕ 見《論著集》，頁五八一～五八二。

到什麼地方去（同㉕）。換言之，返本一幾，重要的是如何由現實的存在事物切入，而去證會本體，這是去除定象的執著，邁越存在的執定，開啟存有的根源，而不是擺脫現實，去向一冥冥之際追求，因爲如果是擺脫現實存有的執定之物，而一味的以爲有一個超絕於現實之上的形而上實體，則將造成存有的封閉，這是值得我們去注意的。須知「返本之學，初則以人順天而自強，久則卽人而天，絕亦不已」，這是說所謂的返本之學，起先是要經由一番克治的功夫，邁越存有的執著性、對象性，進而才得敲扣存有的根源，並順此存有的根源自如其如的開顯其自己，用功既久，當下的「人」便是一「活生生的實存而有」，他與那存有的根源是不二的，將如那存有的根源自如其如的開顯其自己，一方面，剛健不息，一方面，卻又無所繫縛，無所執著，無所障礙，無所遮蔽。

四、結　語

經由以上的疏釋與理解，我們可以清楚的發現熊氏的實踐方法論可以名之爲「根源性的實踐方法論」，這樣的實踐方法是以「任持本心」爲主的，是以當下的返本一幾爲切入點的，而這樣的當下切入，爲的是證會本體。而所謂的「證會本體」並不是離現實存在事物之外又去尋個超絕敻然的本體，以爲追求的鵠的，而是卽本體卽工夫的，卽用卽體的，因爲並沒有一個不開顯的存有之根源，既要證會存有之根源則存有之根源必自如其如的開顯其自己也，否則只是一空寂而不生化的存有之根源何足以爲存有的根源。

無論是「任持本心」，無論是「返本一幾」，無論是「當下切入，證會本體」，這都意味著所謂的道德實踐工夫是一種根源性的實踐工夫。這種根源性的實踐工夫所著重的是正視「存有的執定」所可能帶來的限制與遮蔽，乃至扭曲與異化，因爲存有的執定是由於那存有的轉折，以及人們概念機能總體的執取而成的，在存有的轉折與概念機能總體的執取過程中，由於人的根身之發用，乘權以起，造成一種反控與限制、遮蔽，乃至扭曲與異化；但是並不是就停留在這個「執著性的、對象化的存有」階層裏去對治，而是要邁越這個階段，進至一「無執著性、未對象化的存有」這個階層，終而才得去開啟存有的根源之門，由此存有之根源而有根源性之實踐力也。換言之，道德實踐之事乃是如何疏通存有根源之事，非僅一般之道德規範、守規矩而已，對於那宰制性的道德規條、那會以理殺人的條目，更當有一超邁，而不爲所限也。道德實踐之事絕不是落在人們的概念機能總體上所能盡其功的，概念機能總體所對者是一知識世界，是一執著性的、對象化的存有而成的世界，是落在存有的執定所成之世界，在此之外，概念機能總體不能爲主，只可爲次，作爲輔助，或可也。道德實踐之事乃爲一理念之追求事也，但所謂的理念的追求並不是有一超絕於人間之外的懸鵠之的，而是我人之作爲一活生生的實存而有這樣的一個具有主體能動性的人，他之進到這個世界之中，作爲存有根源的啟動者所內在具有的一種能力，這樣的能力與大化流行之能力是合而爲一的，因爲我們說那大化流行其實便是人們的參與進入，因而得以開啟的，它本來與人便是一個整體。

「返本一幾」、「當下切入，證會本體」、「任持本心」，要人們眞進到無執著性的、未對象化的存有，進而敲扣存有的根源，並依存有的根源自如其如的開顯其自己，這並不意味著對於那執著性的、對象化的存有有一拒斥作用，並不是以爲那存有的執定都只是負面的價值，而無正面的意義。相反的，去疏通存有的根源，所謂證得本體是要那存有的根源自如其如的開顯其自己，並不是要遺棄存有的執定所成的執著性的、對象化的存有，而是要去正視存有的執定所成的作用與限制；如此一來，存有的執定不但不是負面的，而且有其正面者，它不但不是一種限制，而且是存有開顯於這個人間世的資具。換言之，執著性的、對象化的存有可以有兩個層次，一是任持本心道體，依循存有的根源之開顯而來者，它經由概念機能總體的執取與決定，而成爲一決定的定象所成的世界，這是知識世界，這樣的「執」，只是一客觀的執，而不是習染的執，這樣的「執」可以稱之爲「淨執」；另一是由於人們的感官根身的作用，乘權以起，造成一股勢力，因而形成了嚴重的遮蔽與執著，這樣的「執」是雜有習染的執，它不只是一客觀的執，因其雜有習染，所以我們可以名之爲「染執」。顯然的，熊氏要破斥的是染執，而不是淨執，依其看法淨執非不礙於存有的開顯，更且是存有之開顯所必要者。或者，我們可以這樣說，若能通極於存有的根源，那麼存有的執定是必要的，而且有助於存有的開顯，因爲唯有在存有的執定下才可能有一生活世界，此生活世界並不外於那存有之根源，生活世界乃是人之爲人這個活生生的實存而有進到這個世界而開啟的，這樣的一個世界亦是活生生的、是實存而有的，是不斷的由存有的根源所開顯而出的，是一「天行健、君子以自強不息」的世界，是一「地勢坤，君子以厚德載物」的世界，是一生生不息，鳶飛魚躍的世界，是一「反身而誠，樂莫大焉」的世界。

第十章　根源性的實踐方法論之展開

一、前　言

如上章所論，熊氏是將「存有的根源」與一「根源性的道德實踐之動力」通統爲一來談，這是以人之爲人這個活生生的實存而有作爲整個存有開顯的動源而展開的存有學，這樣的存有學是與實踐論合而爲一的存有學。再者，我們說這樣的存有學強調的是由本體顯現爲一切的現象，而現象是不外於本體的，因此作爲實踐的依歸與指標的本體，它構成的本體學就是一現象學，不論其爲本體學、其爲存有學、其爲現象學、其爲實踐學，這都是以活生生的實存而有的人爲動源而展開的，因此，亦可以名之爲一活生生的實存學。

這樣一套活生生的實存學，若從一「存有的根源——『X』」而言，則可以名之曰「本體」、或者「道體」，相對的就人之作爲整個世界的動源點，則宜名之曰「心體」、或者「本心」；若就「存有的開顯」而言，叫做「道體流行」、或者就叫做「天命不已」，相對的就人這個活生生的實存而有，則說是「文王之德，純亦不已」❶；再者，若就存有的開顯、存有的轉折乃至存有的執定，就其「執著性的、對象化的存有」，則叫做「客體」、或叫做「事物」，相對的就人的心靈來說，則說是「識心之執」、或者是「概念機能總體」。還有需要附帶說明的是，當我們涉及於所謂「存有的根源——『X』」時，這已邁越了「執著性的、對象化的存有」這個階層，因此它就不是通過概念機能總體而來的認識所能執取的，它不是我們的認識機能所能了別的，它邁越了知識的層次，它是超知識的。它之爲超知識，但我們並不因此說它是神祕不可知的，而是相對於人的知識的執著性，而我們更而往上說它是非執著性的、是非對象化的一種「知」，這樣的「知」是無執之知，用熊十力的話來說，這不是量智，而是性智，不是概念機能總體所成的執著性之知，而是道體本心通而爲一成就的無執之知，這樣的知才是究竟的，才具有根源性，才是根源性之知。這樣的知不是主客對立下，橫攝的、執取的、靜態的認知之知；而是主客俱泯，縱貫的、創生的、動態的實踐之知。這樣的「知」不取「執取義」，而是「主宰義」、是「定向義」、是「發用義」、是「實踐義」，非認知之知，是「乾知大始，坤作成物」❷一語

---

❶ 以上「天命不已」與「文王之德，純亦不已」皆出自《中庸》，第二十六章，原文是「詩云：『惟天之命，於穆不已』，蓋曰『天之所以爲天也，於乎不顯』，『文王之德之純』，蓋曰『文王之所以爲文也，純亦不已』。」

❷ 語見《易經・繫辭上》第一章：「乾以易知，坤以簡能，易則易知，簡則易從，易知則有親，易從則有功，有親則可久，有功則可大……易簡則天下之理得矣，天下之理得，而成位乎其中矣！」

下的「知」，蓋言本體之主宰、定向、發用與實踐也。

顯然的，若就以上所說的結構，似乎所謂的「根源性的道德實踐工夫」，根本無所謂「工夫」可言，因爲由本體之顯現來說，存有的根源自如其如的開顯其自己，自自然然，無所罣礙，無著力處，亦不必有何著力也。如此而言，儒學之道德實踐工夫，論其爲根源性的實踐工夫，此高則高矣，玄則玄矣，但恐亦無著力處，實踐工夫論（或云實踐方法論）便不可成。的確，若順著道體本心往下講，則一切如如開展，亦無須有何著力對治也，這是卽本體而言工夫，稱體起用，其用如如，只須保任擴充而已。其實，若到得天地境界，亦無所謂保任擴充，因天地境界已無心而成化，何來保任擴充，是以不必保任擴充卽保任擴充矣❸！這樣的境界是「聖與仁」的境界，然卽使孔子都說：「若聖與仁則吾豈敢，抑爲之不厭，誨人不倦，則可謂云爾已矣❹。」換言之，孔子亦當以學之不厭、誨人不倦爲其實踐工夫也，滿街是聖人之說未免有所張狂也❺。這

---

❸ 如程明道所言：「夫天地之常以其心普萬物而無心，聖人之常以其情順萬物而無情，故君子之學莫若廓然大公，物來而順應。」（見〈定性書〉，《宋元學案》，卷一三，頁三一九，世界書局印行，民國七十二年五月四版，臺北。）

❹ 語見《論語・述而》篇，第三十四章。

❺ 按「滿街是聖人」一語出自王陽明《傳習錄》卷下，原文是：「一日，王汝止出遊歸，先生問曰：遊何見？對曰：見滿街人都是聖人。先生曰：你看滿街人是聖人，滿街人倒看你是聖人在。又一日，董蘿石出遊而歸，見先生曰：今日見一異事。先生曰：何異？對曰：見滿街人都是聖人。先生曰：此亦常事耳，何足爲異！」（商務版，頁二五五，民國六十三年八月臺四版）就原文脈絡，滿街是聖人之說，原亦可嘉可喜，但陽明後學秉此話頭，而有所張狂也。又劉蕺山云「今天下爭言良知矣，及其弊也，猖狂者參之以情識，而一是皆良；超潔者蕩之以玄虛，而夷良於賊。」（見《劉子全書及遺編》，卷六〈證學雜解〉，頁一一四，總頁一一一三，中文出版社印行，一九八一年六月，日本京都。）

也就是說，作為一個活生生的人，他是一具體的存在，他進入到這個世界之中，去敲扣存有之門，存有由是而得開顯，這樣的人是有血有肉、有靈魂、有意志、有根身、習氣，能乘權作勢的一個存在，當然他也是一有所作意，有所限制，甚至是有所遮蔽的存在。正因如此，一根源性的實踐方法論之所以可能乃是從「返本一幾」開始，由「當下切入」，才得「證得本體」，如此才得「保任、擴充」也。這樣的實踐方法論仍然只是一原則性的提出，除此之外，仍必須對人心之機作一更深入的探討，工夫論、實踐的方法論由是得以證成。

二、意識之分析與根源性實踐的關聯

總的說來，熊十力是以「本心」這個絕待的全體作為其哲學基石的，而所謂「本心」亦不外說是那作為活生生的實存而有的人之進到這個世界中，因之而起現的一個觸動點，這樣的一個觸動點，它本身有其縱橫昇降的諸種可能，就其縱貫面而言，可以及於存有的根源之理念的追求；就其橫攝一面而言，可以為一概念機能總體表現出對於對象的執取能力；再者，若受根身習氣乘權的影響，因之則為一染執之習。如此說來，我們可以清楚的知道原來所謂的「本心」並不是一套理論的設計，並不是所謂理論的預設，而是作為一個活生生的實存而有這樣的人之進到這個世界的一個觸動點，他之具體的進到這個世界，而開啟了這個世界，或者說他促使存有因之而開顯。熊氏說：

「本心是絕待的全體，然依其發現，有差別故，不得不多爲之名。一名爲心，心者，主宰義，謂其遍爲萬物實體，而不卽是物，雖復凝成衆物，要爲表現其自己之資具，卻非捨其自性而遂物化也。不物化故，謂之恆如其性，以恆如其性故，對物而名主宰。二曰：意，意者有定向義。夫心之一名，通萬物而言其統體，非只就其主乎吾身而目之也，然吾身固萬物中之一部分，而遍爲萬物之主者，卽主乎吾身者也。物相分殊，而主之者一也。今反求其主乎吾身者，則淵然恆有定向。於此言之，斯謂之意矣。定向云何？謂恆順其生生不息之本性以發展，而不肯物化者是也。故此有定向者，卽生命也，卽獨體也。依此而立自我，雖萬變而貞於一，有主宰之謂也。三曰：識，夫心、意二名，皆卽體而目之，復言識者，則言乎體之發用也。淵寂之體，感而遂通，資乎官能以了境者，是名感識，動而愈出，不倚官能，獨起籌度者，是名意識。」❻

本心是就絕待的全體說，這是就那「存有的根源——『X』」之自如其如的開展之總體來說，當

---

❻見《論著集》，頁五九四。

我們說其為一總體時並不是說它總集了一切定象性的存有，而形成一個整體，而是說它開顯為一切的存有，因此我們說「心之一名，統體義勝」，這是因為我們說「心」乃是作為我們與天地萬有一切所共同的實體，然實體也者，非一獨立於吾人之外的實在體也，而是以吾人之為一活生生的實存而有這樣的一個動源者，切實的體現，而促使存有之開顯為一切。「心」著重於其「主宰義」，而「意」則著重於其「定向義」，意是說作為活生生的實存而有這樣的一個動源者，淵然而有定向之謂也，他正是作為整個宇宙動源的一個啟動點，「心」偏在統體義上說，而「意」則偏在各具義上說。再者，我們知道一談到存有的開顯必然的要有所依憑而展開，不能只是籠統的談主宰，談淵然有定向，因主宰必要有所對，方有主宰可以展開，淵然有定向，亦得在一有所對的情境下，才有所謂定向可言，此則不能只在一無執著性的、未對象化的存有這個階層立言，而須得在邁向存有的執定上立言，須得在由存有的開顯之轉為存有之轉折，進而有存有之執定也。因此，我們說「識」是在體之發用上說，是在「了境義」上安立其義的。顯然的，「心」與「意」著重的是縱向義，而「識」則著重於橫向義。

再者，若進一步來看所謂的「識」，則可見其有「意識」與「感識」，感識之起並無分別相，意識再起，方顯分別，其了別之為可能乃經由概念範疇之作用，因之起其裁制作用而起，已如前章所說。工夫論或者說實踐方法論的關鍵核心點便在於此「識」上，就在由存有的根源自如其如的開顯，這樣的一個縱向性的、創生性的活動轉而為一橫向性的、識心之執的活動，在存有的執定過程中，滋生染淨之別，於是如何破染執、除遮蔽，如何復性，便成了工夫論的要點所在。熊氏說❼：

（甲）「感識、意識，通名爲識，亦得泛說爲心。卽依此心之上，而說有其相應心所，夫心所法者，本佛家教中談識者所共許有。所之爲言，非卽是心，而心所有，繫屬心故，得心所名，爲所於心助成相應，具斯二義，勢用殊勝。云何助成？心不孤起，必得所助，方成事故。云何相應？所依心起，協合如一，俱緣一境故。然所與心，行相有別。」

（乙）「《三十論》言，心於所緣，唯取總相，心所於彼，亦取別相。《瑜伽》等論，爲說皆同，唯取總者，如緣青時，卽唯了青，不於青上更起差別解故，亦取別者，不唯了青，而於青上更著順違等相故。舊說心唯取總，如畫師作模，所取總別，猶弟子於模塡彩。如緣青時，心則唯了青的總相是爲模，而心所則於了青的總相上，更著順違等相，便是於模塡彩，可謂能近取譬已。」

❼ 以下所引甲、乙、丙三者俱見《論著集》，頁五九五、五九六。

（丙）「大乘師說，心心所各有自種，雖不共一種而生，然種則同類，卽無根本區別可得，如我所說心乃卽性，心所則是習氣現起，所唯習故，純屬後起人僞。心卽性故，其發現壹本固有，其感通莫匪天明，覆徵前例，了青總相，不取順違，純白不雜，故是天明，爲心則然，若乃了青，而更著順違等相，熏習所成，足徵人僞，是則心所。故以性、習判心、心所，根本區別斠然不紊。心卽性故，隱而唯微，所卽習故，麤而乘勢。心得所助，而同行有力，所應其心，而毋或奪主，則心固卽性，而所亦莫非性也。反是而一任染心所猖狂以逞，心乃受其障蔽而不得顯發，是卽習之伐其性也。習伐其性，卽心不可見，而唯以心所爲心，所謂妄心者此也。」

如上所引（甲）、（乙）兩段，我們可知，熊氏先依佛家之義來理解心與心所，再看（丙）則可知，他是如何的將佛家所論「心、心所」的論點轉成他自家的意思。在工夫論上作這樣的轉換，它是與其存有論、知識論上的轉化相應的。佛家所說的「心、心所」乃在一橫攝面的立場上說，不同於熊氏將心與心所連貫起來，心著重其縱貫面，而心所則著重其橫攝面也。如（甲）所言，心之開顯必有所依。既有所依，則必有所對，有對故因之而有心所，然心所是繫於心的，對於心有助成、相應等作用。（乙）則指出心對於其所緣，只取總相，但心所對於其所緣，則又取別相，這是說「心」著重的是概括的功能，而「心所」則在「心」的概括功能下，另有其著重點在，這樣的著重點帶有一特殊的氣味在，此特殊的氣味即是染執之所以為染者，這是由根身習氣乘權而起現的，它一旦乘權就勢，將形成一遮蔽及障礙❽。用功處當在於此，所謂「當下切入者」亦當在於此切入也，所謂「返本一幾」亦當在此翻越而上，所以為返本一幾也。

心而有心所，心所因之可能有染習，蓋根身乘權作勢故也。工夫在此作，在此切入，但有一極切要的問題在焉！要是心與心所都只是橫面的、執取的，何來說此工夫之切入，可以有返本，對於本體有所證會，實踐工夫論之必然性如何可成，便是一大問題。熊氏於此，便將佛家的工夫論作了一個轉化，他將橫面的、執取的心與心所轉成縱貫兼橫面的展開，因而將「心」專就縱貫面、創生性去說它，而將「心所」歸之於橫面的、執取的層次去說它，「心」就其「性」上說，「心所」則就其「習」上說，性、習之分，正如功能與習氣之分，根源性的實踐工夫論由是得以作成，道德實踐的必然性亦因之得以作成。

熊氏通過「心」、「心所」來說「性」與「習」，然性與習本非二分，心與心所亦非為二，就現實世界來說，必以習起現、以心所起現，故工夫必得由習切入、由心所切入。又如所說「數

❽ 筆者以為這裏所指可以拿 G. Marcel 所謂的「可歸罪性」(imputability) 來理解，Marcel 以為可歸罪性是一切因果解釋的根源所在，這正可以說明凡是有執著性的東西，凡在因果系列的東西，都免不了掛搭上習染的問題。Marcel 之說，請參看氏著《是與有》(*Being and Having*)，陸達誠中譯，頁二，商務印書館印行，民國七十二年三月，臺北。

者，心所之別名」❾，熊氏總結其說，約為四端，茲述之如下：

（甲）「性通善染，恆與心俱，曰恆行數。」

這裏說的「性」是德性之性，是就存有之根源而說的性，它一旦開顯必然通及於善染兩端，與善數（數為心所之別名）俱起者為善性，與染數俱起者為染性，熊氏以為諸心所要是善數、或是染數，這樣的恆行數必然與意識、感識相應故，識起必與之俱，所以叫做「恆行數」。恆行數又包有六數：觸、作意、受、欲、想、思等等（按：熊氏將別境數的欲數移置於此）。

（乙）「性通善染，緣別別境而得起故，曰別境數。」

這是說那存有的根源之性與善染二數相隨，但不同於前所強調的恆行數，而特別顯示其所緣的義境不同，是由於各別的境緣起，因之而有所別，所以叫做「別境數」。別境數又包有六數：慧、尋、伺、疑、勝解、念等等（按：熊氏將原來的欲數移置於恆行數中，又將定數移置於善數中，而將不定數中的尋數、伺數以及本惑數中的疑數移併於此）。

❾見《論著集》，頁五九八，又《新唯識論》（文言本），頁七九。又這裏，熊十力的主要論點是依據五十一心所法而改訂過來的，將原來的六大端改成四大端，其恰當與否，於此暫不論，且述其內容而已。關於熊氏所訂四數與佛家唯識六數之說有何異同，當另為文闡釋之。

（丙）「性唯是染，違礙善數令不並起，曰染數。」

這是說那存有之開顯已被遮蔽、障礙，使得善行不起，而爲染污，故稱「染數」。染數又包有五數：無明、貪、嗔、慢、惡見等等（按：熊氏將本惑、隨惑合併而論，俱稱爲染數，又原先的疑數已移置別境數中，故存五數，隨惑則由本惑而來，故不另列）。

（丁）「性唯是善，對治染法，能令伏斷，曰善數。」

這是說去除那遮蔽、障礙、習染，使得善行得以開顯，回復存有根源所顯之善性，故謂之「善數」。善數又包有七數：定、信、無癡、無貪、無嗔、精進、不放逸等等（按：熊氏將慚、愧、輕安、行捨、不害等數省略，而併入原屬別境數的定數，共有七數）❿。

現且不論熊氏所作之改動其爲當否，僅順熊氏所作之區分，分析如下，先論恆行數：

「恆行數包有六數：觸、作意、受、欲、想、思。」

❿ 見《論著集》，頁五九八、五九九。又見《新唯識論》（文言本），頁七九、八〇。

「觸數者，於境趣逐故，故名為觸，如眼識方取青等境，同時，卽有追求於境之勢用，與識俱起故，乃至意識獨行思構時，亦有一種勢用對於所緣義境，而專趣奔逐以赴之者。」

這是說「觸數」是對於「境」有其趨逐的作用，而且這裏所說的境不只是物界之境，就連義理、意藏之境都包括在內。這樣的「觸數」當然與「心」不同，因為「心」是任運自然而動的，是由其存有之根源自如其如的開顯其自己的，心所則有為造作，習氣現起，有所不同。⓫

「作意者，警覺於心，及餘數故，故名作意。」

若就存有的根源來說，本心對於其所緣起之對象，皆能任運而轉，本無籌度，但必須經由作意力與心同行，對於心起一了別的警策作用，乃至及於其它諸數，對於對象能有一切當的了別作用，因為只要「如理作意，有大勢用」，卽使無明風動，惑迷紛熾，只要「瞿然警覺，明解卽生」，因此，不受染汙法的蔽障⓬。

⓫ 參見《論著集》，頁五九九。
⓬ 參見《論著集》，頁五九九、六〇〇。

「受數者，於境領納順違，故名爲受。」

就心之本然來說，只是如如展開，無有順違，故無所謂受，但一旦發用，必有所對，故有順違，順之爲樂受，違之爲苦受，熊氏認爲舊說之有「捨受」一名，既非順非違，這是不通的。此可見熊氏所謂的「受」必是具體之受，以其具體也，必有從違，故無所謂「捨受」也⑬。

「欲數者，於所緣境，懷希望故，故說爲欲。」

一般說來，所謂的「欲」是隨境欣厭，而起希求，但熊氏這裏特別標出欲數是恆行數，而非「中容境」（按：中容境是非欣非厭，若有捨受，故有中容境，若無捨受，則無中容境），這是說，欲非因別境而起，而是恆行的，因之而起境也，境本無欣厭，因欲而有欣厭也（同⑬）。

「想數者，於境取像故，施設種種名言故，故名爲想。」

這裏所謂的「想」是能在境中抽取一共相，並說其爲某，而非非某，並且以一個名言表達出

---

⑬ 參見《論著集》，頁六〇〇。

來，「想」可以說是已對象化的一個認識的共相，只還沒有將它表達出來而已⑭。

「思數者，造作勝故，於善惡事能役心故，故名爲思。」

本心之爲存有之根源性的動力，它是任運而轉的，但「思」則是一種造作的勢用，是由於慣習所成的，他的力量甚強，對於善事之造作，能役使心相與有成也，對於惡事之造作，亦因之能役使心爲其自用，如豪奴奪主也⑮。

以上六數（六種心行狀態）是與心俱起的，所以叫作「恆行數」。值得注意的是熊十力將原來屬於別境數中的「欲數」移置於此，這在在可看出熊氏對於主體構造功能的重視。因爲習染之爲習染，對於境所採取的希欲是與心俱起的，而投向境因而習染以成。

「別境數」包括六數：慧、尋、伺、疑、勝解、念：

「慧數者，於所觀境有簡擇故，故名爲慧。」

---

⑭ 參見《論著集》，頁六〇一。
⑮ 參見《論著集》，頁六〇一。

慧數，是由歷練於觀物析理而日漸發展出來的，它必然與恆行數中的想數，一起俱起，這樣才能從各別的觀物析理中，轉而爲一共相的理解。再者，它亦必與尋、伺等數俱起，這樣才會產生眞切的簡擇能力，但這樣的簡擇能力在無明或貪嗔等惑熾盛時，便不起作用，也因此，慧數不是恆行，而只是作爲別境數。這樣的慧數，它只向外追求，易迷失其固有之智，是不能證知眞理的。因此，熊氏特別重視如何由此「慧」（即量智）轉而爲「智」（即性智、本心），認爲所謂的工夫便是回復性智本心⑯。

「尋數者，慧之分故，於意言境麤轉故，故說爲尋。」

這是說在意識所欲起的一種名言的傾向下的「意言境」，有一種麤淺的推度作用，這樣的作用是隨「慧」而起的⑰。

「伺數者，亦慧之分故，於意言境細轉故，故說爲伺。」

⑯ 參見《論著集》，頁六〇一、六〇二。
⑰ 參見《論著集》，頁六〇二。

這仍承襲以上之說，只是特別標出是在「意言境」下，有一種深推度的作用，這樣的作用是由尋數轉爲深細而成的⑱。

這裏還須要附帶說明的是：一般都以爲推度作用是「先觀於分，後綜其全」，但熊氏則不以爲然，他以爲「慧數與心相應取境，才起推度，即具全體計畫」。但是推度剛起的時候，這個全體計畫固在模糊與變動之中，然後才有漸趨分畛之勢，一直向前，那分畛終而逐漸明確而決定。或者說先有一個總體的規模，然後由尋數入伺數，從淺到深，由全計畫降爲分畛伺察時，這時慧的作用就更具體而有力，它常與觸數俱起，奔赴甚力，因此若是「染慧」的話，果眞會像舊說「尋伺能令身心不安住」，但若依性智之顯發，慧依智起，這是所謂的「淨慧」，這時他亦不廢尋伺，只是任運自然，沒有急迫之幻，明睿所照，自無所蔽矣⑲！

> 「疑數者，於境猶豫故，故說爲疑。」

疑，善用之則悟之幾也，不善用之則愚之始也。熊氏一方面強調疑的重要性，但他以爲要疑便要朝向一悟之端發展，如果只是疑慮滋多，百端推度，只增迷惘，懷疑太過，便時時有一礙膺之

---

⑱ 參見《論著集》，頁六〇二。

⑲ 參見《論著集》，頁六〇二、六〇三。

物，觸塗成滯，難成正理。疑是因別境而起的，不必念念皆疑，故非恆行數，而是別境數⑳。

「勝解數者，於決定境深印持故，不可引轉故，故名勝解。」

這是對於所緣境，對於緣起的對象能「審擇決定而起印持」，說這件事情是這樣，而不是這樣，在此正印持之時，即使還有異議，也不能引它有所改轉，叫我們於此念中勿生疑惑。勝解之爲瞭解，是由於決定境方得名爲勝解。換言之，勝解是從能量而得名決定，不只是現比量所得是決定，即如非量所得亦名決定境。譬如說：見繩謂蛇，這是「似現即非量所得之境」，這境本來就不是實在的，但當時在「能量」方面，的確在境上決定爲蛇，這便已決定而不變，如果「猶豫心中，全無解起，非審決心，勝解亦無」，因此勝解並不是恆行數，而是別境數㉑。

「念數者，於曾習境，令心明記不忘故，故名爲念。」

念是由於想而起，由想相應於心，對於境有所取像，雖然當念遷滅，而有習氣潛伏，相續不斷，

⑳ 參見《論著集》，頁六〇三、六〇四。
㉑ 參見《論著集》，頁六〇四、六〇五。

因此，現在憶念，遂乃再現。這是由於想習潛存，才使得過去已滅之境像再現於憶念之中，但念之能起也是由於作意力於所曾經歷過者，令其不失，方得如此，這才有所謂的「憶持」。因爲由於憶起以前曾經歷過之事，故能數往知來，而無蒙昧之患。對於那不曾經歷過之事，是不起念的，所以說念非恆行，而是別境識㉒。

以上六數是因緣別別境而起的，故名「別境數」。熊氏將原來的欲數移置於恆行數中，又將定數移置於善數中，而將不定數中的尋數、伺數以及本惑數中的疑數移併於此。明顯的，熊氏著重了「疑」，正視了「疑」所含的積極性。他以爲疑不一定是迷惑，這裏可見他正視了疑在知識之執成立的客觀性上有其積極的意義。

染數包有五數：無明、貪、嗔、慢、惡見：

「無明亦名癡數，於諸事理事迷闇故，故說爲無明。」

依熊氏看來，所謂的癡數是對於各個事理有所迷闇，這裏所說的「迷闇」，就總的來說，它的特性是對於俗計有所妄執，而不求存有的根源性解決，或者直說，一切染法（一切有所執著性的、

㉒ 參見《論著集》，頁六〇五。

染汚性的存在）都可歸結到無明。專門的來說，因爲迷闇的勢用是一切染數引發之首，就此勢用就叫作無明，或叫作癡。人之生也，無端就有一團迷闇勢力，與形俱始，因而我們想強調的是「無明」這個詞並不是一個「虛詞」，而是曾有迷闇習氣，無始傳來，引發諸惑之首，因此，染數以無明爲首。㉓

「貪數者，於境起愛故，深染著故，故名爲貪。」

這是說對於外境起一貪愛執著之感，並深染於境，依熊氏則略分爲八：一爲自體貪，謂於自體，親昵藏護；二爲後有貪，謂求續生不斷；三爲嗣續貪，謂求傳種不絕故；四爲男女貪，謂樂著淫欲故；五爲資具貪，謂樂著一切資具故；六爲貪貪，謂若所貪未及得者，貪心自現境相而貪故；七爲蓋貪，謂於前所樂受事，已過去者，猶生戀著，即有藏義故；八爲見貪，謂於所知、所見，雖淺陋邪謬，亦樂著不捨故。以上所說貪相，只是略明，非說只此八貪相也㉔。

「瞋數者，於諸有情，起憎恚故，故名爲瞋。」

㉓ 參見《論著集》，頁六〇六、六〇七。

㉔ 參見《論著集》，頁六〇七、六〇八。

這是說對於諸存在事物，起憎恚之感，約可分為三：一為有情瞋，由我見而生人見，由有人我二見，故即有瞋生，此之謂有情瞋；二為境界瞋，亦有情瞋的變態，由有情瞋，境界隨之而轉，於不可意境皆生瞋也；三為見瞋，與前所舉見貪相因，貪著己見，不能容他見，朋黨之禍，門戶之爭，皆由此起㉕。

「慢數者，依於我見而高舉故，故名為慢。」

這是說處處以自己執著之見而高舉自以為是，約可分為五：一為我慢，私其形骸，自計有我，自恃高舉；二為計等慢，論其材智，約其勝負，令心高舉；三為卑慢，自知卑慢，仍起傲慢，如今人之說「那又有什麼了不起」皆可若是謂之也；四為過慢，於彼勝己，反說己之勝彼；五為邪慢，己實不德，自謂有德。慢多則量狹，不能求賢自益，終流於無恥，慢心最難除㉖。

「惡見數者，於境顛倒推度故，慧與癡俱故，故名惡見。」

㉕ 參見《論著集》，頁六〇九。
㉖ 參見《論著集》，頁六〇九、六一〇。

這是說對於外境起了一種顚倒的推度，慧癡俱起，其見不正，所以叫作惡見。約略可分爲三：一爲我見，即是身見，是執計有我，同時計我所，而以我所爲我，如計形軀爲我所，遂執爲我，如計妻子、田產等爲我所，遂執爲我，此是自私根源，萬惡常由此而生，而且值得注意的是，人心隱微，我見恆與生俱起而不自覺如是，此爲俱生我執，此是因形氣而昧其本然，本然皆非形氣之私，而爲無執著性的、未對象化之本體也。二爲邊見，蓋執爲一邊之見也，略說爲二，一爲常邊，一爲斷邊，前者以爲現前諸物，攀援不捨，謂當常住，而不了解諸物元是刹那生滅，是無實體的，只是假說爲物罷了。另者，以爲風動雲飛，山崩川竭，倏忽無跡，整個根身器界，都因之而變滅，認定一切存在昔有今無，今有後無。其實，斷見亦因爲執定一切的存在之爲恆定不變的而起，常、斷二邊見，其實是同一個對立面的兩端。三爲邪見，蓋不正之見之謂也，略說爲二，一爲增益見，一損減見，增益見者，於本無事，妄構爲有，於自性不返證故，妄增益外在實體相，減損見者，於本有事，妄計爲無，淪溺物欲，不見自性，而增損二見，又是相依而起的，以上三見，邪見最寬，一切謬解，皆邪見所攝㉗。

以上五數可謂染數，而各有麤細，麤者猛利，動損自他，細者微劣，任運隨心，於他無損，然麤者必嚴對治，令不現起。細者與恆行數，常與心俱，當嚴對治，令其伏斷，這便須就善數一論了。値得注意的是，他將疑數挪到別境數中，這顯然的可以看出他肯定了「疑」可能的積極性

㉗ 參見《論著集》，頁六一〇～六一二。

貢獻，這與儒家之注重裁成天地、輔相萬物、重視整個生活世界是有密切關聯的。

恆行數與別境數是就心行狀態所作一個總的描述，而染數與善數則是對舉的說，現就善數分析如下：

「善數」包有七數：定、信、無癡、無貪、無嗔、精進、不放逸：

「定數者，令心收攝凝聚故，正對治沉掉故，故名爲定，由如理作意故，有定數生。」

這裏所說的「如理作意」就是如其存有的根源之理，而對於行事有一定向的規導，因爲一般我們生活的境界是在一習染的世界，是在一「執著性的、對象化的存有」這個階層所成的世界，我們習於順著滑熟之路走，故必得引發內自本心，使諸感無可乘，因爲一旦疏通了存有的根源，一切自然自如其如的展開，存有的異化必因之而消融。所謂「收攝凝聚」不是端在末端上檢點，而是透其本源也㉘。

「信數者，令心清淨故，正對治無慚無愧故，故名爲信。由如理作意故，引生清淨

㉘ 參見《論著集》，頁六一二、六一三。

勢用，即此淨勢，叶合於心，而共趣所緣者，是名信故。」

這是說順著存有的根源之理，而導生一定向的規範，而無有染習，一切以如如無礙的方式展開，信數約可說爲二：一是於眞理有願欲，因而起信，然眞理之爲眞理，亦必得能自識本來方是；二是於自力起信，即依自性，發起勝行，深信自力，能得成就。此兩者通極爲一，皆言必得疏通存有之根源也，而此存有之根源蓋不外於無心也。亦即作爲一「活生生的實存而有」這樣的一個具有主體能動性的人，乃是整個存有的啟動者，因而眞正的起信並不是投向一個外在的超絕者，而是去疏通作爲一個活生生的實存而有的根源㉙。

「無癡數者，正對治無明故，於諸事理明解不迷故，故名無癡。無癡依何而起，由定力故。」

這是說無癡乃是由於能對治無明的一種心行工夫，它是由於定而起的，而這也是由於起信而使得本心微明能得滋長，引發清淨，疏通了存有的根源，因而性智由是而生，依性智而起明解也。明

㉙ 參見《論著集》，頁六一三、六一四。

解並不是停留在對於存有的根源之玩索，而是要落實於事事物物之上，也就是說在那存有的執定這個層次，能有所定也，所謂「緣慮事物，明徵定保，必止於符，先難後獲，必戒於偷」是也，蓋聖人非內照而遺棄物知也，聖人蓋通內外上下，與天地合德也㉚。

「無貪數者，正對治貪故，無染著故，故名無貪。由定及信，相應心故，有無貪勢用俱轉，無貪者，謂於貪習察識精嚴，而深禁絕之，是名無貪。」

無貪乃是針對貪的對治而言的，所謂的「貪」是於境起愛，故深染著，因名爲貪，原所名貪有八種：如自體貪、後有貪、嗣續貪、男女貪、資具貪、貪貪、蓋貪、見貪，熊氏所列無貪數亦相應有八。大體說來，熊氏所說的「無貪數」強調的是由定與信而對於存有根源的疏通與開發，由於存有的根源的開發，使得存有的遮蔽能得撥除，但這並不意味連存有的執定，都得撤離，相反的，存有的執定乃是存有的開顯之場㉛。

「無瞋數者，正對治瞋故，無憎恚故，故名無瞋。由定及信，相應心故，有無瞋勢

㉚ 參見《論著集》，頁六一四。

㉛ 參見《論著集》，頁六一四、六一五。

用俱轉。無瞋者，謂於瞋習察識精嚴而深禁絕之，是名無瞋。」

無瞋是針對瞋的對治而言的，所謂的「瞋」是於有情起憎恚，這是由於落在執著性、對象化的存有這個階層，由於習氣的雜染所造成一種染執，它有有情瞋、境界瞋、見瞋等，無瞋數的作用是精於察識而對於染習深禁絕之，但值得注意的是，深禁絕之，只是個輔助的功能，終極而言，其工夫則在存有之根源的疏通也。因發於本體之誠，則不容自己的道德實踐力便自如其如的開顯出來。或者，我們可以更爲究竟的說，無瞋的工夫並不是作爲邁向存有的根源的可能，相反的，是因爲已預取一存有的根源之開發的可能，才可能作好無瞋的工夫。蓋本末之際不可亂也㉜。

「精進數者，對治諸惑故，令心勇悍故，故名精進。由如理作意力故，有勇悍勢用俱起，而叶合於心，同所行轉，……精進者，自強不息，體至剛而涵萬有，立至誠以宰百爲，日新而不用其故，進進而無所於止，故在心爲勇悍之相焉！」

這是說我們一旦開發了存有的根源，由存有的根源所自然而然開啟的道德實踐力，便自如其如的

㉜ 參見《論著集》，頁六一六、六一七。

開顯其自己，這是日新而不用其故，進進而無所於止的。孔子之學不厭、誨不倦，發憤忘食、樂以忘憂，皆是精進之行，此皆由存有的根源所自如其如的開顯其自己，非所勉強也，正如《易傳》云：「天行健，君子以自強不息」，此自強不息，其言精進也，此精進如天之行健，天之行健者，本體自如其如的開顯其自己也㉝。

> 「不放逸者，對治諸惑故，恆持戒故，名不放逸。由如理作意故，有戒懼勢用俱起，叶合於心，同所行轉，令心常惺，惑不得起，爲定所依。」

戒之爲戒並不是表面上的對治而已，而是如理作意，方才有戒懼勢用以起，戒懼並不是拘迫，因拘迫是由於惑染所執，戒懼當可與和樂相依。熊氏更而將儒家的「敬」與「靜」合看，敬足息諸擾，如此主一無適，則內欲不萌，便是靜，敬如此所說之「不放逸」，而靜則如此所說之心常惺，如如開展，無所勉強，無所昏擾也㉞。

以上所舉之善數有七，看起來是針對染數而發的，望由之而起一對治作用，不過值得注意的

㉝ 參見《論著集》，頁六一七、六一八。

㉞ 參見《論著集》，頁六一八～六二〇。

是這裏所謂的「對治」並不是一種「染淨對翻」的方式，而是透到本源上用工夫。染習是落在存有的執定而滋生爲一存在的陰暗面，此是存有的遮蔽與異化，若欲治此異化、去此遮蔽，則必得邁越存有的執著性與對象性，進到一無執著性的、未對象化前的存有實況中，進一步去開啟存有的根源之門，順此存有的根源自如其如的開顯其自己，這樣才能成淨習、去染習。又熊氏將原先屬於別境數的定數改置於此，蓋定者，知止而後有定也，止者止於至善也，止於存有之根源也。定是定於那存有的根源，而存有的根源，一方面我們說其爲意識的透明性與空無性（此如陽明所謂「無善無惡心之體」），另方面卽於此意識的透明性與空無性而顯露其明覺性與自由性（此如陽明所謂的「知善知惡是良知」、「心之本體卽是良知」），以故定不是一橫面的眞如的定，而是一縱貫的存有論的根源義的定，而卽此縱貫的存有論之根源義卽是一道德創生義，因此，熊氏將此「定」字移置於此也。

顯然的，熊氏所作這四者（恆行數、別境數、染數、善數）的區分，並不是平行而對列爲同層次的區分。蓋恆行數者，總括的說；別境數者，分別的說；染數者，消極而負面的說；善數者，積極對治而正面的說。善數與染數爲對舉的說，恆行與別境則是全體與部分的說，恆行一義最廣，兼含善惡，又包別境，別境數次之，但亦含善惡，善惡數則彼此相互對舉而說也。凡此種種說，要以言之，皆歸屬於存有之根源，由此存有之根源而開啟一根源性的實踐方法論也。

三、論性修不二與一念迴機

就熊氏所論存有的開顯來說，由翕闢成變，成一「動圈、小一、形向、勢速」，並因之而相互摩蕩，成一系羣，由是而由存有之開顯，轉而爲存有之轉折，成爲存有之執定的可能，再經由概念機能總體的作用，以範疇裁制之，終而存有的執定由是完成。簡言之，存有之開顯因之可以說是有三個存在的實況，一是就「存有的根源——『X』」說其本體；二是就「無執著性的、未對象化的存有」說其本體之流行，三是就「執著性的、對象化的存有」說其存有的執定。這是由存有之根源縱貫的、創生的開顯，再轉而爲概念機能總體橫攝的、認知的執定，若只就存有論及知識論言，則這裏所謂的「存有的執定」或「執著性的、對象化的存有」只是就其對象化、客觀化的執定來說，這樣的執定是中性的、無所謂「染」或「淨」，此當名之爲知識之執取的執，此是一定象的執，是橫攝的、知識之執取的執，加之於存有之轉折所成的執。

純就概念機能總體經由範疇而裁制之所成的執是一客觀化、對象化的定象之執，這樣的定象之執雖原無染淨可言，而究極而言，是通極於存有之根源的。再者，存有的根源又是越出了執著性、對象化的存有這個階層，因而，它已不是概念的機能總體所能認取的，它不是可以識知的，亦不是可以定執的，它是實踐的理念，是一「活生生的實存而有」這樣具有主體能動性的人之進入到這個世界中，而促使存有之門因之而開啟。作爲一存有開啟的動源者，人當然是與這存有的根源是二而一、一而二的。順著這存有的根源因之而開顯的動力，與人之爲人的根源性的實踐動力亦是一而二、二而一的，這種根源性的實踐動力便是儒學實踐之源頭。這麼看來，順此根源性的實踐動力之開展，當能如《易傳》所言「大人者，與天地合其德，與日月合其明，與四時合其序，與鬼神合其吉凶」，但由於根身習氣乘權作勢，因之而有遮蔽障礙，遂爾存有不得如如開顯其自己。

這也就是說，因爲我們都是生活在這個具體的生活世界之中，因此，當我們說概念機能總體經由範疇裁制而成一客觀的、對象化的定象之執時，在實際上就不可能停留在一抽象的、客觀的、知識的執取之執下的狀態，而必然的會與根身習氣乘權作勢扯上或順或違的關係，順其存有之根源則爲淨、逆其存有之根源則爲染。換言之，純就理論來說，當有一純客觀的、對象化的、抽象的「執」，這樣的「執」是無所謂「染」、「淨」的，但若就實際的生活世界，「執」必與「習」俱起，因此必有染、淨，去染順淨，便是工夫用力處。前所云之恆行數、別境數、染數、善數蓋所以成其習之各有染淨也。別之而言，頗爲繁瑣，但總的來說，只是依順本心，當下用功爾矣！熊氏說：

「欲了本心，當重修學，蓋人生本來之性，必資後起淨法，始得顯現，雖處染中，以此自性力故，常起淨法不斷，依此淨法，說名爲學。故學之言覺也。學以窮理爲本，盡性爲歸，徹法源底之謂窮，無欠無餘之謂盡，性卽本來清淨之心，理卽自心具足之理，不由外鑠，不假他求，此在學者深體明辨。」㉟

如前所說，存有的根源之顯現必得落實，它不可能只停留在那無執著性的、未對象化的存有，它必然的走向存有的轉折，經由概念機能總體的執取決定，因而有存有的執定，成立此「執著性的、對象化的存有」，落在一活生生的生活世界中，它必然的經由或淨或染之習，而開顯其自己。作爲一個與宇宙根源有其內在同一性的人，他以其活生生的實存而有的實踐動力，他進入到這個生活世界之中，參與存有的開顯（所謂「參贊天地之化育」是也），其用工夫處便在此或淨或染之習上，當下切入，一念迴機也。這是擇其善者而從之，擇其不善者而改之，是順淨違染，克染成淨，孔子對顏回所說之「一日克己復禮，天下歸仁焉㊱！」亦落在此講，洵非虛言也。因此，所謂的「學」，依熊十力看來，便是「覺」，這是由當下切入，迴心於內，上提於本體，敦促存有之根源自如其如的開顯其自己。這樣說來學之爲學，若說是窮理盡性，這裏所說的「理」便不是外在的萬物之理，不是停留在「執著性的、對象化的存有」這樣的理，而是存有的根源之

㉟ 見《論著集》，頁六二一。
㊱ 語見《論語·顏淵第十二》。

理，此是卽其爲恆轉，卽其爲功能，卽其爲縱貫面、創生而說的卽活動卽存有之理。性亦是卽此本心之謂性，是就人之作爲一活生生的實存而有之具有根源性的實踐動力而說的「性」，此本心卽性，此本心卽理，都是那存有的根源，具有無窮之創生力也。這是「無聲無臭獨知時，此是乾坤萬有幾」㊲，是人實踐的根底，卽所謂「良知」是也，此良知卽知卽行，無有間隔，是生活世界之主宰，同時此「良知是造化的精靈」，心體、性體、道體，其名或異，所指爲一也㊳。

如上所述，修學也者，是所謂「當下切入，迴溯本源」是也，是從當下那個執著性的、對象化的存有邁越出來，而進到一無執著性的、未對象化的存有階層，進而去敲扣存有的根源之門，使存有自如其如的開顯其自己。熊氏又舉修學之要兩義，先述其一以闡明之。熊氏說：

(甲)「一者，從微至顯，形不礙性故，性之所以全也，本心唯微必藉引發而後顯……形氣既起，則幻成頑鈍的物事，忽與本來的性不相似。……形乃可役性以從

㊲ 王陽明《詠良知四首示諸生》，見《王陽明全集》，頁三八四，河洛圖書出版社印行，民國六十七年五月，臺影印版。

㊳ 按陽明先生曰：「良知是造化的精靈，這些精靈，生天生地，成鬼成帝，皆從此出，眞是與物無對，人若復得他完完全全，無少虧欠，自不覺手舞足蹈，不知天地間更有何樂可代。」（見《傳習錄》，卷下，頁二二七，商務版，民國六十三年八月臺三版，臺北。）就陽明所談亦可說道體、心體、性體三者皆通而爲一。

己，而宛爾成乎形氣之動，故性若失其主宰力矣，所謂本心爲微者此也。」㊴

（乙）「《孟子》曰：『形色，天性也』，形何礙於性乎？形之役乎性者，本非其固然，特變態耳。如水不就下，而使之過顙或在山者，此豈水之固然哉。染習與形俱始，隨逐增長，以與形相守，而益障其本來。遂使固有之性，無所引發，而不得顯，如金在礦，不見光彩。反之，性之主乎形者，則以善習力用增長，與性相應，引發不窮，故全體頓現。……故先儒有『踐形盡性』之說，使視極其明，聽極其聰，斯無往而非全體之昭著矣！」㊵

存有的開顯必然的是要在這個具體的生活世界展開的。換言之，存有的執定是必然需要的，執著性的、對象化的存有這個階層必然是需要的，因爲它們都是整個生活世界構成的要因之一。所要躭心的是由於根身習氣乘權作勢所造成的扭曲、異化與遮蔽，甚至造成一種存有開展的反控狀態，所謂「心爲形役」或「形乃可役性以從己」，這時「性」便好像失去了主宰力一樣。但熊氏強調這並不是常態，而是變態，要去除這種存有的遮蔽、扭曲與異化便得要有「踐形盡性」之

㊴ 見《論著集》，頁六二一～六二二。

㊵ 見《論著集》，頁六二二。

功。這是說經由「當下切己」的工夫，從那執著性的、對象化的存有邁越出來，進到一無執著性的、未對象化的存有階段，進而去開顯存有的根源，而存有的根源自如其如的開顯其自己，它又得通過根身習氣，使之能有一恰當的發展，順之而生天生地，然此順之而生天生地，則是通過一後返與邁越的工夫，去除存有的遮蔽，方使之開顯也，此後返與邁越的工夫，即是一逆覺體證的工夫，是經由逆而覺之，豁顯其本體也，所謂「逆之而成聖成賢」蓋指此也。如此說來，所謂修學之工夫，便是在疏通存有的根源，而此疏通之功是當下切入的，由其切入而邁越之，而引發之，而開顯之，所謂「由微之顯，引而發之，使其顯之」是也。其一闡述已畢，請述其二：

（甲）「二者，天人合德，性修不二故，學之所以成也。《易》曰：『繼之者善，成之者性』，全性起修名繼，全修在性名成。本來性淨為天，後起淨習為人，故曰人不天不因，天不人不成，故吾人必以精進力創起淨習，以順乎固有之性，而引令顯發，在《易》乾為天道，坤為人道，坤以順承天故，為善繼乾健之德，是故學者繼善之事，及其成也性焉。」41

（乙）「或曰：染縛重者，烏乎學。曰：染淨相資，變染成淨，只在一念轉移間耳，

41 見《論著集》，頁六二二。

何謂不能學耶？夫染雖障本，而亦是引發本來之因，由有染故，覺不自在，不自在故，希欲改造，遂有淨習創生。由淨力故，得以引發本來而克成性。性雖固有，若障蔽不顯卽不成乎性矣。故人能自創淨力以復性者，卽此固有之性無異自人新成之也。古德云：一念迴機，便同本得。」㊷

顯然的，性修不二的提法是從《易經》：「一陰一陽之謂道，繼之者善也，成之者性也」㊸脫胎而來，熊氏的整個哲學甚至亦可以說是這段話的注腳，道是就存有的根源說，一陰一陽則是就存有之開顯的實況說，是就存有之開顯之動力說，熊氏將此轉爲翕闢之說，益加強其內在本體的辯證性。熊氏將「繼」解釋成「全性起修」，這說的是順著存有的根源自如其如的開顯其自己，依此存有縱貫性的創生實踐動力而修之謂也。在熊氏的解釋裏，存有的根源並不是一認知所能理解之物，而是一道德實踐的理念。它是做爲一個活生生的實存而有這樣的人邁越了執著性的、對象化的存有，而進到無執著性、未對象化的存有，終而敲扣存有的根源之門這樣的動源點，因之依之起修，萬善無不成辦。再者，熊氏將「成」解釋成「全修在性」，這是說任何的道德實踐活動無不在存有開顯的涵蓋之內，當下的切入，終而必通極於道，通極於存有的根源。或者說，所謂

㊷ 見《論著集》，頁六二三。
㊸ 見《易經・繫辭傳上》第五章。

「存有自如其如的開展其自己」並不是說有一個敻然絕對的超絕之體，由此超絕之體自如其如的開顯其自己，如前面所說的，熊氏的存有學乃是一實存的存有學，是由一活生生的實存而有所開啟的存有學，這是由於人這個作爲活生生的實存而有之進入到這個世界之中，去開啟的存有學，這樣的存有學亦可以名之爲本體現象學，因其以爲卽本體卽現象也，見乃謂之象，如此義下的本體現象學，當然亦是由於人這個活生生的實存而有之進到這個世界之中，觸動了存有的動源點，因而開啟的存有學。全性起修、全修在性是在這樣的存有學下所開啟的實踐工夫論，這樣的工夫論是與存有的根源密切結合的，或者更進一步的說，它是與存有的根源合而爲一的，它是一根源性的實踐工夫論。

或許有人會說這樣的「根源性的實踐工夫論」只有覺後的工夫，而無覺前的工夫，因而詬病它的不足，或者說它只有後半段，而少了前半段。其實這樣的論點是似是而非的，因爲所謂的「存有的根源」並不是外於吾心的，所謂「外吾心而求理」則不可得也。存有的根源乃是由於活生生的實存而有之進到這個世界而開啟的，它與我們之作爲一活生生的實存而有的存在動源是合而爲一的。究極來說，並沒有覺前覺後的分別，若要說有個覺前覺後，覺前亦是此根源性的實踐動力在發用，覺後亦是此根源性的實踐動力在發用，非有二也，只不過隱顯、淺深略有所異而已。用工夫亦非在此根源性之實踐動力上用，而是在整個生活世界中用，是在染淨交織而成的世界中用，在執著性的、對象化的存有所成的世界中用工夫，在存有的置定上用工夫，遮撥存有的障蔽、去除存有的扭曲，克服存有的異化，疏通存有的根源，逆而順之，終復其性矣！所謂「一念迴機，便同本得」，蓋如是之謂也[44]。

四、結　語

如上所述，我們大體可以淸楚的認定熊氏的根源性實踐方法論乃是繼承著中國宋明新儒學陸王一脈而進一步的發展。這樣的根源性的實踐工夫論是不分覺前與覺後的，一是皆以本心作爲其實踐的動力，而本心卽是天理，本心卽是道體，道體與本心是二而一、一而二的。究極而言，這樣的實踐方法論本可一言而道盡，但眞如陽明所言，致良知雖可以一言而道盡，但卻是從百死千難中得來，這樣的實踐方法論，根源則爲根源矣，但或許有人要說它只能當機指點，而無有一結構性或格式性的規範，但我們從熊氏根源性的實踐方法論中卻可以發現他實已跨過了這個限制。

---

[44] 值得注意的是與熊十力同時代的馬一浮亦提出「全性起修，全修在性」的性修不二的方法論，但由於彼所謂的「性德」與熊氏所謂的「性智」並不相同，大底說來，馬一浮是朱子學進路，而熊十力則爲陽明學進路，因此，同可名爲「性修不二的實踐方法論」，但其所指則不同。關於此，請參閱林安梧〈馬一浮心性論初探〉，收入《現代儒學論衡》，頁七六～九八，業強出版社印行，民國七十六年六月，臺北。又關於「格物致知」，熊十力採取了以陽明爲本（致知），以朱子爲末（格物），企求一以本貫末，兼容兩派的說法，其所涉多爲外王學之基礎性問題，當俟他日再行處理，於此暫行略去。

從他對於「恆行數、別境數、染數、善數」的諸多分析中，我們發現他一方面極為注重如何去疏通存有的根源，另方面，他亦注意到眞正的工夫是落在具體的生活世界展開的，他不只注意到如何由存有的根源自如其如的開展其自己，另方面他亦重視到存有的開顯必以存有之執定所成的生活世界作為基底。功能與習氣、性習之分，都可見他是如何的注意到所謂的實踐工夫，是不能只是「澄心默坐，體認天理」就可得的。因為光只澄心默坐、體認天理，這樣的道德實踐工夫論雖亦可名之為根源性的實踐工夫論，但它卻可能只停留在一心靈境界中，自我受用而已，它可以跨過「執著性的、對象化的存有」這個階層，而限在那「無執著性的、未對象化的存有」之中，而形成一「存有的迷思」。熊十力提出的「返本一幾」、「當下切入，證會本體」、「任持本心」，強調的是注意到整個生活世界，由此生活世界做起。關聯著以上的脈絡，在本章中，他所提出的「性修不二」，更清楚的呈現出這樣的實踐工夫論是不外於我們這個具體的生活世界的。

第十一章 結論：熊十力體用哲學的釐定

一、前　言

對於熊十力的體用哲學之內部構造，作了全面的理解、詮釋與重建之後，我們要進一步對於這樣的一套體用哲學作出一總結性的釐定。

筆者以爲現在我們要以更爲積極的方式來對待中國哲學，不只是對於它要有相當的文獻研究，更爲重要的是要以現代的學術語言去予以重建。唯有經由全面的理解、詮釋與重建之後，才能發掘出它所可能隱含的現代哲學義涵，在現代的學術舞臺上釋放出它的意義來，加入整個言說的境域之中。這樣子的作法將使得中國哲學有一新的可能性，而亦可能使中國哲學對整個世界的哲學產生其一定的貢獻。

在整個理解、詮釋的過程中，筆者顯然的去發掘了熊十力哲學的諸多側面，筆者極爲強調熊十力的體用哲學乃是一「活生生的實存而有」這樣的一套存有學。這樣的一套存有學是以「人」

這個活生生的實存而有爲整個存有的觸動點而展開的。這個存有的觸動點不是我們一般所以爲的意識主體，因爲熊十力發現了一般的意識主體都只是一概念機能所成的「權體」（暫時之體），它不足以作爲一「常體」（恆常之體）。更重要的是，熊十力發現到眞正的恆常之體是一「無體之體」，它是超乎言說、超乎表達的純粹之體❶；或者，我們亦可說熊十力揚棄了「唯識學」的意識主體的概念❷，因爲凡是涉及於外境的意識才可能成爲一有質礙的東西，才可能成爲一權

❶ 陽明曰：「目無體以萬物之色爲體，耳無體以萬物之聲爲體，鼻無體以萬物之臭爲體，口無體以萬物之味爲體，心無體以萬物之感應是非爲體。」（《傳習錄》卷下，頁二三五～二三六，商務版，民國六十三年八月，臺四版，臺北。）龍溪於此而改爲一「空空道體」，彼謂「空空者，道之體也。口惟空，故能辨甘苦；目惟空，故能辨黑白；耳惟空，故能辨清濁；心惟空，故能辨是非」（見《王龍溪全集・卷六・致知議略》），意義比陽明更進一層。又陽明四句教亦云「無善無惡心之體」（同前揭書，頁二五七），而王龍溪卽以此更由此而論心意知物皆爲無，而說「無心之心則藏密，無意之意則應圓，無知之知則體寂，無物之物則用神」（見《王龍溪語錄・卷一・天泉證道紀》）。從陽明到龍溪發展可以見出儒學已不是停留在一意識的主體性的哲學，而逐漸走向一意向性的哲學，意向性的哲學則可以劉蕺山爲代表，經由此再發展到一歷史性的哲學，此則以王船山、黃梨洲爲代表。（關於此，請參見林安梧〈論劉蕺山哲學中「善之意向性」——以〈答董標心意十問〉爲核心的疏解與展開〉一文，見《國立編譯館館刊》，第十九卷第一期，民國八十年一月，臺北）。又熊十力雖對陽明有所議，以爲陽明尚雜有二氏，但熊氏之學實爲陽明嫡傳，而有所取於船山也。其晚年嘗爲三張白紙條，中間寫著孔子，左右一邊寫著王陽明，一邊寫著王船山置於牆上，以爲供獻，蓋可見其用心與學問之歸趣矣！（見郭齊勇《熊十力與中國傳統文化》，頁四八，天地圖書出版，一九八八年，香港。）

❷ 如熊氏所言：「有宗不見本體，直妄構一染性之神我當做自家生命（此中神我者，佛家雖遮撥外道神我，而其賴耶說實不異神我，故直以神我目彼賴耶），此其大謬。」（見《論著集》之〈答問難〉，頁六四一）熊氏之論或有可議，然此仍可見彼之體系不贊成意識主體這樣的概念。

體；但這權體畢竟是權體，而不是實體，熊氏他發現到眞正的「體」不是一獨立體，而是即用顯體之體。因此，若落在意識哲學的角度來說，眞正的體乃是一虛空無物之體，是一透明性之體，它是自由的、無礙的，落在存有哲學的角度來說，這樣的體具有無限的可能性，筆者用「存有的根源——『X』」去說它。

這麼說來，我們便可以作出這樣的聲稱：熊十力的體用哲學之作爲一「活生生的實存而有」的形而上學，它是越出意識哲學的範圍的，但這樣的一個提法並不意味著在那執著性、對象化的存有之上的境域爲不可知。那無執著性、未對象化的存有雖爲不可說的境域，但卻不是不可知的領域。熊氏以爲此雖非概念之知，非執著性、對象化的認識之知，但卻可以是一理念之知，是一超乎執著性、對象化的實踐之知。換言之，熊氏並不是經由一思辯的辯證性思維去縫合概念與理念的層次，去接通認識與實踐的層次；而是經由一實踐的辯證性思維去開權顯實，遮撥執著，疏通存有的本原。換用傳統的哲學語詞，我們可以發現熊十力恰當的處理了「道體」、「心體」與「物體」三者的互動關係，而其關鍵點則在「心體」上。或者，我們亦可說像熊十力這樣一套完整的「體用哲學」，他正視到了「意識」、「存在」與「實踐」諸問題的互動關聯，而問題的核心點則在於「實踐」上。

在本章中，我們將著力於「道體、心體與物體」的釐定以及「意識、存在與實踐」這三者的釐清，以爲熊氏體用哲學之釐定。

二、道體、心體、物體三者的關係

如前面諸章所述，熊氏義下的「道體」，即所謂「存有的根源——『X』」並不是一般宇宙論中心義下的道體，也不是一般體性形而上學義下所說的實體，而是由人之作爲一個活生生的實存而有之進到這個世界中，開顯整個生活世界，此整個生活世界皆視之爲一活生生實存而有之開顯也，體用一源、顯微無間，熊十力用「眾漚」與「大海水」來比喻，允爲恰當，所謂「即用顯體，稱體起用」是也③。換言之，存有的根源實不外於吾人此活生生實存而有之顯現也，不外於此活生生之生活世界也。存有的根源並不是一夐然超絕之體，而是一活生生實存而有，即用顯體之體。體之爲體是就其「創生義」而言其爲體，是就其「活動義」而言其爲體，是就其「功能義」而言其爲體，是就其「作用義」而言其爲體。「存有之根源」乃是關聯著人之爲「活生生的實存而有」而置定的，不是推出去，另尋個根源也。存有的根源非人之認識能力所可了知，因而

---

③關於體用之問題，熊十力是以隨文點示的方式展開的，此論點爲其全部論述的核心所在，其於〈略談新論旨要〉一文，綜說之曰：「新論之義，圓融無礙，……體用別說，用上假分心物；體用分觀，心物俱不立；攝體歸用，心物俱成；即用識體，心物同是眞體呈露。」（見林安梧編《現代儒佛論爭》，頁八～一〇，明文書局印行，民國七十九年六月，臺北。）

說其爲空無的、透明的，但它又是一切之根源，含藏著一切的可能，開顯一切的可能。熊十力說：

> 「新論談本體，則於空寂而識生化之神，於虛靜而見剛健之德。此其融二氏於大易，而抉造化之藏，立斯人之極也。……夫寂者，無昏擾義（非枯寂之寂），故寂而生生也。靜者，無囂亂義（非如物體靜止之謂），故靜而健動也。」❹

如上所述可知，依熊氏看來，存有的根源，就其狀貌而言，它是空寂而虛靜的，但它卻含著生化之神與剛健之德；關聯著人的意識來說，這時的意識狀態乃是空無的、透明的，但它卻含著明覺與自由的能動性，因此熊十力在此說「寂而生生、靜而健動」。

「存有的根源——『X』」是自如其如的開顯其自己的，它開顯不是另生出個事物來，而是當體開顯的，但值得我們注意的是，這裏所說的「自如其如的開顯其自己」並不是與人無關，相反的是與人相關，或者說是環繞著人才能說其爲自如其如的開顯的，把人這個活生生的實存而有抽離掉，則無所謂「存有的根源自如其如的開顯其自己也」。換言之，當我們說「存有的根源自

❹ 見熊十力〈新唯識論要旨述略〉，收入林安梧編《現代儒佛論爭》，頁二。明文書局印行，民國七十九年六月，臺北。

如其如的開顯其自己」，這不是以一對象化的認識方式推出去說，不是直就一存有的執定，不是直就那執著性、對象化的存有而說，對存有的根源之有所說皆非屬於概念的說，彼非概念中事，而爲理念中事也，彼非認識中事，而爲實踐中事也。或者，我們可以說這樣將存有之所以爲存有轉爲一活生生的實存而有的存有學，它之探討存有的根源之自如其如的開顯其自己這樣的存有學，它是一實踐的存有學，是一超越的存有學。言其超越者，以其越出存有的執定也，言其實踐也者，以其由此可以疏抉此超越，使此超越只是一理念義的超越，而非敻然迥超物表也，使其可以天地通貫，一體流行也❺。

順著以上所作的疏釋，我們可以更進一步的指出：相對於那「執著性、對象化的存有」這樣的存有的執定，則那「無執著性、未對象化的存有」這樣的存有的開顯有其優先性，而此所謂「存有的開顯」實不外於存有的根源也。或者，我們可以說以「存有的開顯」與「存有的根源」來

❺ 此所謂「超越的存有論」是依牟先生而立說者，依牟先生言，若越出現象存在以外而肯定一個「能創造萬物」的存有，此當屬於超越的存有論。（筆者按：此正有別於「內在的存有論」，蓋內在的存有論是講明存在了的物之存在性亦曰存有性或實有性，講此存有性者即名存有論，這種存有論牟先生名之爲「內在的存有論」，即內在於一物而分析其存有性也。牟先生又稱之爲「執的存有論」）牟先生依中國傳統，說此是依超越的、道德的無限智心而建立者，這便稱之爲「無執的存有論」，或是「道德的形而上學」，亦可稱之爲「本體的宇宙論」。（見氏著《圓善論》，頁三三七～三四〇，學生書局印行，民國七十四年七月，臺北。）筆者以爲牟先生著重的是「超越的道德本心」，而筆者詮釋下的熊十力則著重的是一「活生生的實存而有」，前者是康德式的儒學詮釋，而後者則較屬現象學式的儒學詮釋；但顯然的牟先生的詮釋是有進於康德，而筆者亦以爲熊氏亦可以有進於現象學者。

說，則存有的根源在理論的層次上看來，它是優先的。相對於人的機能來說，在存有的階層上來說，實踐是優先的，認識則爲後起的，縱貫的實踐創生義爲優先，而橫攝的認識執取義爲其次。經由以上的疏通與理解，我們可以更進一步的指出，若以熊氏所常用的「體、用」這對辭來說，「卽用顯體，稱體起用」，若究極來說，它皆邁越了執著性、對象化的存有，它是在「無執著性、未對象化的存有」這個階層的，直就存有的根源與存有的根源自如其如的開顯其自己而說的，它並不涉及於存有的對象化與執著性等問題。但這並不是說熊十力的體用哲學就只封鎖在「未對象化」與「無執著性」的存有階層之中；相反的，他的體用哲學是要求以整個活生生的生活世界爲其範圍的，而所謂活生生的生活世界必然的要涉及到存有的執定所成的執著性、對象化的存有這個階層。做了以上這樣的釐淸之後，我們可以更進一步的指出熊氏義下的「道體」與「心體」乃至「物體」，究極而言，是通而爲一的，但這並不意味說道體與心體與物體三者就渾成一體，無所分別，也不是說它們三者是交相攝入就能了事，此必須更進一步分疏淸楚。

顯然的，在熊氏體用哲學的架構之中，「道體」（亦卽存有的根源）是最爲根本的，熊氏有時則以「理根」名之，它是一切存有開顯的根源，但這樣的根源並不是外於人而去尋求一夐然絕待的根源，而是卽於人這個活生生的實存而有說的存有之開顯❻。換言之，存有的根源之爲根源

❻ 熊十力云：「易道廣大悉備，其綱要在天人，不明天人之故，未可讀易也。天道成萬物，而萬物以外無

（注文轉下頁）

是在人這個活生生的實存而有之進到世界中而開啟的，人是整個存有的根源的觸動點，或者更直接的說，道體即是心體，道體與心體是不二的，存有的根源與人實存的動源是同一的。值得注意的是，這裏所謂的同一並不是一邏輯之理的同一，而是一實踐辯證之同一。之所以如此，是因爲人之爲人是生活於一複雜的歷史社會總體與廣大的生活世界之中的，並不是掛空的、抽象的等同於一道體、理體，因此，人與存有的根源之爲同一，是就其辯證的、實踐的層次而說的同一，不是理論上、邏輯之同一。既然如此，這便得牽涉到對於所謂「物體」的理解。

如前面諸章所論，我們已然了解所謂的「物體」是就存有的根源自如其如的開顯其自己，而在開顯的過程中卽隱含著一轉折與執定的可能，由於有了這樣的可能，再經由概念機能總體的執取與決定，終而完成了存有的執定，這時的存有對象成了一執著性、對象化的存在對象，這是一經由識知之執所成的決定性的定象。換言之，就「物體」之爲「物體」而言，本應是存有的根源自如其如的開顯其自己而已，一切只是刹那刹那、生滅滅生，原無物體可言，一言乎物體，已是

（注文接上頁）

有天，此理根也（萬物之原，曰理根，見郭象莊注）。於此不悟，將於現實世界以外，信有上帝，於變異的現象以外，求有靜止或不變的實體，其謬誤不待言，若乃反對宗教與形而上學者，則又厭棄本體論，遂妄計宇宙無根源，人智習於淺薄，眞理蔽於戲論，余未知其可也。宇宙萬有，不是如幻如化，不是從空無中忽然生有，是故言天道，天道成萬物，萬物以外無有天。」（見《明心篇》，頁一七六、一七七，學生書局印行，民國六十五年五月，臺北。）理根，蓋爲存有的根源也，然此存有之根源，非一敻然絕待的超絕之體，是可知也。

執著性、對象化之事，此是經由人心的綰起而成的決定性的定象性之物，是經由概念機能總體所執取而成的定象性之物。或者我們可以說，存在的對象有其兩重性，一是「無執的對象」，另一則是「執的對象」，而執與無執，相即不二。關聯著「物體」，熊氏在論述有關「體用問題」時，極為清楚的分辨了四個不同的層次，一是「離體言用的相即不二」，一是「銷用歸體的相即不二」，一是「體用分隔，各為其體」，一是「體用相即不二」。

若只是就此「執」與「無執」的相即不二，並非熊氏義下的體用相即不二，不是一立體的、縱貫的、創生的相即不二，而只是橫面的、平鋪的、銷融的相即不二，此只是「用」上說的相即不二。熊氏一方面注意到了存在對象上的兩重性，而另方面，他又肯定了「執著性、對象化的存有」這個階層的必要性。換言之，他並不贊成一橫面的、平鋪的、銷融的相即不二，不贊成只是「用」上說的相即不二，或者我們說熊氏不贊成這樣的相即不二是一離體言用的相即不二。離體言用的相即不二，落在實踐上極易成為一以情識為良知的弊病，如陽明末流者即如此，而他以為生命哲學家亦有此病❼。就此而言，我們可以說熊氏並不同於生命哲學家之為一反理智論者，而是強調在一般執著性的、對象化的理智之上有一更高層的道德理性在，它是無執著性、未對象化

❼ 如熊氏所云：「陽明究是二氏之成分過多，故其後學走入狂禪去。……若只見生化與剛健，恐如西洋生命論者，其言生之衝動，與佛家唯識宗說賴耶生相，恆轉如暴流，直認取習氣為生源者，同一錯誤。」（見林安梧《現代儒佛之爭》，頁二，明文書局印行，民國七十六年九月。）

的層次，這層次反而是那執著性、對象化的層次的基礎。熊氏說：

「新論歸於超知而實非反知，……明解緣慮事物，明徵定保，必止於符，先難後穫必戒於偷，知周萬物，而未嘗逐物，世疑聖人但務內照，而遺物棄知，是乃妄測。……此明性智之發用，緣慮事物，而成知識，是乃妙用自然，不容遏絕者也。」❽

就此而言，我們可以清楚的區分熊氏所說的「不二」並不是一「執」與「無執」對翻下的相即不二，並不是離體而只就用上來說的相即不二。

再者，除了這種「離體言用的相即不二」外，我們再談談「銷用歸體的相即不二」，這是順著前面所說的「執」與「無執」的相即不二，而說無執才爲眞實，並且說此無執即爲眞如本體，用熊氏的語句來說「眞如即是諸法實性」。顯然的，這樣的「銷用歸體的相即不二」有一無世界論的傾向，熊氏嚴予破斥，他進一步指出這是談體而遺用，而且這樣的體亦喪失了創生性與道德實踐的動力，他頂多是一歸寂的動力而已。大體他所指責的是佛家空宗那種平鋪的眞如世界的理解方式，他以爲佛家空宗的平鋪的眞如世界的存有論看法應予駁斥，但是他的方法論則可以吸

❽ 見熊十力〈新唯識論要旨述略〉，收入林安梧編《現代儒佛論爭》，頁四。明文書局印行，民國七十九年六月，臺北。

收，熊氏便用這樣的方式將佛家空宗的平鋪的眞如世界轉化爲一縱貫的、創生的世界。

作了以上的論析之後，我們要說熊氏他認爲有宗是「體用分隔，各爲其體」，有所謂的「兩重本體之過」及「種現二分」的弊病。兩重本體指的是超絕的眞如本體與橫攝一切存在對象的概念機能總體，種現二分指的是由概念機能總體變現一切存在對象。後者卽熊氏一再批評的陷入構造論的境地，這也就是說有宗以一染汚性的意識作爲一切存有的基礎，再者，又將此染汚性的意識與透明性的意識分立爲二。姑且不論熊氏所論恰當與否，我們要說熊氏之所以作出這樣的論斷，是因爲熊氏採取的不是一本體與現象分而爲二的思維方式，他所採取的是一本體與現象通而爲一的方式❾，他所著重的不是超越的分解思維方式，而是一辯證的顯現的方式；而且他又見到了意識的染執性、權體性與空無性、透明性並不是分立爲二的。相反的，它們是通而爲一的，而且是以意識的透明性、空無性爲首出的，這透明性、空無性的意識才足以作爲體，而這樣的體是一無體之體，不是以一超絕的形而上實體之體作爲體，它是以作用見性爲體，是經由活生生的實存而有之進到這個世界中，去開顯整個世界，卽此整個生活世界爲體。他用衆漚與大海水來比喻用和體的關係允爲恰當。由於熊氏眞見到了意識的透明性，所以他所謂的本體顯現爲現象就不是

---

❾ 熊氏說：「新論言本體眞常者，乃剋就本體之德言，此是洞徹化源處，須知，本體自身，卽此顯爲變動不居者是（譬如大海水之自身，卽此顯爲衆漚者是），非離變動不居之現象而別有眞常之境可名本體（譬如非離衆漚而別有澄湛之境可名大海水）。」（同前揭書頁七）

由那意識之體之作爲本體去顯現爲現象，而是由那透明性、空無性的意識作爲整個存有的開顯動源點。換言之，由於見到了意識的透明性、空無性，所以使得存有能自如其如的開顯其自己。

經由以上的疏釋，我們可以清楚的進一步說，熊十力所謂的「體用合一」，若站在意識哲學的角度來說，是滌除了意識的染污性，解消了意識的權體性，純淨化了意識，見到了意識的空無性與透明性是優先的，而所謂意識的透明性與空無性卽是意識之不涉及於境的虛空無物的狀態，這卽是所謂境識俱泯的狀態。這樣的一個狀態當然不是我們的認識概念機能總體所能把握的，它已越出了執著性、對象化的存有這個階層，而透至一無執著性、未對象化的層次，它已越出了概念的階段，而跨向了理念的階段，這已非知識之事，而是實踐之事，是由人之作爲一個活生生的實存而有對於存有的根源的探問所必然引發的實踐動力。《易傳》所云「乾知大始，坤作成物」，「天行健，君子以自強不息」，「地勢坤，君子以厚德載物」⑩其如是之謂與！如此說來，我們知道熊氏的「體用合一」之論，乃是就其爲縱貫的、創生的顯現而說，是就通極於存有的根源，由之自如其如的開顯其自己而說，究極來說，這是道德實踐之事，而不是認識理論之事。體用哲學若就其爲本體論的層次說，乃是一道德的本體論，是一實踐的本體論，若就其宇宙論的層次說，乃是一道德的宇宙論，是一實踐的宇宙論，總而稱之則爲一「道德實踐的形而上學」，他當

⑩ 分見《易經》之〈繫辭傳〉、〈乾卦大象傳〉、〈坤卦大象傳〉。

然非以宇宙論爲中心，漫說氣化流行，從而導出實踐的動力也，亦非以本體論爲中心，泛論存有之體性，別分理氣，再談如何的實現其理也。正因如此，筆者乃謂其爲一活生生實存而有的體用哲學也。

值得留意的是，熊氏的體用哲學亦非只在一無執著性的、未對象化前的境域，而言其縱貫的創生而已，極爲重要的是，他注意到了經由概念機能總體的執取作用之存有的執定所成的執著性、對象化的存有階層。換言之，這是由於意識的執著性所綰起的，而這樣的綰起便隱含了染污性的可能。亦即，落在「執」的層次來說，執有染、淨；染執者，有所蔽障，不通極於存有的根源，使之能自如其如的開顯其自己也。去除了這個蔽障，使之通極於存有的根源，則成淨執之境。換言之，意識原是一透明性的本然狀態，而其涉及於境，因之而有所執，此執可以「只是執」，不必是染污也，然實際則染淨交雜，故必得除蔽化染，使之通極於道也。

這麼樣說來，我們可以進一步說，在熊十力看來「道體」已非一敻然絕待的超絕之物，而是一整體之體，或者我們可以用另外的方式說，存有的根源之爲存有的根源乃因其縱貫的創生顯現爲萬有一切也，就其縱貫的創生之動源而說其爲存有的根源也。這樣的縱貫的創生之動源是不離於人的，是就人之爲一活生生的實存而有之觸動而起也，而此觸動則端在於那透明性、空無性的意識也，那無所執著、無所染污的本心也。換言之，「道體」是不離「心體」的，而且「道體」是不離「生活世界」的。再者，熊氏在談存有的根源自如其如的開顯時，必然的要論到由存有的開顯與轉折，終而經由概念機能總體的執取，成立了一存有的執定，因之而正視到執著性的、對象化的存有這個階層。在存有的根源自如其如的開顯過程中，執著性的、對象化的存有雖爲後起的，但它卻是一個獨立的存有狀況。也就是說，心體參贊，道體流行，而物體則有其獨立性的，當然這樣的獨立性是假的，是虛的，是經由概念機能總體以範疇所範鑄而型塑成的⓫。物體當然也是道體的開顯之所包，但彼之爲一獨立之物體則是由於心體之所執而成。

明顯的，我們可以說熊氏疏通了存有的根源，見到了意識的透明性，肯定了執著性的、對象化的存有之爲一客觀的存在；他疏通了道體、穩立了心體、正視了物體。

三、存有•意識與實踐的釐定

如上所述，熊十力的哲學是極爲注重「生活世界」的，而所謂的「生活世界」指的是那活生生的實存而有之進到一存在的境域中所開啟者，是人走向世界，而世界迎向人，一體開顯而成的源泉滾滾、健動不息這樣的世界。若就前面諸章我們所分疏出來的存有的三態——「存有的根源——『X』」、「無執著性、未對象化的存有」、「執著性、對象化的存有」都不離此生活世

⓫ 「範鑄」一辭爲勞思光先生所倡用，見勞思光著《康德知識論要義》，頁一〇三，河洛圖書出版社印行，民國六十三年，臺北。

界，它們圓融周浹、通貫爲一。因爲所謂存有的三態實不離人而說，而人則不離此生活世界也，這我們在上節論及道體、心體與物體三者的關係時亦已闡明。現在值得我們去注意的是，熊十力最爲可貴的是一方面深化意識哲學，而另方面則又開顯了一新的存有學。

他發現到意識之本然乃是一虛空無物，是一透明之物，他見到了意識的空無性與透明性。換言之，他不是以意識主體作爲其哲學的構造中心的，因此，他對於他所以爲的唯識學這樣的種現二分說、雙重本體之論點深不以爲然，而一一遮破，這個遮破的過程，最重要的便在於他見到了意識的空無性與透明性。這麼一來，他便擺脫了意識主體主義的傾向，而開啟了存有之門。值得注意的是，這裏所謂「開啟了存有之門」並不是說如道家式的一任存有之自如其如的開顯其自己。相反的，他仍然是一儒家式的，以乾知大始、坤作成物的方式開啟那存有之門，他走的並不是順化自然之路，而是參贊天地之化育之路。這樣說來，所謂「意識的空無性」、「意識的透明性」便不只是說其爲空無透明而已，而是以此空無透明對於執著染汚有所遮撥也。正因如此，熊氏對於空宗所強調的那「平鋪的眞如」這樣的哲學立場深不以爲然，他將之扭轉爲一「縱貫的創生」這樣立場的哲學。或者，我們若用中國傳統的哲學術語來說，可以說佛家空宗是「虛寂空明」，而熊氏則是「虛靈明覺」，像他與呂澂所辨「性寂」、「性覺」之說可以想見一斑⑫。這也就是

⑫ 大體說來，早在一九三二年十二月支那內學院即刊行劉衡如所作〈破新唯識論〉，而熊氏則於一九三三

(注文轉下頁)

說，當我們說意識的空無性、透明性時，其實便隱含著意識的明覺性、自由性。此即前面所說「虛靈明覺」是也。我們說人之作為一個活生生的實存而有之進到一世界中而使得此世界與他一體開顯，即此開顯，我們說是存有的根源自如其如的開顯其自己。

或者，我們可以說那意識的透明性、空無性與明覺性、自由性原是一體之兩面，不可分隔開來。透明性、空無性者，言意識之本然狀態，無所染污、無所遮蔽也；明覺性、自由性者，言此意識之本然所含之能，其可能啟現、開展之動能是也。言其透明性與空無性者，正如陽明所謂「無聲無臭獨知時，此是乾坤萬有基」，言其明覺性與自由性者，正如陽明所謂「良知是造化的精靈」⑬，合而言之，則如熊氏所說：

「夫心者，恒轉之動而闢也。蓋恒轉者，至靜而動（……動者，言其妙用不測也，靜者，言其沖微湛寂，無昏擾相也）。至神而無（神者，虛靈不滯之稱，無者，無

（注文接上頁）

年二月於北大刊行〈破破新唯識論〉，即啟性寂、性覺之爭端，這爭端直至一九四三年熊十力與呂澂書信往返論辯，作出更清楚的區分。關於此，請參看江燦騰著〈呂澂與熊十力論學函稿評議〉，《東方宗教研究》，新一期，頁二一九～二六一，民國七十九年十月，臺北。

⑬ 陽明先生曰：「良知是造化的精靈，這些精靈生天生地，成鬼成帝，皆從此出，眞是與物無對，人若復得他完完全全，無少虧欠，自不覺手舞足蹈，不知天地間更有何樂可代。」（見《傳習錄》，頁二二七，商務版，民國六十三年八月臺四版。）

形相、無障染、無有起意造作也。」⑭

如上所引可知：心是沖微湛寂、無昏擾的，但又是妙用不測的，心是無形相、無障染、無有起意造作的，但又是虛靈不滯的。這正說明了如前我所說的「意識的空無性與透明性」，同時就含著「意識的自由性與明覺性」。

在熊十力的諸多論述中，或許常常以一宇宙論式的展開方式來立論，但在本論文的處理過程中，筆者顯然的要強調他的另一個側面，筆者不認爲熊十力的哲學是以宇宙論爲中心，然後再導出心性論、實踐論等等。筆者以爲熊十力的體用哲學是以「生活世界」爲境域，而即用顯體、稱體起用，展開其活生生的實存而有的哲學。筆者以爲我們之所以有理由去作出這樣的闡釋，是因爲熊十力的確以活生生的實存而有這樣的人作爲其哲學的重心，並以此去吸納中國的哲學傳統，即如具有宇宙論氣息的論述，我們仍然可以發現咸已轉爲一生活世界式的論述。筆者以爲這點的釐清是極爲必要的，而且它可作爲解消宇宙論與心性論兩者如何通而爲一的問題。當然，熊十力體用哲學的論述過程難免有些宇宙論式的論述方式，但是我們不能爲這些滯詞所迷惑，而陷入其泥淖，反不見其可貴之處何在。理解之難，如水冷暖，飲者自知，非與於其中，實難言也。

⑭ 見《論著集》，頁五四五。

我們既然說熊十力的哲學是以「生活世界」爲境域，那我們又說所謂「生活世界」乃是那活生生的實存而有這樣的人之進到這個世界、迎向世界，而世界亦迎向人，人與世界以一「我與您」的關係關聯爲一體而呈現之。用熊十力的話來說卽是「境識一體而呈現之」，用現代的哲學術語來說卽是「存在與意識一體呈現之」。換言之，熊十力的哲學之所重的不在於去說這個世界是如何有本體生起的，是如何的創生的，而是關聯著人，就人這個活生生的實存而有之如何的進到這個世界中，去開顯一活生生實存而有的世界，這是經由人的實踐所開啟的存有論，要說宇宙論的話，也是一實踐的宇宙論，要說創生的話，乃是一道德的創生、實踐的創生，而不是去玄想宇宙是如何來的。

作了以上這樣的釐清，我們便可以清楚的指出原來所謂「意識的空無性與透明性」乃是就「境識俱泯」的狀態說的，這是境、識兩不相涉，歸本於寂的狀態，但這樣的一個寂然狀態並不就是死寂的狀態，而是一「寂然不動」而具有「感而遂通」這種無限可能性的狀態，我們卽此而說「存有的根源——『X』」。當我們這個活生生的實存而有之進到此世界中時，便不再是「境識俱泯」的狀態，而是「境識俱起」的狀態。境、識不再是兩不相涉，而是兩相涉，既爲兩相涉，則初時呈一渾然一體的「境識俱起」狀態。既爲「境識俱起」意識便不再是處於「空無性與透明性」的狀態，而轉爲「明覺性、自由性」的狀態，我們卽此而言「存有的根源自如其如的開顯」，其開顯則爲一「無執著性、未對象化」的存有實況。這樣的存有實況，用熊十力的話來說，它是「刹那生滅滅生、無有暫住的」，它既停不住便不成爲一知識所行之世界，或者根本就可說不成爲我們一般意義下的生活世界。由「境識一體而未分」必然的要走向「境識一體而有分」，這是由一體觀走向分兩觀，分殊的世界由是可成。此時之意識不再是一本然之狀態，不再是一透明性與空無性的意識狀態，而是一與境相涉並相對待而起現的、具有對礙而立的狀態，我們可以此說爲「意識的權體性、染執性」，經由此意識的權體性、染執性之作用，而使得存在之對象成爲一「執著性、對象化的存在」。值得注意的是，這樣的「執著性、對象化的存在」，以其質礙性，加之人們與之相待可能的諸多感官作用，可能導致的黏著性，進而造成異化，所謂「根身乘權、乘權作勢、其勢力大、往而不復」是也。這時，我們便可以清楚的發現意識的權體性、染執性隱含了質礙性、障蔽性。

意識的權體性、染執性是依因待緣而起的，故宜疏決之，疏決之、而通極於意識之本然，此卽意識的透明性、空無性。就此來說，熊十力蓋有取於空宗之力也。然彼不停留在「眞如卽是萬法實性」的平鋪的眞如之方式，更進而說此透明性與空無性卽隱含自由性、明覺性。但所可注意的，此自由性、明覺性當有兩層，就其境識俱起而未分的渾然一體狀態，此自由性、明覺性乃只是存有論義下的自由性、明覺性，若欲言其有德，此只是天道，而非人德，人之道德若僅於此要有所立則立不起，因其無執著性、未對象化，全體未分故也，以其全體未分則無分殊象，無分殊象，則生活世界義不成，故爾不可以立人間之道德也。再者，就另一層來說，此明覺性、自由性非只是一境識俱起而未分的渾然一體狀態，而是一境識俱起列分爲二的狀態，它這時是與其所相對礙的染執性、權體性（及其所含之質礙性、障蔽性）同時具現的，而其具現則爲對治故也，對治之，調適而上遂之，通極於存有之根源也。就此而可以說人世之道德，就此道德而有一創生、開顯之能力，使人活生生的實存而有之活現於此生活世界也，「眞如顯現一切法」，道德創生義由是可成。彼不再陷在一存有論意下之明覺性與自由性，而是一道德義下之明覺性、自由性。如此，化染不化執、除病不除法，範圍天地之化而不過、曲成萬物而不遺。

爲了更進一步的疏清意識、存有與實踐的關係，我們且以下表說明、闡析之：

意識、存有與實踐

意識的空無性、透明性（存有的根源性——存有之在其自己）：境識俱泯

：隱含明覺性、自由性（存有的開顯——境識俱起1：主客同起而未分）

（無執著性、未對象化的存有階層）

意識的染執性、權體性（存有的執定——境識俱起2：主客同起而分立）

：隱含質礙性、障蔽性（執著性、對象化的存有階層）

(一)意識原是空無的、透明的，此是意識的本然狀態，此狀態是境識俱泯的，境識兩不相涉，各處於其在其自己的狀態，由是各處於在其自己的狀態，是無分別的，是歸本於寂的，此歸本於寂而吾人卽說爲存有之根源；但之說爲存有之根源實有過於寂者，此是就此寂所隱含之感來說，而且此感是一主動的明覺性、自由性之感。卽於此，我們說意識的空無性、透明性卽隱含明覺性與自由性。在本書的處理中，我們將此說爲「存有的根源——『×』」。

(二)意識與存有不能停於在其自己的狀態，而必相涉而俱起。蓋境識俱起者，存有的根源自如其如的開顯其自己也。熊十力卽於此假說翕闢成變，彰顯存有開顯的辯證法則。就此彰顯而言，它是主客同起而未分的，是無執著性、是未對象化的。在存有論的角度說，它是先於那執著性、對象化的存有，在知識論的角度說，它亦是先於執著性、對象化認知的。

(三)由於存有的開顯與轉折加上人根身習氣的乘權作勢，以及概念機能總體的執取作用，使得存有對象有所執定，而成爲一執著性、對象化的存有。這時已不是主客同起而未分的狀態，雖然，它仍是境識俱起，但已是主客同起而分立，意識與存有形成兩相對礙的兩端，各成其爲起，而此體乃只是權體，而非常體。此權體是由識知之執而成的，然此執必帶有染，以其根身習氣乘權故也。以此，我們說其爲意識的染執性、權體性，以別於意識的空無性與透明性。再者，此染執性、權體性必含有質礙性、障蔽性。

(四) 境識俱泯狀態下的意識之本然的狀態，它具透明性與空無性；在境識俱起而主客同起而分立的狀態下，它具染執性與權體性。此本然的狀態與分立的狀態形成一對比，此對比使得意識的自由性、明覺性與意識的質礙性、障蔽性形成一對比的張力狀態。在此對比的張力狀態下，道德意識最爲顯豁，否則只是百姓日用而不知罷了。

(五) 熊十力之學卽以此「道德意識」作爲人之特殊的定向，卽此特殊的定向而作成其活生生的實存而有的體用哲學。蓋活生生的實存而有卽以此「道德意識」作爲人之迎向世界、世界向您迎向，這相互迎向過程中的觸動點，就此觸動點來而說其爲吾人的心源動力，道德的、實踐的形而上學亦於焉而成。

四、結語：由本書所可開啟的幾個發展可能

作了以上的疏釋與釐定之後，我們可以發現對於熊十力體用哲學的詮釋與重建可以帶來許多後續的工作。

其一、對於「存有學」一詞可以有更爲深廣的理解，而不同的文化傳統、不同的世界觀點將可以作成不同的存有學。在文中，我們已指出熊氏的這套活生生實存而有的體用哲學乃是一縱貫

的、創生的，以道德實踐義為中心所開顯的存有學，他所強調的「體用一如」便即是此縱貫的、道德創生義下的體用一如。這不同於佛家空宗之為一橫面的、平鋪的以解脫義為中心所開啟的存有學，佛家空宗的存有學依熊氏看來是一「銷用歸體的存有學」。熊氏的存有學亦不同於「銷體歸用」，即其為生物之氣化而視之為宇宙之創化這種生命哲學式的存有學，不同於陽明末流之以情識為良知，有用而無體的存有學。當然，熊氏的存有學不會是「體用分隔，自為其體」這樣的存有學，熊氏之所以反對佛家有宗，走出支那內學院，不顧師徒之情，而自建新唯識論者，正因為那來自於自家生命的內在要求，他要求的是「見體」，是對於眞實存在的體證而致者。我們亦可以說熊氏這樣一套存有學亦不同於道家那種順化自然，無為自成的存有學。當然，他亦不同於西洋哲學以柏拉圖及亞理士多德為主導的體性的形而上學。這些問題，在本文中或有提及，但都未充分的予以討論，因本書只是針對熊十力的體用哲學的詮釋與重建而已，意在講明熊十力的哲學而已。筆者以為這一步講明才可能有恰當的下一步也，否則尋章摘句，只是影像之說，人云亦云，斯亦不可也。

其二、就整個中國當代思想史來說，我們可以說直到熊氏之發掘了「根源性的實踐動力」前，它一直處在消極的因應與對抗的情境之中，唯熊氏才使得它有一旋乾轉坤的嶄新可能。不過，這並不意味熊十力就已經「剝極而復」了，就已經「一元復始」了，當然更不就是「朗朗乾坤」了；其實，現下的我們仍然處在「龍戰於野，泣血玄黃」的階段。因此，如何的去開發這根源性的實踐動力，使它自如其如的彰顯出來，仍是刻不容緩的志業所在。哲學也者，追求一實踐的智慧之學也，非只是知解宗徒而已，非只是餖飣考據而已，他要求思修雙成，實踐與思辯具現爲一體，開顯於生活世界之中也。又順著熊先生的體系，牟宗三、唐君毅等先生各自開啟了相似而卻不同的哲學系統，他們之間的關係又要如何釐定，這是極爲重要的工作，筆者以爲疏通了熊十力的哲學將有助於整個中國當代新儒學的全面理解。

其三、有關熊十力所引發的當代儒佛論爭，截至目前仍是一團迷霧，本書在對於熊十力體用哲學的詮釋與重建的過程中，雖亦隨文點示到彼此的異同，但關於他所引發的諸多論爭，則亦待更進一步的清理。筆者以爲這樣的一步清理，將可以使得我們更進一步清楚的把握到當代佛教有關「眞常唯心」、「性空唯名」、「虛妄唯識」的發展情形。一方面釐清儒家與佛教的糾結，另方面亦可疏理三者的關係，更從而去回溯整個中國佛教的諸大問題。回應著前面其一所論者，將可以對佛家存有論作出總的釐定，並分辨它與儒家、道家有何異同。

其四、在詮釋的過程中，我們似乎發現到熊十力哲學有許多極待開發的可能，尤其筆者以爲他的哲學乃是一套活生生的實存而有的體用哲學，這亦可以說是一現象學式的本體學，亦可以說是一本體的現象學。在本書中，關於它與現象學以及因現象學而發展的詮釋學究可有何良性的互動關聯，仍然隱而未發，極待進一步疏理。尤其，西洋哲學從現象學的興起之後，可以說萬壑爭流，百花齊放。筆者以爲對於熊十力哲學的重新理解，進而對於其所紹述的中國哲學源流有一恰當的釐清，那將有助於中國哲學走向當今的哲學世界。

其五、在筆者諸多年來的探討裏，發現中國儒學由程朱走向陸王，這是由超越的形式性原則落實於內在的主體性原則；而明代中葉以後，陽明學的發展趨向，則有一新的可能，此即是筆者所以爲的由「主體性的儒學」走向「意向性的儒學」，前者可以王陽明哲學爲代表，而後者則可以劉蕺山爲代表，王龍溪則可以視爲其理論的過度。更進一步的看，從劉蕺山的意向性的儒學，至黃黎洲、王船山則又開啟了一歷史性的儒學的可能。從這個線索中，我們可以發現中國儒學對於生活世界的觀念有了一個新的展拓，可惜的是，這個新的展拓竟因爲清兵入關，高壓統制，而又回到程朱理學的傳統，而這樣的程朱理學已非宋明面目，它伴隨著惡化的帝皇專制以及社會宰制而逐漸異化爲「吃人的禮教」。面對這樣的吃人禮教，在社會經濟及其他的諸多因素帶動之下，自然的人性論於焉誕生，但這樣的誕生是作爲一反彈的力量，而乏建構的力量，它進一步催促著清皇朝以及整個中國傳統的解體。熊十力便是這個解體中所特異綻放的新花朵，他結成一新的果實，播下了新的種子。重新回到宋明乃至先秦儒學的生活世界中，開啟了一以人這個「活生生的實存而有」爲中心的儒學。他的哲學可能走向主體性一面，亦可能走向意向性一面，亦可能走向歷史性一面。熊十力的儒學與其說建構了一個怎樣的完整體系，毋寧說甦活了儒學的筋骨，讓他有一展身手的可能。

參考書目

一、熊十力著作部分（依其著作年代爲序）：

1.《熊子眞心書》，民國七年，時年三十四歲，冬月自印本，北京圖書館藏書。現收入《熊十力論著集之一——新唯識論》，文津出版社，民國七十五年十月影印出版，臺北。

2.《唯識學概論1》，民國十一年，時年三十八歲，冬臘，北京大學印，存北大圖書館，書中有熊氏墨跡，見其改易情形。此稿爲宗主護法之唯識舊說。影印本。

3.《唯識學概論2》，民國十五年，時年四十二歲，春月，北京大學印，存北大圖書館，書中有熊氏墨跡，見其改易情形。此稿稍有改異，易爲〈唯識〉、〈轉變〉、〈功能〉、〈境色〉四章。影印本。

4.《因明大疏刪註》，民國十五年，時年四十二歲，七月，上海商務印書館印行，廣文書局重印行，民國六十年四月，臺北。

5.《唯識論》，民國十九年，時年四十六歲，春月，公孚印刷所印行，存北大圖書館，書中有熊氏墨跡，見其改易情形。此稿復有改異，易爲〈辯術〉、〈唯識〉、〈轉變〉、〈功能〉、〈色法〉五章。影印本。

6. 《尊聞錄》，民國十九年，時年四十六歲，十一月，自印線裝本，後編爲《十力語要》卷四，又時報出版公司重印線裝本，民國七十二年十月，臺北。

7. 《新唯識論》（文言本），民國二十一年，時年四十八歲，十月，浙江圖書館印行，河洛圖書出版社影印刊行，民國六十四年三月，臺北。現收入《熊十力論著集之一——新唯識論》，文津出版社，民國七十五年十月影印出版，臺北。

8. 《破破新唯識論》，民國二十二年，時年四十九歲，二月，北京大學出版部印行，河洛圖書出版社影印刊行，民國六十四年三月，臺北。現收入《熊十力論著集之一——新唯識論》，文津出版社，民國七十五年十月影印出版，臺北。

9. 《佛家名相通釋》，民國二十六年，時年五十三歲，二月，北京大學出版部印行。廣文書局重印刊行，民國五十年十二月，臺北。

10. 《中國歷史講話》，民國二十七年，時年五十四歲，夏月，中央軍校石印。明文書局重版印行，民國七十三年十二月，臺北。

11. 《新唯識論》（語體文本），民國二十九年夏月，時年五十六歲，印行上卷。民國三十一年一月，時年五十八歲，勉仁書院哲學組印行上、中兩卷，民國三十三年，時年六十歲，重慶商務印書館印行全部。現收入《熊十力論著集之一——新唯識論》，文津出版社，民國七十五年十月影印出版，臺北。

12. 《讀經示要》，民國三十四年，時年六十一歲，十二月，重慶南方印書館印行，明文書局重版印行，民國七十三年七月，臺北。

13. 《十力語要》，民國三十六年，時年六十三歲，冬月，湖北「十力叢書本」出版，廣文書局重印刊行，民國五十一年六月，臺北。

14. 《十力語要初續》，民國三十八年，時年六十五歲，冬月，香港東昇印務局印行，樂天出版社重印刊行，民國六十四年四月，臺北。明文書局重版印行，民國七十九年八月，臺北。

15. 《韓非子評論》，民國三十八年，時年六十五歲，冬月，香港，人文出版社印行。蘭臺書局重印刊行，民國六十一年十一月；學生書局重印刊行，民國六十七年十月，臺北。

16. 《摧惑顯宗記》，民國三十九年，時年六十六歲，上海大眾書店印行，學生書局重印刊行，民國七十七年六月，臺北。

17. 《論張江陵》，民國三十九年，時年六十六歲，仲秋，自印，明文書局重版印行，民國七十七年三月，臺北。

18. 《論六經》，民國四十年，時年六十七歲，夏月，上海大眾書店印行，明文書局重版印行，民國七十七年三月，臺北。

19.《新唯識論》（壬辰刪本），時年六十九歲，民國四十二年，秋月印行，現存於武漢大學圖書館。

20.《原儒》，民國四十四年，時年七十一歲，印存上卷，民國四十五年，時年七十二歲，印存下卷，秋月，合印上下兩卷，計二百部，民國四十五年十二月，上海龍門書店重印五千部公開發行。明倫出版社印行，民國六十年一月，臺北。明文書局重版印行，民國七十七年十二月，臺北。

21.《體用論》，民國四十七年，時年七十四歲，春月，上海龍門書店影印二百部。學生書局重印刊行，民國六十五年四月，臺北。

22.《明心篇》，民國四十八年，時年七十五歲，四月，上海龍門書店影印二百部。學生書局重印刊行，民國六十五年三月，臺北。

23.《乾坤衍》，民國五十年，時年七十七歲，夏月，科學院影印一百部。學生書局重印刊行，民國六十五年三月，臺北。

24.《存齋隨筆》，民國五十二年，時年七十九歲，手稿影印本。其中卷一部分，曾以「略釋十二緣生」爲題，發表於《中國哲學》第十四輯，新華書店印行，一九八八年一月印行，北京。

二、後人研究熊十力之專著（與本書相涉者爲限）：

1. 《熊十力先生學行年表》，蔡仁厚著，明文書局印行，民國七十六年八月，臺北。
2. 《現代儒佛之爭》，林安梧輯，明文書局印行，民國七十九年六月，臺北。
3. 《熊十力與劉靜窗論學書簡》，劉述先編，時報出版公司印行，民國七十三年六月，臺北。
4. 《玄圃論學集——熊十力生平與學術》，蕭萐父、郭齊勇編，三聯書店，一九九〇年二月，北京。
5. 《回憶熊十力》，湖北人民出版社印行，一九八九年二月，湖北。
6. 《熊十力及其哲學》，郭齊勇著，中國展望出版社印行，一九八五年十二月，北京。
7. 《熊十力與中國傳統文化》，郭齊勇著，天地圖書有限公司印行，一九八八年，香港。
8. 《新儒家哲學について——熊十力の哲學》，島田虔次著，日本同朋舍，一九八七年，京都。
9. 《熊十力《新唯識論》哲學の形成》，坂元ひろ子，東洋文化研究所紀要，第一百零四冊，東京大學東洋文化研究所，昭和六十二年十一月。
10. 《熊十力先生學記》，潘世卿著，輔仁大學中國文學研究所碩士論文，民國六十八年，臺北。

11. 《熊十力先生的體用論研究》，黃惠雅著，臺灣大學哲學研究所碩士論文，民國六十九年六月，臺北。
12. 《熊十力研究》，郭齊勇著，武漢大學博士研究生學位論文，一九九〇年七月，湖北。
13. 《黃岡內聖學述》，廖鍾慶著，《鵝湖》月刊，四十二、四十三、四十四期，民國六十七年十二月、六十八年一月、二月，臺北。
14. 《憶熊十力先生》，梁漱溟著，明文書局重印刊行，民國七十八年十二月，臺北。
15. 《中國歷代思想家——熊十力》，李霜青著，臺灣商務印書館印行，民國六十七年六月，臺北。
16. 〈呂澂與熊十力論學函稿評議〉，江燦騰著，《東方宗教研究》，新一期，民國七十九年十月，臺北。
17. 〈熊十力哲學的明心論〉，陳來著，《當代新儒學國際會議論文集》，民國八十年，臺北。
18. 〈熊十力體用哲學之理解〉，林安梧著，《當代新儒學國際會議論文集》，民國八十年，臺北。
19. 〈「熊十力全集」序〉，蕭萐父著，《鵝湖》月刊，一九〇期，民國八十年四月，臺北。

20.〈熊十力先生的孤懷弘詣及其《原儒》的義理規模〉，林安梧著，明文書局重刊《原儒．代序》，民國七十七年，臺北。
21.〈我與熊十力先生〉，牟宗三著，收入《生命的學問》一書，三民書局印行，民國六十七年六月，臺北。
22.〈評熊十力的《新唯識論》〉，呂希晨著，《世界宗教研究》，一九八三年第三期，北京。
23.〈試論熊十力哲學的性質〉，郭齊勇、李明華著，《江漢論壇》，一九八三年第十二期，湖北。
24.〈試論熊十力的體用觀〉，景海峰著，《深圳大學學報》，一九八五年第三期，廣東。
25.〈熊十力先生論著考略〉，景海峰、王守常著，《中國哲學史研究》，一九八六年第二期，北京。
26.〈《新唯識論》的倫理思想〉，宋志明著，《中國哲學史研究》，一九八七年第一期，北京。
27.〈論熊十力的中國文化觀〉，郭齊勇著，《孔子研究》，一九八七年第三期，北京。
28.〈試論熊十力《新唯識論》思想的形成〉，宋志明著，《學術月刊》，一九八七年第八期，北京。

29. 〈熊十力早期著作《心書》研究〉，景海峰著，《晉陽學刊》，一九八八年第二期，山西。

30. 〈熊十力對中西哲學觀的比較研究〉，鄭家棟著，《學習與探索》，第五十五期，一九八八年三月。

31. 〈熊十力哲學思想的邏輯發展〉，鄭家棟著，《求是學刊》，一九八八年第二期。

32. 〈返本體仁的玄覽之路——從熊十力哲學的價值取向看當代新儒家的文化思致〉，黃克劍、周勤著，《哲學研究》，一九八八年第五期。

33. 〈熊十力論船山易學〉，唐明邦著，《船山學報》，一九八八年第一期，湖北。

34. 〈熊十力與王學〉，楊國榮著，《天津社會科學》，一九八九年第二期，天津。

35. 〈論熊十力思想在一九四九年後的轉變〉，翟志成著，《哲學與文化》，第十五卷第三期，民國七十七三月，臺北。

36. 〈熊十力內聖學後期轉變說之商榷〉，林家民著，《哲學與文化》，第十五卷第十二期，民國七十七年十二月，臺北。

37. 〈熊十力《新唯識論》述評〉，許全興著，收入《中國現代哲學與文化思潮》一書，中國現代哲學史研究會編，求實出版社印行，一九八九年十一月。

38. 〈熊十力與中國現代哲學〉，景海峰著，《東西文化評論》，第一輯，深圳大學，一九八八年四月。

39. 《近年來國內熊十力哲學研究綜述》，景海峰著，《中國文化與中國哲學》，一九八六年版，東方出版社印行，北京。

40. 《熊十力哲學與研究綜述》，郭齊勇、李明華著，《中國哲學》，第十四輯，一九八八年一月，北京。

三、與本書相關之研究專著與專文：

1. 《哲學論集》，唐君毅著，學生書局印行，民國六十七年二月，臺北。

2. 《生命存在與心靈境界》，唐君毅著，學生書局印行，民國六十六年九月，臺北。

3. 《心體與性體》（第一册），牟宗三著，正中書局印行，民國五十七年五月，臺北。

4. 《智的直覺與中國哲學》，牟宗三著，臺灣商務印書館印行，民國六十年三月，臺北。

5. 《現象與物自身》，牟宗三著，學生書局印行，民國六十四年八月，臺北。

6. 《佛性與般若》（上、下），牟宗三著，學生書局印行，民國六十六年六月，臺北。

7. 《從陸象山到劉蕺山》，牟宗三著，學生書局印行，民國六十八年三月，臺北。

8. 《康德的道德哲學》，牟宗三著，學生書局印行，民國七十一年九月，臺北。

9. 《中國哲學十九講》，牟宗三著，學生書局印行，民國七十二年十月，臺北。

10. 《時代與感受》，牟宗三著，鵝湖出版社印行，民國七十三年三月，臺北。

11. 《圓善論》，牟宗三著，學生書局印行，民國七十四年七月，臺北。

12. 《五十自述》，牟宗三著，鵝湖出版社印行，民國七十八年一月，臺北。

13. 《中西哲學之會通十四講》，牟宗三著，學生書局印行，民國七十九年三月，臺北。

14. 《新儒家的精神方向》，蔡仁厚著，學生書局印行，民國七十一年三月，臺北。

15. 《儒家思想的現代意義》，蔡仁厚著，文津出版社印行，民國七十六年五月，臺北。

16. 《朱子哲學思想的發展與完成》，劉述先著，學生書局印行，民國七十一年二月，臺北。

17. 《大陸與海外——傳統的反省與轉化》，劉述先著，允晨出版社印行，民國七十八年八月，臺北。

18. 《中西哲學論文集》，劉述先著，學生書局印行，民國七十六年七月，臺北。

19. 《由天人合一新釋看人與自然的關係》，劉述先著，《分析哲學與科學哲學論文集》，新亞學術集刊第九期，一九八九年，香港。

20. 《二程學管見》，張永儁著，東大圖書公司印行，民國七十七年一月，臺北。

21. 《心學的現代詮釋》，姜允明著，東大圖書公司印行，民國七十七年十二月，臺北。

22. 《儒學第三期發展的前景問題》，杜維明著，聯經圖書公司印行，民國七十八年五月，臺北。

23. 《儒道之間》，王邦雄著，漢光文化事業出版，民國七十四年八月，臺北。

24. 《王龍溪良知四無說析論》，邱財貴撰，國立臺灣師範大學國文研究所論文，民國七十九年六月，臺北。

25. 《中國近代思想人物論——保守主義》，傅樂詩等著，時報出版公司印行，民國六十九年六月，臺北。

26. 《幽暗意識與民主傳統》，張灝著，聯經圖書公司印行，民國七十八年五月，臺北。

27. 《中國意識的危機》，林毓生著，貴州人民出版社發行，一九八八年一月。

28. 《儒學精神與世界文化路向》，思光少作集之壹，勞思光著，時報出版公司印行，民國七十五年十月，臺北。

29. 《康德知識論要義》，勞思光著，河洛圖書出版公司印行，民國六十三年十二月，臺北。

30. 《王船山人性史哲學之研究》，林安梧著，東大圖書公司印行，民國七十六年九月。

31. 《現代儒學論衡》，林安梧著，業強出版社印行，民國七十六年五月，臺北。

32. 〈象山心學義理規模下的本體詮釋學〉，林安梧著，《東方宗教研究》創刊號，七十六年九月，臺北。

33. 〈當代新儒家的實踐問題〉，林安梧著，《鵝湖》月刊印行，第一九〇期，民國七十九年五月，臺北。

34. 〈實踐的異化及其復歸之可能——環繞臺灣當前處境對新儒家實踐問題的理解與檢討〉，林安梧著，《儒釋道與現代社會學術研討會論文集》，東海大學哲學研究所，中華民國，臺中市，民國七十九年十二月。

35. 〈論劉蕺山哲學中「善之意向性」〉，林安梧著，《國立編譯館館刊》，第十九卷第一期，民國七十九年六月，臺北。

36. 《現代新儒學研究論集》㈠，方克立、李錦全編，中國社會科學出版社印行，一九八九年四月。

37. 《當代中國哲學》，賀麟著，臺灣時代書局印行，民國六十三年六月。

38. 《中國現代思想史論》，李澤厚著，北京東方出版社印行，一九八七年六月。

39. 《中國現代思想史稿》(上卷)，袁偉時著，中山大學出版社印行，一九八七年六月。

40. 《中國現代哲學史》，呂希晨、王育民著，吉林人民出版社，一九八四年十月。

41. 《評新儒家》，羅義俊編著，上海人民出版社印行，一九八九年十二月。

42. 《現代新儒學概論》，鄭家棟著，廣西人民出版社印行，一九九〇年四月。

43. 《現代中國的宗教趨勢》，陳榮捷著、廖世德譯，文殊出版社印行，民國七十六年三月。

44. 《中國哲學的現代化與世界化》，成中英著，聯經圖書公司印行，民國七十四年九月，臺北。

45.《康德哲學論文集》，黃振華著，自印本，民國六十五年八月，臺北。

四、與本書相關之宋明儒學主要著作：

1.《象山先生全集》（上）、（下），陸九淵著，臺灣商務印書館印行，民國六十八年四月，臺北。

2.《易程傳、易本義》，程頤、朱熹著，世界書局印行，民國七十二年十一月，臺北。

3.《王陽明全集》，王守仁著，河洛圖書出版社印行，民國六十七年五月，臺北。

4.《宋元學案》，黃宗羲撰，全祖望補，世界書局印行，民國七十二年五月，臺北。

5.《傳習錄》，王守仁著，臺灣商務印書館印行，民國五十六年四月，臺北。

6.《劉子全書及其遺編》（上、下），劉宗周著，中文出版社印行，一九八一年六月，日本京都。

7.《重編明儒學案》，李心莊重編，正中書局印行，民國六十八年十月，臺北。

（其他相關之古代典籍，隨文注出，不另列）

五、與本書相關之佛學研究專著與專文：

1.《唯識哲學》，吳汝鈞著，佛光出版社印行，民國六十四年四月，高雄。

2. 《如實觀的哲學》，霍韜晦著，法住學術叢刊印行，一九八八年十二月，香港。
3. 《中國近代佛教思想史稿》，郭朋等著，巴蜀書社印行，一九八九年十月，四川。
4. 《現代中國佛教思想論集》㈠，江燦騰著，新文豐出版公司，民國七十九年七月，臺北。
5. 《唯識思想論集》㈠、㈡，張曼濤主編，大乘文化出版社印行，民國六十七年元月，臺北。
6. 《唯識問題研究》，張曼濤主編，大乘文化出版社印行，民國六十七年五月，臺北。
7. 《唯識思想今論》，張曼濤主編，大乘文化出版社印行，民國六十七年五月，臺北。
8. 《唯識學的發展與傳承》，張曼濤主編，大乘文化出版社印行，民國六十七年元月，臺北。
9. 《歐陽竟無文集》，洪啟嵩、黃啟霖主編，文殊出版社印行，民國七十七年三月，臺北。
10. 《呂澂文集》，洪啟嵩、黃啟霖主編，文殊出版社印行，民國七十七年三月，臺北。
11. 《唯識史觀及其哲學》，法舫法師著，善導寺佛學流通處印行，民國六十年再版，臺北。
12. 《龍樹與中觀哲學》，楊惠南著，東大圖書公司印行，民國七十七年十月，臺北。
13. 《空之研究》，印順法師著，正聞出版社印行，民國七十四年七月，臺北。
14. 《無諍之辯》，印順法師著，正聞出版社印行，民國六十四年七月，臺北。
15. 《般若思想》，梶山雄一等著，許洋主譯，法爾出版社印行，民國七十八年一月。

16. 《超越智慧的完成》，葉阿月譯著，新文豐出版公司印行，民國六十九年九月。
17. 《空の思想》，梶山雄一著，人文書院印行，一九八三年六月，日本京都。
18. 《中國大乘佛學》，方東美著，黎明文化事業公司印行，民國七十三年七月，臺北。
19. 《中國佛性論》，賴永海著，上海人民出版社印行，一九八八年四月，上海。
20. 〈論三諦三智與賴耶通眞妄〉，印順著，《鵝湖》月刊，第七十五期，民國七十年十一月，臺北。
21. 〈眞諦的唯識古學、玄奘的唯識今學與熊十力新唯識論之唯識思想初探〉（上）（下），曹志成著，《中國佛教》，第三十三卷，第三期，第四期，民國七十八年三月、四月，臺北。
22. 〈當代儒佛論爭的幾個核心問題——以熊十力與印順爲核心的展開〉，林安梧著，東方宗教討論會第五屆會議論文，民國七十九年九月。

六、與本書相關之其他專著：

1. *The Methodology of the Social Sciences*, Max Weber, translated by E.A. Shils & H.A. Finch，臺灣虹橋影印版。
2. *Heidegger and Chinese Philosophy*, Chan Wing-cheuk，雙葉書廊出版印行，一九八

六年，臺灣。

3. *Being and Nothingness*, Jean-Paul Sartre, translated by H. E. Barnes 1956, New York.

4. *Being and Time*, Martin Heidegger, translated by John Macquarrie & Edward Robinson, New York, 1962.

5. *I and Thou*, Martin Buber, translated by Ronald Gregor Smith, part 1, pp. 1～34, the Scribner Library, 1957, New York.

6. 《是與有》，法、馬賽爾著，陸達誠譯，臺灣商務印書館印行，民國七十二年三月，臺北。

7. 《善の研究》，西田幾多郎著，岩波書店，昭和二十五年一月，日本東京。

8. 《比較哲學方法論的研究》，臼木淑夫、峰島旭雄編，東京書籍株式會社印行，昭和五十五年六月，日本東京。

9. 《解釋學與人文科學》，法、保羅・利科爾著，陶遠華等譯，河北人民出版社印行，一九八七年十二月。

10. 《柯林烏自傳》，英、柯林烏原著，陳明福譯，故鄉出版社印行，民國七十四年三月，臺北。

11. 《研究中國哲學的文獻途徑》，牟宗三著，原刊《鵝湖》，七十四年七月，收入《知識與民主》一書，頁一九～四五。幼獅文化事業，民國七十五年一月，臺北。

12. 《方法與理解——對韋伯方法論的初步認識》，林安梧著，《鵝湖》月刊，第一一〇期，民國七十三年八月，臺北。

13. 〈論 R.G. Collingwood 的「歷史的想像」〉，林安梧著，《鵝湖》月刊，第一一五期，民國七十四年一月，臺北。

14. 〈海德格論「別人的專政」與「存活的獨我」——從現象學看世界（之二）〉，關子尹，當代新儒學國際會議，一九九〇年十二月，臺北。

卷後語

一

「放眼江山祇此風波喧騰，
心下無事原亦蒼翠透明；
管恁地桃紅柳綠、祇是自然生機，
休要問萬壑爭流、原來汪洋澄平；
英雄俱渺、豪傑猶在，
聖賢仙佛、野馬塵埃，
耿耿此心，豈堪沉埋！」

以上這段文字是一九九一年六月十三日爲了應臺大的哲學學會所做「臺大九年的回顧」的講演座談而寫的詞，它代表我經歷了九年的寫照與心境。這些文字似乎流暢而平靜，但心靈境界果眞已如此乎？不然也。老子云：「勝人者有力，自勝者強」，吾捫心自問如上這些文字恐不免仍有勝人之意在，吾仍非自勝者強，蓋「除山中賊易，除胸中賊難」，塵砂業惑，幾時能了，佛氏無明之嘆，良有以也。

看完了這本《存有·意識與實踐——熊十力體用哲學之詮釋與重建》的三校稿，不知所爲何來，一股複雜而難言的痛楚，竟如此啃噬著我的靈魂與肉身，我一方面忍受、一方面思索，我終想要說：

「我以為做為一個認眞的哲學思考者，必然也是靈魂的苦索者，他的生命與其學問被注定的要相關在一起；而且，更得注意的是，與其說這是一種幸運，毋寧說，這根本就是一種不幸。這樣的一位哲學思考者注定要與其整個時代的共業相搏鬥，他的精神、體力與其心智的多重磨練，或能使他有一番成就的可能；但是，可不要忘了，他亦可能在這樣的重重魔障中，粉身碎骨，莫知所終。當然，也可能在語言的諸多拉扯、撞擊下，跌入此魔業中，成為魔業的一部分。陰陽相害、神魔交侵，莫此為甚，然又莫如之何也已！」

哲學之做爲一實踐的智慧之學，是人這樣的一個「活生生的實存而有」，面對自己的無知，而祈求眞知之門的開啟；是人正視自己的有限，從而邁向無限以展開尋覓。這樣的哲學觀是有意的去避免近代歐洲人的科學理性所導致的危機而開啟的。我以爲這樣的哲學觀是東方的，特別是中國的，做爲二十世紀的思想家，熊十力深深的體現了這樣的哲學觀。或許有人以爲這樣的哲學觀仍是前現代的，但我卻要說它卻有著後現代的可能。

面對著全人類、全族羣的共業，特別是二十世紀的中國，遠從辛亥，到了一九四九年，神州變色，一九六六年文化大革命，熊十力亦可以說在陰陽相害、神魔交侵中忍受度過。民族的危機，人類的危機，可以說就是熊十力生命的危機。中國族羣的哲學危機在此，熊氏面對此危機，焦心苦慮，載浮載沉，終而在理論的建構上有了些許曙光。我以爲這樣的曙光是與諸多魔業奮戰後的生機，這是「肺腑之言」，而不是一般學者的「研究成果」，這是一種哲學的創造，而不是學問的排比與清理；熊十力是一哲學思維的生產者，而不是知識死屍的整治者。

熊十力之學術與其生命是相合爲一的，但這並不意謂熊十力就能遠離「陰陽相害，神魔交侵」的境域，相反的，正因其爲合一的，更是容易交迫於此，難以自拔。個中甘苦，眞正用心者，自有所知，豈忍輕易責迫！懵懂者，不識不知，貢高我慢，張狂自恣，何足以知此「陰陽相害，神魔交侵」之病之爲慟也耶?俗儒之囿限，本不足觀，置之可也。

當然，我亦知之，我人之不能超拔於陰陽相害，神魔交侵之境，此亦十足可憐，尤不可將此轉為一奇特的自憐式之美感，只能更奮其乾元剛健之力、養其坤順渾厚之氣，祝禱我們整個族羣的危機能得度過，人類的浩刼，可得化解。

二

我之讀熊十力的《新唯識論》，以為彼之所論實可締造為一「現象學」，而這樣的現象學是關聯著中國族羣的危機而開啟的，更而及於全人類的存在危機而開啟的。我以為這所說的「現象學」中「現象」這兩個字，它可以通極於中國《易經》所說「見乃謂之象」的傳統，熊氏之學乃經由佛家空、有二宗的批判與融攝而歸本於此。他避免了狹隘的唯心論與素樸的實在論，而將本心與整個生活世界關聯成一個整體，疏決了意識的染執與障蔽，見到了存有的眞實與空無。不在境、識二分的格局中思考問題，而是歸返於境、識一體，境識俱泯的狀況下來思考問題。

「存有」是環繞著人這個活生生的實存而有而開啟的，「意識」是經由人的概念機能所執定的，在意識之先，存有與意識交融成一個活生生的生活世界，無雜無染，是存在的根源，此中自有一根源性的「實踐」動力在焉！熊氏便在這樣的論定下將「存有」、「意識」與「實踐」三者關聯為一。

熊氏自謂「吾學貴在見體」，體者，存有之自身也、意識本然之體貌也、實踐之體現也。存有之自身原不異於意識之本然體貌，兩者圓融周浹爲一，此一之整全自有一實踐之動力在焉。「體」是實體，是體貌，是體現，是存有義，即是型貌義，即是活動義。這樣的現象學乃是一「體現其實體之體貌」的現象學。這樣的現象學式的存有學是一種活生生的生活學，顯然地，熊十力要作成的不是一理論義下的「嚴格學問」，而是實踐義下的「道德之確定」。

「道者，總體之謂也，此活生生的實存而有之總體也，環繞此活生生的實存而有之總體而有一根源性的動源之謂也。」

「德者，本性之謂也，由此活生生的實存而有之總體的根源性動力所開啟而落實於人，持守之而有以依為準則之謂也。」

這樣說的「道」、「德」是第一義的道德，這樣的道德不是規範、不是限定；這樣的道德是生長、是生活。由此生長、生活的道德，才得衍生出具有規範義及限定義的道德，中國《易經》傳統強調「生生之德」者，本義在此。

俗陋之儒囿於帝皇專制之傳統，而轉以規範義、限定義之道德爲第一義，終而陷入「以理殺人」之境，殊爲可嘆。熊十力突破此所有專制格局，而亦因此突破而使之陷入了陰陽相害、神魔交侵的困境中，其不幸者在此，其幸者亦在於此，而其哲學之厥爲可貴者，卽在此困境中奮其生命造化之力，欲啟其「生生之德」也。

在整個中國當代文化史中，幾乎所有知識分子都陷入了「救亡圖存」的熱烈情緒中，而此熱烈情緒實又構成一最大、最大之泥淖，既陷於此，則不可拔矣！熊十力的體用哲學雖欲免於此，實又不能全免於此，他的哲學表現出來的是一「脫困」，重啟生機的環節。當代新儒學之特性與風格亦可以此而有所定位。當然，當代新儒學之理論締造，熊十力先生如此開之於前，而牟宗三先生亦從而善遂於後。熊氏開啟的是「見乃謂之象」，是直契道體根源，重啟生機；牟氏則秉此，經由嚴格的論述方式，落而實之，此是「形乃謂之器」，是經由康德式的批判哲學給予的理論上的衡定。蓋批判之爲批判者，理論之疏清與衡定也。我以爲由熊先生而牟先生，此是當代新儒學「順遂其事、合當其理」的發展，此是從「脫困」，啟其生機，釐清格局，落而實之的發展。

若以牟先生之宏論偉構言之，吾人實可說，彼之所論實已免於「陰陽相害、神魔交侵」之困境。甚至，我人可發現牟先生的理論作法是「陰陽判明、神魔區隔」的。然而理論固理論矣，實際非如此也，中國族羣之處境仍陷於「陰陽相害，神魔交侵」中，而欲有所超拔則難乎其難矣！吾意以爲善遂其學者，當不可以其理論之宏構自限之，門牆派閥，意氣之行，最所當戒；因爲，牟先生之強調的「主體」不是一封鎖於理論門牆的主體，而是一開啟於生活世界的主體，不是一孤離之主體，而是一周流於脈絡中的主體。如此說來，由牟先生之康德式的儒學，再而逆返於熊先生之現象學式的儒學，此當可以說是一調適而上遂於道的發展，是一重啟生活世界的發展。斯篇之作，蓋有感於斯，有意於斯也。

近數年來，面對當代新儒學之傳承發展，我之提出由「牟宗三而熊十力」，再由「熊十力而王船山」，區區之意，盡在於斯。由「熊十力而牟宗三」，此是「順遂其事，合當其理」，由「牟宗三而熊十力」，此是「上遂於道，重開生源」。若繼而論之，由「熊十力而王船山」，則強調歷史社會總體的落實與開展，是人性史之重新出發也。（當然，吾於此處所言之王船山、熊十力、牟宗三，蓋以哲學之大類型觀之，至若其他先賢之爲哲學家者亦夥矣，可借鏡者甚多，非敢疏略也。）

若比較於西方哲學而言，牟先生之學可以總攝調適康德之學，進而交融乎德國觀念論之傳統，代表的是當代中國哲學中的唯心論傳統，唐君毅先生之學亦可置於此，而與牟先生形成雙璧共論之；熊先生之學則可以總攝調適自胡賽爾以來之現象學及契爾克伽德以來之存在主義傳統，進而交融乎詮釋學乃至其他後現代諸大哲的傳統，此是現象學式的生活學之傳統，梁漱溟先生之學亦可同置於此共論之；船山之學特重歷史社會總體與人性的辯證關聯，此當可以總攝調適自馬克思以來之學，進而交融乎新馬克思之學，開啟一新的社會批判，欲其有一新的重建也，此是中國儒學重氣的傳統義下的唯物論傳統，徐復觀先生之學亦可同置於此共論也。我預言：中國當代哲學之再造必以如斯三者之大綜合而有所新的開啟也。

三

回顧來時路，自吾高中一年級時之受業於楊德英先生起，至乎今日，竟已二十一寒暑矣！我堅信「不限門牆，轉益多師」的重要。蓋師者，所以傳道、授業、解惑也。我之所從者，有專傳道者、有專授業者、有專解惑者，有兩者兼具者，亦有三者兼備者。在諸多老師的教誨下，我的生命與生活儘管仍然「陰陽相害、神魔交侵」，但總有了停泊歇息的可能。可貴的是，我一直體會到的是「師友交談」的誠摯，而少有「師嚴道尊」的責求。

自民國七十一年進臺大讀碩士，至民國八十年五月成為臺大哲學研究所第一位哲學博士，歷九個寒暑。九年來，雖然我仍常處在「陰陽相害、神魔交侵」的困境下，但夜氣尚存，終成此業。此非吾之力也，乃眾師護持、神明共鑒之功也。吾雖專攻中國哲學，然臺大九年之西洋哲學鍛鍊，最有收穫，此啟廸最多者厥為郭師博文先生。吾之為學、做事、志向、風格，乃至被定位的學派與郭先生都大大不同，但要不是郭先生授吾之社會哲學、歷史哲學，我之中國哲學之研究，必非如此，郭師於我西洋哲學教誨之恩，不敢或忘也。張師永儁先生蘊藉涵潤，對於像我這被定位為不同派別的學生多所鼓勵護持，讓我能度過重重難關。生死之間，常在一隙，中夜夢迴，仍念張師功德，不敢稍忘也。林師正弘先生專業科學哲學、分析哲學，吾所專攻雖異於此，但林師於我之啟迪甚多，鼓勵甚大。林師親切感人，電話多次告我可申請傅爾布萊德獎助出國，吾若有國際視野，當念林師提挈之情也。葉師阿月先生的「日文東方哲學名著選讀」一課使我開啟了日文的閱讀，因此，我之哲學研究大有進境，而東洋精神，亦因之而成爲我學問生命之一部分，此皆葉師功德，因緣際會，非偶然也，當常誌念之。

吾於民國七十一年入臺大，時牟先生任臺大客座教授，幸得選其所授「中西哲學的會通」一課，啟發至大；然以牟先生盛名，故我實不敢以弟子自居其列。後因派係門閥之禁，牟先生客座期滿，卽未再任；但因種種「陰陽相害、神魔交迫」的因緣，我因禍得福，邀天之幸，能得牟先生爲我的博士論文指導教授，我亦因之更被定位爲當代新儒學的系統，我亦承之而不必疑，不敢疑。依臺大哲學系慣例，不得請校外教授爲指導教授，此本不合理，但據聞有人以此大做文章，欲鬧至校長處者，幸得張師永儁化解，始免麻煩。張師功德，神明可鑒，永記懷中，願以如斯之悲憫同情，報之於後起者，永續吾華夏之文化也。

我於民國六十四年進師大讀書，卽與鵝湖師友相往來，十數年來，《鵝湖》讓我體會到兄長般的情義，更讓我學習到了知識的論辯與友情的包容。在曾昭旭老師的家中、在王邦雄老師的茶座上論辯至深夜，乃至清晨方始散去；還有保新兄的酒後豪情，這都令人難忘。蔡仁厚老師在我生命最晦暗的時候，給我最多扶持教晦，戴璉璋老師在關鍵處予我指導點撥，都是我所衷心感念的。財貴兄、安台兄是本書最先的讀者與討論者，使我獲益良多。鵬程兄關山千里，不避顚危，攜回重要研究資料，爲我這本論著做出了重大的貢獻。還有正治兄、朝陽兄、麗生嫂及許多爲我擔心的朋友，不及一一敍說，這些恩情都是我所感念的。

在我的生命中，我根本就以爲人間之情勝過一切，一切意識型態都是虛假的、暫時的，惟有人間之情是眞實的、永恆的。我以爲有「眞情」而有「眞愛」，有「眞愛」而有「眞理」，至於「知識」、「理性」則只是所衍生之物而已，它們又常與「權力」結合一處，造成種種魔難，殊爲可怖；知識與理性唯有在眞情、眞愛與眞理的導正下，才能善遂其理、善成其知。

孝悌人倫是人間至情，此最所當寶愛者，吾華夏之能歷刼而存，所依者此至情也。父親、母親躬耕田野，我早歲跟從，自其中習苦任勞，即事言理，體會了四時變化與生長之理，我要說我的中國哲學之研究根本上就像我父、我母那般的犂土耕田、播種生養，我自謂我是道道地地的中國哲學自耕農，不是商人，不是販賣業者。我一直記得鄉下門聯上寫的「一等人忠臣孝子，二件事讀書力田」，這樣的傳統是最爲可貴的。若蕙操持家計，與我共度患難，生養壐兒、耕兒，如此恩義，豈得言說，願以斯心共護孝悌力田的傳統。

林安梧

孔子紀元二五四四年清明節　於臺北象山居

（西元一九九三年四月五日）

滄海叢刊書目（二）

國學類

先秦諸子繫年	錢　穆　著
朱子學提綱	錢　穆　著
莊子篡箋	錢　穆　著
論語新解	錢　穆　著
新周官之成書及其反映的文化與時代新考	金春峯　著

哲學類

哲學十大問題	鄔昆如　著
哲學淺論	張　康　譯
哲學智慧的尋求	何秀煌　著
哲學的智慧與歷史的聰明	何秀煌　著
文化、哲學與方法	何秀煌　著
人性記號與文明——語言・邏輯與記號世界	何秀煌　著
邏輯與設基法	劉福增　著
知識・邏輯・科學哲學	林正弘　著
現代藝術哲學	孫　旗　譯
現代美學及其他	趙天儀　著
中國現代化的哲學省思	成中英　著
不以規矩不能成方圓	劉君燦　著
恕道與大同	張起鈞　著
現代存在思想家	項退結　著
中國思想通俗講話	錢　穆　著
中國哲學史話	吳怡、張起鈞　著
中國百位哲學家	黎建球　著
中國人的路	項退結　著
中國哲學之路	項退結　著
中國人性論	臺大哲學系主編
中國管理哲學	曾仕強　著
孔子學說探微	林義正　著
心學的現代詮釋	姜允明　著
中庸誠的哲學	吳　怡　著

中庸形上思想	高柏園 著
儒學的常與變	蔡仁厚 著
智慧的老子	張起鈞 著
老子的哲學	王邦雄 著
當代西方哲學與方法論	臺大哲學系主編
人性尊嚴的存在背景	項退結編著
理解的命運	殷鼎 著
馬克斯・謝勒三論	阿弗德・休慈原著、江日新 譯
懷海德哲學	楊士毅 著
洛克悟性哲學	蔡信安 著
伽利略・波柏・科學說明	林正弘 著
儒家與現代中國	韋政通 著
思想的貧困	韋政通 著
近代思想史散論	龔鵬程 著
魏晉清談	唐翼明 著
中國哲學的生命和方法	吳怡 著
孟學的現代意義	王支洪 著
孟學思想史論（卷一）	黃俊傑 著
莊老通辨	錢穆 著
墨家哲學	蔡仁厚 著
柏拉圖三論	程石泉 著

宗教類

圓滿生命的實現（布施波羅密）	陳柏達 著
薝蔔林・外集	陳慧劍 著
維摩詰經今譯	陳慧劍譯註
龍樹與中觀哲學	楊惠南 著
公案禪語	吳怡 著
禪學講話	芝峯法師 譯
禪骨詩心集	巴壺天 著
中國禪宗史	關世謙 著
魏晉南北朝時期的道教	湯一介 著
佛學論著	周中一 著
當代佛教思想展望	楊惠南 著
臺灣佛教文化的新動向	江燦騰 著
釋迦牟尼與原始佛教	于凌波 著

唯識學綱要　于凌波 著

社會科學類

中華文化十二講　錢穆 著
民族與文化　錢穆 著
楚文化研究　文崇一 著
中國古文化　文崇一 著
社會、文化和知識分子　葉啟政 著
儒學傳統與文化創新　黃俊傑 著
歷史轉捩點上的反思　韋政通 著
中國人的價值觀　文崇一 著
紅樓夢與中國舊家庭　薩孟武 著
社會學與中國研究　蔡文輝 著
比較社會學　蔡文輝 著
我國社會的變遷與發展　朱岑樓主編
三十年來我國人文社會科學之回顧與展望　賴澤涵 編
社會學的滋味　蕭新煌 著
臺灣的社區權力結構　文崇一 著
臺灣居民的休閒生活　文崇一 著
臺灣的工業化與社會變遷　文崇一 著
臺灣社會的變遷與秩序(政治篇)(社會文化篇)　文崇一 著
臺灣的社會發展　席汝楫 著
透視大陸　政治大學新聞研究所主編
憲法論衡　荆知仁 著
周禮的政治思想　周世輔、周文湘 著
儒家政論衍義　薩孟武 著
制度化的社會邏輯　葉啟政 著
臺灣社會的人文迷思　葉啟政 著
臺灣與美國的社會問題　蔡文輝、蕭新煌主編
教育叢談　上官業佑 著
不疑不懼　王洪鈞 著
自由憲政與民主轉型　周陽山 著
蘇東巨變與兩岸互動　周陽山 著

史地類

國史新論　錢穆 著

秦漢史	錢　穆 著
秦漢史論稿	邢義田 著
宋史論集	陳學霖 著
中國人的故事	夏雨人 著
明朝酒文化	王春瑜 著
歷史圈外	朱　桂 著
當代佛門人物	陳慧劍編著
弘一大師傳	陳慧劍 著
杜魚庵學佛荒史	陳慧劍 著
蘇曼殊大師新傳	劉心皇 著
近代中國人物漫譚	王覺源 著
近代中國人物漫譚續集	王覺源 著
魯迅這個人	劉心皇 著
沈從文傳	凌　宇 著
三十年代作家論	姜　穆 著
三十年代作家論續集	姜　穆 著
當代臺灣作家論	何　欣 著
師友風義	鄭彥棻 著
見賢集	鄭彥棻 著
思齊集	鄭彥棻 著
懷聖集	鄭彥棻 著
周世輔回憶錄	周世輔 著
三生有幸	吳相湘 著
孤兒心影錄	張國柱 著
我這半生	毛振翔 著
我是依然苦鬪人	毛振翔 著
八十憶雙親、師友雜憶（合刊）	錢　穆 著

語文類

訓詁通論	吳孟復 著
入聲字箋論	陳慧劍 著
翻譯偶語	黃文範 著
翻譯新語	黃文範 著
中文排列方式析論	司　琦 著
杜詩品評	楊慧傑 著
詩中的李白	楊慧傑 著

寒山子研究	陳慧劍 著
司空圖新論	王潤華 著
詩情與幽境——唐代文人的園林生活	侯迺慧 著
歐陽修詩本義研究	裴普賢 著
品詩吟詩	邱燮友 著
談詩錄	方祖燊 著
情趣詩話	楊光治 著
歌鼓湘靈——楚詩詞藝術欣賞	李元洛 著
中國文學鑑賞舉隅	黃慶萱、許家鶯 著
中國文學縱橫論	黃維樑 著
古典今論	唐翼明 著
亭林詩考索	潘重規 著
浮士德研究	劉安雲 譯
蘇忍尼辛選集	李辰冬 譯
文學欣賞的靈魂	劉述先 著
小說創作論	羅盤 著
借鏡與類比	何冠驥 著
情愛與文學	周伯乃 著
鏡花水月	陳國球 著
文學因緣	鄭樹森 著
解構批評論集	廖炳惠 著
世界短篇文學名著欣賞	蕭傳文 著
細讀現代小說	張素貞 著
續讀現代小說	張素貞 著
現代詩學	蕭蕭 著
詩美學	李元洛 著
詩人之燈——詩的欣賞與評論	羅青 著
詩學析論	張春榮 著
修辭散步	張春榮 著
橫看成嶺側成峯	文曉村 著
大陸文藝新探	周玉山 著
大陸文藝論衡	周玉山 著
大陸當代文學掃描	葉穉英 著
走出傷痕——大陸新時期小說探論	張子樟 著
大陸新時期小說論	張放 著
兒童文學	葉詠琍 著

兒童成長與文學　葉詠琍 著
累廬聲氣集　姜超嶽 著
林下生涯　姜超嶽 著
青　春　葉蟬貞 著
牧場的情思　張媛媛 著
萍踪憶語　賴景瑚 著
現實的探索　陳銘磻 編
一縷新綠　柴扉 著
金排附　鍾延豪 著
放　鷹　吳錦發 著
黃巢殺人八百萬　宋澤萊 著
泥土的香味　彭瑞金 著
燈下燈　蕭蕭 著
陽關千唱　陳煌 著
種　籽　向陽 著
無緣廟　陳艷秋 著
鄉　事　林清玄 著
余忠雄的春天　鍾鐵民 著
吳煦斌小說集　吳煦斌 著
卡薩爾斯之琴　葉石濤 著
青囊夜燈　許振江 著
我永遠年輕　唐文標 著
思想起　陌上塵 著
心酸記　李喬 著
孤獨園　林蒼鬱 著
離　訣　林蒼鬱 著
托塔少年　林文欽 編
北美情逅　卜貴美 著
日本歷史之旅　李希聖 著
孤寂中的廻響　洛夫 著
火天使　趙衛民 著
無塵的鏡子　張默 著
關心茶——中國哲學的心　吳怡 著
放眼天下　陳新雄 著
生活健康　卜鍾元 著
文化的春天　王保雲 著